전원에서 쓴 편지
덕암농장 이야기

전원에서 쓴 편지
— 덕암농장 이야기

초판 1쇄 발행 / 2018. 5. 4.

지은이 / 최병욱
펴낸이 / 권오진
펴낸곳 / 도서출판 산인
            출판등록 제 2017-000015
            충남 아산시 도고면 아산만로 180번 길 46
            tel. 041. 544. 1045 / fax. 041. 544. 1046
            e-mail. sanin@saninbooks.com

디자인 / 장윤미
인쇄 / 우진테크

ISBN 979-11-951442-9-7 (03810)

※ 이 책의 본문 용지는 그린라이트 100g, 표지는 말똥종이 209g을 사용하였습니다.
※ 이 책의 일부 또는 전부를 재사용하려면 반드시 저작권자와 출판사 양측에 동의를 받아야 합니다.
※ 책값은 뒤표지에 있습니다.

전원에서 쓴 편지

덕암농장 이야기

최병욱 지음

도서출판 산인

권하는 말

덕암농장의 낟알 벼

김종철 한겨레신문 선임기자

"덕암리 마을 길을 따라서 끝까지 올라오면 돼. 가장 꼭대기에 있는 마지막 집이야."

네비게이션이 아직 없었거나 있었어도 내가 사용하지 않을 때여서 그가 일러준 대로 동네 끝 집을 목표로 차를 몰았다. 시골길이 복잡하지 않아 찾기는 어렵지 않았다.

충남 아산에 있는 최병욱 교수의 덕암농장에 처음 간 것은 2008년 11월 초였던 것으로 기억된다. 그 전해 9월에 상당히 큰 수술을 한 뒤 먹거리에 신경 쓰면서 조신하게 지내던 내 처지를 가상히 여긴 최 교수가 바람도 쐴 겸 해서 한번 다녀가라고 했다.

집 주변의 밭과 다랑논, 논에 물을 대는 둠벙 등을 그의 안내로 돌아봤다. 그가 개척하고 다듬어 가꾼 곳이었다. 산 아래부터의 꽤 너른 땅에는 온통 살구나무뿐이었다. 왜 살구나무만 이렇게 많이 심었느냐고 묻기도 전에 그는 "이른 봄에 하얀 살구꽃이 집을 둘러싸면 천국이 따로 없어. 잘 익은 살구도 정말 맛있지."라며 살구 예찬론을 꺼냈다. 이듬해 봄에 살구나무를 주변에 더 심을 거라면서 그때 삽질하러 다시 내려오라고 했다. 그건 시골 출신인 나의 전공이나 마찬가지여서 그러마고 쾌히 약속했다.

집에서 키운 배추쌈 등 푸성귀로 맛있는 점심과 이른 저녁을 먹고 서울로 돌아갈 채비를 할 즈음이었다. 그가 마대 자루 하나를 찾아 들고는 둠벙 아래쪽의 채마밭으로 다시 이끌었다. 가을배추와 무가 자라고 있었다.

"이거 완전히 유기농법으로 키운 거야. 거름도 농약도 안 했으니까 많이 뽑아가서 겨우내 두고 먹어. 이런 건 시장에서는 구할 수가 없어!"

"응, 근데 배추를 늦게 심었나 봐? 이제 곧 뽑아야 할 텐데 왜 이렇게 못 자랐어?"

수확기를 얼마 남겨 놓지 않은 배추는 속이 차기는커녕 제대로 자라지 못해 봄동처럼 잎사귀들을 발라당 편 채 땅바닥에 퍼질러 있었다. 무도 굵기가 겨우 작은 주먹만 했다.

"심기는 이웃이랑 같은 때 심었지. 그게 말이야, 크게 키우려면 굉장히 쉬워. 비료 주면 금방 빵빵해지거든. 나는 그런 것은 줘도 안 먹어. 크기는 작아도 우리 집 채소 맛은 진짜 일품이야."

"작아도 맛있다는 건 알지. 잘 먹을게."

말은 이렇게 했지만, 속으로는 '짜식, 쓸데없는 고집하고는. 비료를 안 주면 퇴비라도 듬뿍 줘서 어느 정도 배추를 키워야 김장도 하고 그러지. 무슨 농사를 저렇게 짓는담.' 하면서 흉을 봤다.

덕암농장을 떠나기 전에 그는 달걀 몇 개와 한 됫박 남짓의 쌀을 각각 봉지에 담아 차에 실어줬다. 살구나무 밭을 맘껏 파헤치면서 자라는 닭들이 낳은 달걀이고, 최 교수가 직접 유기농법으로 키워서 추수한 쌀이었다.

"쌀은 찧어 놓은 게 많지 않아서 더 담을 수도 없네. 먹어 보고 괜찮으면 다시 내려와라. 다만, 우리 쌀 가져다 먹으려면 노동을 해야 해. 자기가 먹을 쌀은 자기가 알곡 털어서 가져가는 거야. 동생들이든 누구든 다 그렇게 하지. 특별히 너한테도 그 권리를 줄게."

수술 뒤부터 채식 위주의 식사를 하는 등 입에 들어가는 것에 신경을 많이 쓰기 시작했던 때라 유기농 쌀을 먹을 권리를 주겠다는 말이 솔깃했지만, 그가 가리키는 창고를 보고는 그럴 일은 별로 없을 것 같다는 생각이 들었다. 마당 한켠에 있는 창고 바닥에는 벼 이삭이 수북이 쌓여 있었다. 낫으로 목만 벤 벼들이었다.(나중에 알고 보니 어떤 이유에선가 그해만 그리해보았단다. 동남아식이라던가…) 이삭만 남았으니 타작도 불가능하고, 정미기에 넣고 찧으려면 퍼질러 앉아서 손으로 낟알을 훑는 것 말고는 답이 안 보였기 때문이다.

이처럼 내 기억 속의 최병욱 교수는 스스로는 농부라고 자처했으되 농촌 현실에 적응이 덜 된 인간이었다. 우렁이와 오리 농법으로 벼농사를 짓는다면서도 오리가 일 안 하고 게으름을 피울 때는 직접 쇠스랑을 들고 김매기에 나서는 사람, 벼 수확 때는 조선낫보다는 왜낫 그중에서도 '수원낫'이 좋다면서 낫을 들고 식구들을 동원해 종일 허리 굽혀 벼를 베는 사람, 벌레와 적당히 나눠 먹겠다면서 살구와 토마토, 고추, 배추 등의 소중한 작물들을 병충해에 시달리게 하는 사람, 자연농법이라면서 밭을 뒤덮는 잡초를 방치하는 게으른 사람 말이다.

그가 도시 생활을 정리하고 경기도 광주 퇴촌면 우산리에 살 때도 똑같은 모습이었다. 그는 아이들은 시골에서 자라야 한다면서

2002년 농가 주택을 사서 온 가족이 낙향(?)했다. 그해 가을 고구마 캐는 농촌 체험을 아이들에게 시키자면서 친구 가족 몇을 불렀다. 양지바른 마당가에 두 줄로 이랑을 만들어 심은 고구마는 포기당 겨우 두어 개 정도 달렸을 정도로 소출이 형편없었다. 게다가 마당에는 잡초가 무성했다. 내 눈에는 게으름의 표상으로 보였다.

친구들의 그런 마음을 읽었는지 집주인은 "잔디를 멋지게 키울 수도 있지만 나는 가꾸지 않은 자연이 더 좋아."라고 했다. '자기가 좋다는데 어쩌겠어.'라는 생각에 입을 닫고는 "그럼 마당에 널려 있는 고들빼기라도 가끔 뽑아서 먹어 봐."라고 말했다. 그는 그때 고들빼기를 처음 알았던지 그 얘기를 가끔씩 한다.

그러나, 그가 말하는 '3무 농법'(농약, 제초제, 비닐을 사용 않고 짓는 농사)과 이를 실천하는 '게으른' 농부의 소중함을 내가 깨닫는 데는 그리 오래 걸리지 않았다. 덕암농장에 다녀온 이듬해 봄부터 서울 근교에 10평짜리 텃밭을 빌려 나도 이른바 도시농부가 됐다. 화학비료나 농약은 일체 사용하지 않았지만, 텃밭농장 주인의 지도대로 퇴비 거름을 땅에 듬뿍 넣었다. 주인의 채근에 고구마 밭 등 일부에는 검은 비닐도 씌웠다. 채마밭의 잡초는 눈에 보이는 대로 뽑았다. 그래서인지 상추 등 채소는 쑥쑥 자라서 시장에서 파는 상품처럼 크고 부드러웠다. 역시 촌놈이라 나도 농사에 소질이 있구나 싶어 괜히 뿌듯했다.

하지만, 농부 교수 최병욱의 덕암농장 홈페이지와 유기농을 실천하는 선지자들의 블로그, 서적 등을 보면서 어릴 때 시골에서 곁눈으로 배운 나의 어쭙잖은 농사 지식이야말로 잘못이라는 것을 알았다. 그해 가을 농사부터는 자연농법을 따라 했다. 봄에 많이 뿌렸기에 가을에는 퇴비를 하지 않은 채 상추와 치커리 등을 뽑아낸 자리에 그대로 배추와 무를 심었다. 비닐 대신에 풀 벤 것이나 이웃집에서 버린 감자 줄기 등으로 사이사이의 빈 땅을 덮었다. 이른바 유기물 멀칭이다. 적당히 돋아나는 잡초는 뽑지 않고 그대로 둬서 작물과 경쟁하면서 '공생'하도록 했다.

텃밭 농사 경력이 10년째가 되면서 이제는 섞어짓기와 윤작, 친환경 농약 만들기 등 나름대로의 노하우도 생겼다. 땅속 미생물의 힘을 빌리기 위해 가능하면 삽질도 하지 않는다. 이른바 무경운법이다. 퇴비도 땅의 상태를 봐 가면서 필요한 최소량만 쓴다. 퇴비를 많이 사용하면 작물을 웃자라게 해서 식물이나 땅에 그다지 좋지 않다.

이렇게 키우면 채소건 과일이건 크기는 작고 생김새도 볼품없다. 배추와 무 크기가 이웃 밭의 절반에도 미치지 못한다. 그래도 이제는 최 교수처럼 남들 것이 하나도 부럽지 않다. 그게 맛과 품질이 더 뛰어나다는 것을 몸으로 깨달았기 때문이다. 키운 당근을 한 입 깨물면 향긋한 냄새가 입안에 오랫동안 남으며, 양배추는 날 것 그대로 먹어도 그렇게 고소할 수가 없다. 무는 가히 배만큼 시원하다. 생명의 기운이 가득 담겼다는 느낌이 저절로 든다. 그럴 때는 가끔 '아, 이래서 속 안 찬 배추와 꼬맹이 무에 대해서도 농사꾼 최병욱 교수가 그렇게 큰 자부심을 가졌었구나'는 생각이 든다.

최 교수는 지금도 주중에는 강의실과 학교 연구실에서 시간을 보내고, 주말에는 덕암농장의 땅에서 땀을 흘린다. 학문 활동 이외의 여가 시간에는 몸으로 하는 농사일하기를 즐긴다. 현대판 주경야독이다. 더구나, 그는 단지 자연 속에서의 생활을 즐기는 완상적인 태도 너머에 있다. 인간과 자연의 조화로운 삶을 모색하고, 인류의 지속 가능한 번영을 위한 생활 방식을 고민하고 있다.

『전원에서 쓴 편지』는 땅을 어떻게 살릴지, 건강한 생명의 연쇄 고리를 어떻게 회복할지에 대한 그의 이러한 사색과 고민이 담긴 현장 기록이다. 썩지도 않은 채 땅속에 묻혀 있는 비닐 무더기, 화학비료 유입으로 인해 녹조로 뒤덮여 있는 저수지에 대한 고발은 독자들에게 함께 생각할 거리를 던져준다.

기록들은 그가 본격적으로 덕암농장을 운영하던 2005년부터 시작해서 2007년까지 이어진다. 책에도 나오지만, 그의 멘토이자 친구였던 부친께서 2008년 작고하신 뒤 상실감이 너무 커 농사를 계속 지으면서도 기록은 중단한 탓이다. 기록이 끊어져 안타깝기는 하지만, 노동의 신성함과 참다운 농사에 대한 그의 성찰은 시간이 지나도 여전히 빛난다. 조만간 『전원에서 쓴 편지2』도 보게 될 것을 기대한다.

아, 참, 벗이여, 그 집도 직접 키운 배추와 무로 매년 김장을 하는 것 같은데 그때처럼 작지는 않겠지? '적당한' 크기로 건강하게 키우는 비법을 다음 책에서는 꼭 알려주게.

2017. 12. 19.
농사꾼 친구 김종철

차 례

권하는 말 5 덕암농장의 낟알 벼

프롤로그 15 What is 전원? / 왜 덕암농장인가? / 박사가 농사를? /
꿈꾸는 농부

1부 농장을 열던 해

7월에 35 잡초에게 절을 / 토마토를 따며

8월에 38 옥수수 / 염소의 매력 / 독구 / 사륜오토바이 / 손주맞이 /
염소 치료 / 살구나무 지도 / 다이옥신 무우 / 호빗 /
호빗-살아나다 / 트랙터와 면세유 / 여름 농사를 마치고 /
말복 / 태극기 / 첫 알 / 무우씨 뿌리기 / 토비 시집가는 날 /
가재와 도롱뇽 / 김광석 / 무우 싹

9월에 66 염소의 죽음 / 배추 심는 날 / 사초 또는 벌초 /
도고저수지의 녹조 / 용호상박 / 논 / 가지치기 / 기름통

10월에 77 풍돌이 장가가다 / 낢김치? / 'pali-pali' /
배추가 자라는 모습 / 토비 새끼 낳았어요 /
계은농장 배의 광동 여행 / 운남

11월에 90 여동생 생일 / 고염 같은 감 / 레이포츠 / 국화차를 마시며 /
가을비 / 자유자재 / 호두나무 / 덕암리 친환경 농사 쌀 /
돌탑 백 개 / 항아리 씻기 / 매화네 김장 / 껍질째 먹는 사과 /
배추 수확 / 도로포장 / 목화씨 / 황진이 애기 /
농사를 끝내고 / 겨울비

12월에 106 개간 / 탑돌이 못 / 백설 / 붓과 벼루 / 물길 / 담장 위의 눈 /
논물 / 도끼질 / 추위 / 동지 / 물 / 할머니

2부 일상과 농장

다시 1월에   121   덕암농장의 새해 / 대동계 / 트랙터 / 단비 /
                        아내와의 긴 여행 / 설

2월에   126   별채와 정자 / 산책로 / 춘천 / 모닥불 피워놓고

3월에   131   한비야 / 제초기 / 나무 책상 / 소나무 / 닭 알 /
                  심야보일러 / 봄비 / 매화꽃 개나리꽃 / 여덟 아들 /
                  초원 / 묘목 / 붕어

4월은   140   탱자와 레드스카프 / 도롱뇽 / 커튼을 열며 /
                  나무 심는 총각들 / 양식 붕어 / 꽃 나라 / 비 걱정
                  잔디 / 우산리 벚꽃 / 아버지 다리 / 밭갈이

5월   150   토마토 / 봄 농사일 / 고들빼기 / 농장 삼대 / 덕암산인 /
                기대와 실망 / 염소 걱정 / 모 / 모내기 /
                모내기를 마치고

6월에   158   꽃밭 / 덕암농장 우이재 / 오리 / 레드스카프 / 닭장 /
                  제초기를 들이다 / 멱감기 / 다옥정? /
                  살구나무 옮겨심기 / 롯데 파이오니아

7월에   169   살구가 익었네요 / 오리 농사꾼 / 낚싯대를 드리우다 /
                  싱그러운 아침 / 초복 / 용맹정진 /
                  "비가 와도 씻기지 않아요" / 아내와 차 한 잔 / 비닐

8월에   179   백일홍 / 아내와 춤을 / 완도-명사십리 / 우이재 /
                  말복 날 저녁 / 나무 의자 / 더운 밤 / 냉소주 한잔 /
                  나눔의 집 / 오수

9월은   192   책 / 가을빛 / 할머니의 종생 / 벌레 / 담장 넝쿨

10월   197   평산농원 / 부상과 반전 / 산국

11월에   203   선생님 / 안동 / 주목

12월에   206   다시 겨울 / 낙엽 / 정미기 / 연못 물 / 크리스마스트리 /
                  한 해를 보내며

3부 농장 사계

또 1월   213 닭 / 업둥이

2월에   217 동행 / 위토 / 봄기운

3월에   221 나무뿌리 / 꽃망울 / 봄맞이

4월에   224 봄날 / 식목일 행사 / 쟁기질 / 자귀나무 / 닭장

5월은   232 토마토 / 이발 / 모내기 준비 / 모내기

6월   235 물바구미 / 물바구미 박멸! 그리고 레드스카프 / 비 / 살구

7월에   238 오리(1) / 오리(2) / 오리(3) / 초복 / 오리(4) / 게으른 오리

8월   243 귀빠진 날 / 오리-우렁이 / 벼이삭 / 외할머니

9월에   246 속 탐 / 배추 심기 / 벌초 / 호두 / 토비의 죽음

10월에   251 추수의 설렘 / 보리 / 수원 낫 / 벼베기 / 보리싹

11월에   256 남한강 / 수능 시험 / 아들과 목욕 / 둘째 아들 패션

12월   264 농사마무리 / 아들 친구들 / 발표 / 둘째 시험 / 결혼기념일-20주년 / 정미

에필로그 270

프롤로그

What is 전원?

'전원'처럼 맹랑한 단어가 또 있을까? 논밭이 펼쳐 있고 동산이 솟아 있는 곳일진대, 그러면 시골이지 전원은 또 뭐람? 전원을 영어로 번역하자면 어떤 지구적 단어와 호응할까? 시골을 의미하는 명사로서의 컨트리(country) 또는 컨트리사이드(countryside), 형용사로서의 루럴(rural)이 눈에 뜨인다. 이런 단어를 '교외(의)'로도 번역하지만 결국 다 시골이다. 단지 파스토랄(pastoral)이 있어 목가적, 전원적이란 의미를 갖는다. 일반적으로 이야기되는 '전원'은 이 파스토랄이 갖는 낭만성에 기대는 바가 많은 개념인 것 같다.

왜 낭만적일 수 있을까? 현실이 아니고 관조의 대상이기 때문이다. 낭만적 전원생활이라는 건 논밭에서 땀을 흘리고 나무를 하며 짐승을 기르는 번거로움은 다른 이의 일로 여기고 자기는 그럴듯한 집에 살면서 차를 마시고 책을 읽고 글을 쓰는 가운데 논밭과 전원을, 그리고 거기에서 일하는 사람들까지를 감상의 대상으로 삼는 일이기 때문이다. 그래서 '전원'은 도시 생활에 지친 사람들에게는 낭만이로되 논밭에서 일하며 생업을 영위해야 하는 이들에게는 생뚱맞은 어휘로 치부되기 십상이다.

오롯하게 낭만적인 '전원생활'을 즐길 수 있으려면 돈이 많아야 한다. 그것도 보통 많아서는 어림도 없다. 거대한 농토를 소유하고 자기를 상전으로 떠받들 고분고분한 소작농들을 거느릴 수 있는 정도는 되어야 할 것 같다. 청소기를 돌리는 일을 비롯한 집 관리를 위해 하인도 필요하다. 창문 너머 바라보라? 잘 가꾸어진 정원이 집을 둘러싸고 있고 논밭에는 건강한 농민들의 삶이 펼쳐지며 소, 양, 염소 떼가 주변의 야트막한 동산에서 그림처럼 풀을 뜯고 있는 모습이 보이면 좋다. 목동의 노랫소리라도 들리면 더 행복할 것이다. 혹시 따분함에 지친 내가 산책이라도 나가면 만나는 사람마다 친절한 목소리로 공손하게 인사를 건네리라.

그런데 요즘은 암만 돈이 있다손 쳐도 이런 '전원'을 마련할 도리가 없다. 손바닥만 한 집 안마당이라도 가꾸려면 당신은 노예처럼 일해야 하고 가축이 한가로이 풀을 뜯는 그림은 거의 없다고 해도 과언이 아니다. 주변 논밭에서 일하는 농민은 내가 점잖게 인사를 받아야 할 사람들이 아니라 내가 깎듯이 인사를 하고도 뒷말을 감수해야 하는 존재들이다. 혹여 커피 잔이라도 들고 베란다에 서서 저 멀리서 일하는 농부들을 한가로이 바라보고 있는 당신의 모습이 그들의 날카로운 눈에 포착되기라도 한다면 뒤따르는 그들의 구시렁거림이 담고 있는 내용은 당신이 상상하는 것 이상으로 혹독하다. 낭만적 '전원'을 좇다가는 고립되거나 회도(回都)하는 수밖에 없다.

그래서 '전원'은 포기되어야 한다. 정확히 말한다면 '낭만적 전원'은 포기되어야 한다. '전원'이란 단어를 원래의 의미대로 이해하고 사용해야 할 필요가 있다. 흙냄새와 바람 소리를 체질적으로 좋아하는 사람들에게 전원에서의 삶은 포기될 수 없다. 전원에게도 그런 사람들이 무척 필요하다. 기실 우리들이 생각하는 '전원'에 가장 가까운 의미라고 이야기했던 파스토랄은 형용사형이다. 이 형용사형 단어의 명사형은 없다. '전원적' 혹은 '목가적'이라는 형용사적이고 추상적이고 환상적인 개념만이 이 단어 안에 분 칠갑한 여인네처럼 앉아 있다. '전원'의 실체는 명사형 컨트리 즉 시골에 더 부합된다. 그렇지 않은가? 논밭이 있고 정원이 있고 동산이 있는 공간, 그곳은 곧 시골이다. 그리고 전원생활이란 논밭을 일구고 정원을 가꾸고 동산에서 임산물을 채취하는 노동과 생존의 생활양식이다. 단지, 수천 년의 언어 관행 속에서 '시골'이라는 단어가 만들어온 부정적 이미지가 부담스럽게 느껴질 수 있다면 그 대안으로 경우에 따라서 전원이라는 말을 사용하는 것도 괜찮다는 게 나의 생각이긴 하다. '시골집'보다는 '전원주택'이 '시골생활'보다는 '전원생활'이 이 천박하기 그지없는 21세기 초를 사는 우리들에게는 더 멋지게 들리고 행복감을 느낄 수 있게 해줄 수 있다면 사용할 만하다. 그런 의미에서, 80, 90년대 유행했던 티브이 드라마 '전원일기'는 웅변과 본질에 충실했다고 평가된다. 그곳에는 농사일이 지겨워 도시로의 탈출을 꿈꾸는 사람들이 늘 있었다. 점잖은 김 회장은 언제나 노동과 동행하듯 목에 수건을 걸고 있었다. 푸념과 뒷말, 다툼과 오해가 반복되는 일상도 전원 내지 시골을 구성하는 실체적 요소였다. 시대 감성에 기대어 내가 책의 제목에 '전원'이란 단어를 사용한 것도 '전원'의 방편적 차용이라고 할 수 있다.

왜 덕암농장인가?

이 글은 내가 농부 시절 세상 사람들을 향해 썼던 단상의 묶음이다. 그 시작은 2003년으로 내가 호주에서 박사 학위를 받고 돌아온 지 (1999) 얼마 되지 않았던 때였다. 강의와 연구도 보람 있었고 2002년부터 깃들어 살게 된 경기도 광주 퇴촌 산골에서의 생활도 만족스러웠다. 내 시골 생활이 부러웠던지 아버지도 시골에서 사시겠다고 했다. 아버지는 귀향을 선택하셨다. 할아버지가 서울로 중학을 진학한 1910년대 초반 이래 우리 가족은 서울 및 근교를 옮겨다니며 살아왔다. 90년 만의 귀향이었다. 난 아버지의 귀향을 응원했고 그에 필요한 문제들을 해결하느라 고향을(충남 아산 도고면 덕암리) 더 자주 드나들게 되었다. 집도 새로 지었다.

그런데 당혹스러운 일이 불거졌다. 새로 지은 집 주변에 종손인 아버지 명의로 정리된 전답이 수천 평이었다. 삼만 평의 산도 있었다. 그건 수백 년을 두고 집안에 내려오는 땅이어서 팔 수 있는 것도 아니었다. 법이 그러하다는 게 아니라 윤리와 전통이 그랬다. 현실적으로 법 문제도 만만치 않았다. 산은 괜찮다고 쳐도 전답은 농사를 짓지 않은 채 방치할 수도 없는 게 당시의 법이었다. 지금도 마찬가지다. 역사가로서 나는 '경자유전(耕者有田)'이 만고불변의 진리요 정의라고 여기지만 '경자'와 '유전'이 늘 원활하게 호응하는 건 아니다. 그 냉정한 현실이 나를 시험하고 있었다. 남에게 빌려주어 경작하게 하는 방법이 있었으나 그동안 그렇게 해 온 결과는 너무도 부정적이어서 다시 그렇게 할 엄두는 나지 않았다. 그걸 다 경작하는 외에는 방법이 없었다. 누가? 70이 넘으신 아버지가?

　내가 하기로 했다. 결정은 빨랐다. 난 아버지의 귀향 준비를 위해 고향을 드나드는 동안 그곳에 반해버렸다. 퇴촌과는 또 다른 바람 냄새, 물맛, 새소리 등은 내 몸 깊숙이 숨겨져 있던 아득한 시절의 기억을 불러왔고 고향은 깊은 애정의 대상으로 다가왔다. 나로서는 기억도 나지 않는 아기 때에 아버지는 날 안기도 하고 업기도 하고 목말도 태워서 이곳을 자주 다녔다고 하셨다. 그때 옛집에는 증조할머니, 큰할머니, 작은할머니가 계셨다. 첫애를 데리고 고향집을 찾아오는 맏손자를 맞는 할머니들의 기쁨이 얼마나 컸을까? 나는 가끔 제사상 앞에 벌거숭이로 던져질 때도 있었다고 했다. 아버지와의 여행 중에, 옛집에서 잠을 잘 때, 향불 연기 속에서 뒤척이고 기는 동안 내 속으로 들어왔을 바람과 공기, 사람 냄새가 몸과 기억 속에 깊이 남아 있었을 가능성도 있다. 난 고향 마을은 물론이고 이 마을 사람들의 장이 서던 온양을 거닐다 보면 지팡이를 짚은 일가 할아버지, 보따리를 인 할머니를 보는 상상 속에 종종 빠진다. 일을 핑계로 고향 땅에 자주 올 수 있게 되면 더 좋을 것 같았다.

  내 결정이 빨랐던 또 한 가지 이유는 내게 흙 만지며 살던 경험이 있었기 때문이다. 내가 2002년 퇴촌 산골에 거주지를 정하고 시골에서 아이들을 키우기로 했던 것도 그 경험에서 비롯된다. 초등학교 3학년이었던 1970년 10월 28일 우리 가족은 경기도 시흥군 과천면 문원리 708번지로 이사를 했다. 그때까지 살던 곳은 서울 상도동이었다. 서울 집은 괜찮은 양옥이었고 별채의 서재에서 할아버지가 늘 원고지를 글로 채우며 앉아 계시던 곳이었다. 그곳 생활도 괜찮았지만 1968년에 할아버지가 돌아가셨고 아버지는 2년 뒤 시골에서 닭을 키우는 걸 생업으로 삼겠다고 과천으로 이주를 결심했던 것이다. 그때 과천은 시골이었다. 그 과천에서도 외진 곳에 있던 우리 집에는 당시 전기도 들어오지 않아서 호롱불과 한동안 살았다. 아버지는 닭 키우는 사업 계획을 주도면밀하게 세웠고 일도 성실히 하셨다. 그러나 예상치도 못한 오펙(OPEC) 발 '석유파동'은 아버지를 꼼짝 못하게 만들었다. 3년 만에 우리 집은 망했다. 그러나 자연 속에서 흙에 뒹굴던 그 3년은 내 인생의 최고 황금기라고 나는 감히 말할 수 있다. 아무 걱정 없이 좋기만 할 때는 처음 1년뿐이었고 그 후로는 급속히 기울어가는 살림을 바라보는 장남으로서 우울하고 걱정되고 처량할 때도 있었지만, 그런 가운데도 꺼리만 있으면 만사를 잊고 맘껏 즐기는 게 아이들의 천진함 아니었겠는가? 그래서 나쁜 기억보다 좋은 기억이 승했는가 보다. 아버지에게 또 농장을 갖게 해 드리고 싶었다. 나도 갖고 싶었다. 성공한 농장을.

박사가 농사를?

교육과 연구는 어찌할 것이냐고 아버지께서 물으셨다. 어머니는 거의 울상으로 농사지으려고 박사 되었느냐고 걱정하셨다. 아버지의 질문에 먼저 대답했다. 교육과 연구에만 24시간 매달리며 살 수는 없다. 그렇게 책만 보는 일은 10대, 20대 때, 기껏해야 30대 초반까지만 가능하다. 이미 40이 넘었고 외국에서 박사 학위 따느라 심신이 피폐해진 상태에서 건강한 정신과 몸 상태를 유지하기 위해서는 운동도 필요하고 오락 및 사교도 필요하다. 운동과 오락, 휴식을 위한 다양한 수단이 있다. 난 흙 놀이를 선택하겠다. 단 사교가 문제인데, 나처럼 전임교수가 아닌 사람에게 사교라는 건 왜곡된 방향으로 전개되거나 왜곡된 시각으로 받아들여질 가능성이 높다. 이건 대단히 경계해야 할 부분이다. 과도한 사교 활동을 제한해야 한다. 지금은 많이 없어진 걸로 알지만 박사 학위를 획득하고 이제 막 학문과 교육 활동을 시작하는 사람들에게 오는 '사교' 유혹은 얼마나 많은지! 이런저런 이유로 맡겨지는 과다한 강의도 거기에 포함된다. 논문을 쓰고 책을 만드는 게 중요한 인문학 연구자에게 적정 강의는 한 학기 한 개, 많아야 두 개 6학점이다. 난 절대로 두 개보다 더 많은 강의를 맡지 않았다. 유혹을 자제하고 압력을 거부하는 가운데 내 영혼의 자유를 확보하고 그 시간을 자연 속에서 사용하겠다는 게 내 입장이었다. 고맙게도 아버지는 내 생각에 얼른 동의해 주셨다.

그런데 어머니의 우려는 미처 생각하지 못한 기막힌 아이디어를 내게 제공했다. 그건 박사가 농사를 짓는 게 아니라 농부가 박사 일을 할 수 있다는 발상이었다. 농부가 교육을 하고 연구를 하는 것도 좋겠다는 생각이 들었다. 박사는 전업이 아니라 학위다. 직업은 농부, 학위는 박사, 교육과 연구 분야는 동남아시아 역사라… 이거 괜찮아 보였다. 교수 자리 버리고 농부가 된 변산공동체의 윤구병 선생 같은 분의 사례도 알고 있던 바였다. 그분은 농부하면서 글을 쓰고 책을 짓는다. 내가 전원생활을 결단하게 만든 책 『애들아 우리 시골가서 살자』(디자인하우스, 1997)의 저자 이대철 사장은 철쭉 농장을 경영하는 농부로서 목공예가의 일을 하고 있었다. 오랫동안, 정말 오랫동안 직업이 학생 또는 스튜던트(student)였던 (3년 동안 군인, 3년 동안 피디, 그리고 몇 달간 회사원이었던 시절 빼고) 나는 이미 40이 넘은 가장이었다. 직업이 필요했다. 난 당시 강사, 연구원, 연구 교수 등의 직함을 가지고 있었다. 하나같이 괜찮은 직업이었다. 그런데 이런 것들보다 농부 혹은 파머(farmer)는 내게 훨씬 더 안정적이고 품위도 있어 보이는 직업으로 다가왔다. 외국을 다니느라 입출국 신고서를 작성할 때나(난 도대체 왜 여기에 직업란이 있는지 여전히 이해할 수가 없지만) 아이들 가정환경 조사서를 쓸 때도 간결하고 멋져 보였다. 그렇게 해서 탄생한 것이 덕암농장이고 농부라는 내 직업이었다. 정식으로 비싼 돈을 들여 홈페이지를 만들었고(www.dafarm.co.kr), 홈페이지 주소를 붙인 내 이메일 계정도 (choibw@dafarm.co.kr) 열었다. 덕암농장 주소와 전화번호, 홈페이지 주소가 박힌 친환경 재질 덕암농장 가방도 오백 개를 맞추었다. 작물을 수확할 때 쓸 노란색 플라스틱 상자도 충주 사과 조합에서 20개를 사왔다. 본격적으로 농장 경영에 나선 것이다.

그럼에도 불구하고 농사와 교육·연구는 균형을 유지하기로 했다. 내 황금 시절에도 난 닭들에게 사료 주고 물 주고 닭똥을 치우고 닭 알을 줍고 분류하는 등의 일과, 산으로 들로 쏘다니며 새 쫓고 물고기 잡는 놀이만이 즐거웠던 게 아니었다. 시골 학교 생활도 참 재미있었다. 시골로 이사한 1970년은 내가 '학문'의 세계에 접어든 지 3년밖에 되지 않은 때였지만 교가가 '이조와 같은 역사 날리던 과천'으로 시작되던 그 시골 학교에서의 공부가 나는 즐거웠다. 적당한 노동과 놀이는 머리에 쏙쏙 들어오는 공부의 다정한 짝이었다는 기억이 생생하다. 더 나은 교육과 연구를 위해서도 흙에서의 노동은 필요하다고 나는 생각했다.

이 믿음은 여전하다. 흙에서 생명을 키워내는 노고와 지혜를 통해서 사람을 키워내고 내 학문의 집을 짓는다. 생명을 키우는 마음과 자세로 학생들을 가르치고 땅에서 수고한 두툼한 손으로 글을 쓴다면 허언(虛言)과 허문(虛文)의 위험 내지 유혹은 훨씬 줄어든다. 대지는 나무를 키워내고 나무는 책이 되며 책은 사람을 만든다. 그리고 사람은 다시 흙으로 돌아간다. 나는 흙-나무-책-사람-흙으로 이어지는 순환의 고리에서 온전한 주체가 되고자 한다.

꿈꾸는 농부

내 농사의 기초는 삼무(三無) 농법이며 잡초 농법이었다. 비닐, 제초제, 농약은 당시로서는 농사의 필수품으로 여겨지던 세 가지 발명품이었다. 편리하기는 하되 자연과 사람에 종내는 독이 되고 짐이 되는 이 세 가지 화학제품을 나는 거부하기로 했다. 그 대안이 잡초 농법이었다. 잡초와 함께하는 농사다. 제초제를 뿌리거나 비닐을 덮어 잡초를 퇴장하게 한 후에 작물만을 고이 키워내는 소위 '과학적'(차라리 '화학적'이란 말이 더 사실에 가깝다고 하겠지만) 농법이 아니라 잡초가 작물을 키우는 그런 농법이었다. 이에 대해서는 당시 홈페이지에 비교적 정연하게 정리해 게시한 바 있으며 내 방식에 대한 독자들의 호응은 의외로 컸다. 고향 덕암리 원래 이름은 삭실이다. 학이 사는 마을 즉 학실(鶴谷)이 삭실이 되었다. 옛날에 삭실에는 학이 많았다고 한다. 그런데 농약이 넘쳐나면서 학이 사라졌다. 나는 학이 돌아오길 기다리는 마음으로 깨끗한 농사를 짓겠다고 했다.

　나에게 농장은 현실이고 낭만이다. 노동하는 곳이자 사색하는 곳이다. 사색이 몽상으로 이어지기도 한다. 농사를 짓다가 종종 나는 새로운 농촌사회를 꿈꾸기도 했다. 현재도 그렇다. 꿈꾸기다. 그래서 내가 보기에도 아직은 현실적이어 보이지 않는다. 그렇지만 아주 가능성이 없지는 않다. 꿈을 꾸며 마음속에서 자꾸 그 생각을 공글리다 보면 현실화되는 수가 있음을 나는 많이 경험하면서 살아왔다. 내가 그리는 농촌을 나는 소농시민사회라고 이름 지었다. 사람들이 적어지고 경작할 땅은 많아진 요즈음 대규모화가 대세인 듯 이야기되는 경우가 많다. 하지만 대규모화되고 수입이 많아지다 보면 결국 대기업이 손을 대기 시작할 게 뻔하다. '세계 시장을 겨냥한다'는 구실로 삼성 쌀, 엘지 고추, 현대 배추가 등장할 가능성이 높다. 소농으로 구성된 농촌상이 바람직하다. 이들은 건전한 정부의 각별한 보호를 받는다. 젊은 부부의 적절한 노동으로 경작할 수 있는 범위는 2,000평 안팎. 거기서 연평균 4,000만원 정도의 수입이 보장된다. 교육과 의료는 정부가 부담한다. 이들은 농민이로되 적절한 문화생활을 누릴 수 있는 능력의 소유자여야 한다. 그들은 대도시의 그렇고 그런 백화점이나 쇼핑몰, 영화관 정도만이 아니라 그보다 더한 것을 누릴 수 있는 지적, 육체적 능력을 갖춘 사람들이어야 한다는 말이다. 인터넷이나 독서, 여행, 교류를 통해 자기 밭두렁, 논두렁과 세계 즉 뉴욕, 파리 같은 곳을 연결할 수 있는 사람들이다. 좋은 표가 생겼다면 런던으로 날아가 코벤트 가든에서 뮤지컬을 즐길 줄도 알고 겨울 동안 몸이 묵직하다 싶으면 배낭을 메고 히말라야를 찾을 수 있으며 아직은 본격적 농사철이 시작되기 전인 4월 초에는 진해 군항제에 들렀다가 교토의 벚꽃 축제도 한 바퀴 돌면서 새로 나온 일본의 올해 햇차 맛도 음미해줄 줄 아는 사람들이다. 겨울이 너무 춥다 싶으면 짐을 꾸려 호주의 골드코스트 같은 곳으로 날아가 해수욕을 즐길 줄도 안다. 사람 세상이 문득 따분하게 느껴질 때는 신들의 세계 앙코르왓에 잠시 다녀와도 좋다. 느긋한 대지 메콩 델타는 어느 때고 그대를 편안하게 맞을 것이다. 거기서 만난 사람들과 농업에 관련된 사업을 구상해도 좋다. 이들은 그냥 시민 정도가 아니라 세계 시민이다. 이런 사람들이 사는 마을을 시민 마을이라고 불러도 좋을 것이다. 논리적으로는 병립 불가능한 '시민'과 '(시골)마을' '소농'과 '시민'을 병립시키는 것. 그래서 꿈이다. 그래서 이루어질 가능성이 있다.

  도시는 문명이로되 시골은 야만이라고 나는 감히 말한다. 시골에서는 야수와 독충, 각종 벌레들이 가깝고 사람의 관계는 법이 아니라 관습 또는 관행이 지배한다. 순하고 아름답기만 한 것 같은 나무와 풀, 꽃은 잠깐 방심하면 당신을 산모기와 불개미가 우글대는 숲속에 가두어 버린다. 개가 없으면 언제 멧돼지의 습격을 받을지 알 수 없고 고양이에게 잘 보이지 않으면(주인이 마음에 들지 않으면 고양이는 집을 나간다.) 쥐와 한 지붕 밑에 살아야 한다. 말벌의 습격이 두려워질 때도 있다. 비아그라가 나온 이후에 뱀 잡아 가는 땅꾼들도 요즘은 보기 힘들다. 거친 곳에 적응하고 그곳을 보존하고 각각의 마을을 세계 수준의 선진 마을로 만드는 데는 능력 있는 사람들이 필요하다. 힘도 있어야 하고 머리도 있어야 한다. 약자는 시스템화되어 있는 도시에서 보호하고 시골은 강자들이 가꾸는 게 좋겠다. 소농시민은 그 강자들이다. 건강하고, 외국어 구사도 가능하고 국제 경험도 많은 사람들, 그런 강자들로 채워진 시골이 바로 소농시민사회다. 소농시민들이 만들어 내는 시골 마을에는 앞서가는 나라 어느 곳의 시골보다 우리 마을이 더 선진적이라는 자부심이 넘쳐난다.

소농시민은 사인의 정신을 갖춘 농민이다. 그들이 사는 곳은 전원 안의 농장이어야 할 필요가 있다. 사농공상으로 사람들의 직업 종류를 구분해 보자면 농공상이 행해지는 곳이 각각 농장, 공장, 시장이다. 모두가 경제 활동의 근거지이다. 그런데 농장만은 주거지를 포함한다. 농업과 관련된 작물과 동물(혹은 식물과 동물, 또는 정물靜物과 동물動物)이 두루 갖추어진 곳이 농장이며 그곳은 한 가족이 모여 사는 주택까지 서 있는 완결 구조로서 생존과 경제가 함께 영위되는 독립된 영토(territory)이다. 농장은 하나의 독자적 세계(universe)이기도 하다. 사인의 경제 활동 근거지로서 '사장(士場)' 같은 단어나 개념은 없다. 사인은 머리와 붓을 쓰는 사람들이기 때문이다. 세속적인 시각으로 볼 때 성공한 사인들이 활동하는 영역은 조정, 학교, 관청 등 세상을 경영하든가 사람을 키우는 곳이었다. 그렇다고 해서 사인이 생산을 위한 손의 번거로움에서 자유로워야 한다는 건 아니다. 옛말에도 조상 제사에 올릴 제물은 직접 자기 손으로 가꾼 것이어야 한다고 했다. 하물며 타인의 모범이 되어야 할 사인임에랴. 그래서 옳은 선비는 손수 흙 만지기를 즐겼다. 제왕조차도 직접 땅을 갈지 않았던가?

사는 구체적 직업이기도 하지만 보편적 정신으로서 농, 공, 상에도 적용된다. 이윤 추구에만 혈안이 된 자는 장사꾼이라고 부르되 천하에 대한 책임 의식을 갖는 상인을 우리는 사상(士商)이라 부른다. 교묘한 손재주와 과학적 두뇌를 가졌으면서 사인의 경륜을 갖춘 사람은 많다. 소농시민의 일과 주거 공간은 농장이고 운영자는 사농(士農)이어야 한다. 기실 사농은 우리에게 친숙하다. 옛날 건전한 가풍을 갖는 사족의 자제라면 글을 읽어 세상에 나가는 것도 보람된 일이요 때를 만나지 못해 농구(農具)를 잡는 것도 가치 있는 일이라고 여겼다. 애초에 과거에는 뜻을 품지도 않고 글을 읽으며 농사를 짓던 사농의 사례도 많다. 그래서 현직에 있는 사인이라도 흙 만지기를 게을리하지 않았다. 사와 농은 그만큼 가까우며 종종 하나가 되기도 했다. 문필가이자 흙일 애호가인 헤세의 다음과 같은 말에도 사와 농을 하나로 보는 관념이 보인다. "의지의 자유라는 까다로운 주제를 아주 샅샅이 연구해 보고 싶은 사람이라면, 정원 일에 몰두해 봐야 한다."(『정원일의 즐거움』, 두행숙 역, 이레, 2001, 227쪽) 우리는 정원을 손바닥만 한 땅덩어리 정도로 생각하는 경향이 있지만 헤세의 정원은 내가 말하고 있는 농장에 가까웠다.

소농시민사회를 그리는 꿈을 꾸고 있다가 2006년 가을 인하대학교로 불려가게 되었다. 농부라는 본업을 유지하며 대학교수를 하기는 불가능했다. 그래서 내 직업은 교수로 바뀌었다. 농장 일은 운동과 휴식을 위한 활동으로 성격을 조정했다. 그러다가 2년 뒤 아버지와 갑작스러운 이별을 해야 했고, 내 몸과 마음이 허해진 가운데 한동안 농장도 황무지처럼 변해갔다. 홈페이지 문도 닫혔다. 경황이 없던 중이라 거기에 올렸던 자료들도 다 챙기지 못했다. 단지 게시판에 올린 글만 막내 제수씨의 도움으로 저장을 해 두었는데 그나마도 일부는 어디론가 사라졌다. 어머니가 혼자되셨기에 나는 더 자주 농장에 내려왔지만 동업자인 아버지가 없는 혼자만의 노동은 슬픔의 깊이만을 더 확인하는 일일뿐이었다. 그렇게 해서 난 농부라는 직업뿐만 아니라 농장 그 자체도 다 포기하려고 벼르는 지경에 이르렀다.

그러나 다행스럽게도 몸과 마음이 서서히 치유되어 갔고 농장 뒤편에서 나를 내려다보시는 아버지와 함께 다시 일을 시작했다. 꿈도 이어갔다. 2013년에는 퇴촌 집을 정리하고 덕암리로 이사를 했다. 아내와 아이들이 새 구성원이 되면서 농장은 더욱 활기를 띠어가고 있다. 아직 농부로의 완전 회귀는 이루어지지 않고 있지만 앞으로 빠르면 4년, 혹은 7년, 늦어도 9년이면 전업농부로서 여정이 다시 시작된다는 설렘이 요즘 학교에서나 농장에서 발휘되는 내 에너지의 근원이다. 농촌계몽 운동과 역사 연구를 병행하시던 할아버지는 『전원석화(田園夕話)』(1941)를 지으셨다. 아버지는 인생에 농장을 두 개 만드셨다. 큰손자(내 큰아들) 태어난 기념으로 60세 때부터 익혀 경기도전 초대작가까지 된 아버지는 '귀거래사'를 비롯한 시골 생활의 가치를 찬미하는 글을 주로 써서 세상 벽에 부지런히 붙이셨다. 양계장 집(수정농원[1] 과천 양계장)의 큰아들은 『전원에서 쓴

---

[1] 당시 40세의 아버지가 아내와 외동딸의 이름에서 한 자씩 떼어내 지었던 이름이 '수정'이다.

편지』를 엮는다. 시골에서 살자고 사람들을 꼬드기는 일이 3대째 진행되고 있는 셈이다. 3대째 꿈을 꾸고 있다고 할까?

홈페이지를 연 2005년부터 3년 동안 나는 농촌의 모습을 세상에 전하고 발전적 대안을 제시한다는 생각으로 글을 썼다. 책으로의 출판을 염두에 두고 있었다. 그러나 예기치 않은 일들이 생기면서 출간이 늦어지는 바람에 글이 많이 묵었다. 그럼에도 불구하고 그때 짚었던 현실과 전망은 여전히 동일하다. 가정사와 관련된 소소한 이야기들은 시골 생활에 관심 있는 그 시절 내 나이 또래의 분들에게 참고할 만한 자료며, 그 시대 농촌의 모습을 전하는 기록으로서 의미가 있다. 농부로서 나에게 이 글은 절기의 변화와 파종, 양육, 수확에 참고가 될 영농일지이기도 하다.

2017년을 기준으로 하여 필요한 정보는 추가하고 수정이 필요한 부분은 손을 보았으며 없어도 상관없다고 판단되는 글들은 버렸다. 덕암농장 홈페이지 방문객들이 올려준 수많은 답글 중에서는 맥락을 이해하는 데 긴요하고 덕암농장을 반짝이게 해 주어 여전히 고맙고 정보 가치가 있다고 생각되는 글 몇 개만 남겼다. 글 주인들께 감사드린다.

당시에는 나의 주 거주지가 퇴촌의 우산리(경기도 광주)였고 일주일을 반으로 나누어 집과 농장을 왕래하던 시절이었기에 글에서 언급되는 내 전원 공간이 우산리와 덕암리 두 곳이다.[2] 독자에게는 약간의 혼란을 야기할 수도 있겠으나 똑같은 농촌이라도 서로 다른 면모를 갖고 있다는 걸 보는 일도 괜찮겠다 싶다. 가끔 '농가주부'라는

---

2) 퇴촌 생활의 시말은 아내가 쓴 『서울교사 시골엄마』(산인, 2016)에 정리되어 있다.

이름으로 등장하는 사람은 아내다.

  덕암농장을 만들어 나가기 시작할 때 품던 낙관 혹은 바람이 다 이루어진 건 아니다. 학은 아직도 돌아오지 않았고, 수련이 덮인 낚시터가 될 것이라 믿었던 둠벙은 요즘 심해진 봄가물에 자꾸 물이 마른다. 매년 황금색의 살구가 주렁주렁 열릴 것이라 기대가 컸지만 꽃은 늘 화려하게 찾아오되 열매를 보는 일은 쉽지가 않다. 잡초로만 농사를 짓겠다고 했으나 그도 백 퍼센트 여의치는 않다. 논농사와 밭농사에서는 그걸 실현했다. 하지만 400그루가 넘어선 살구나무로 하여금 튼실한 열매를 맺게 하고 열매의 당도를 높이기 위해서는 가축 분뇨 거름이 필요하다는 사실을 받아들이기로 했다. 돌탑이 백 개 설 것이라 했으나 아버지는 30-40개의 돌탑만 남기고 하늘나라로 가셨다.

  그러나 대부분의 일들은 아직 진행되고 있으며 그 시절 예상했던 것보다 멋진 일들도 생겼다. 살구꽃은 해마다 더 맑고 장하다. 논은 여전히 건강하다. 밭에는 매년 각종 채소와 곡물이 자란다. 든든한 트랙터는 여전히 내 곁을 지키며, 관리기, 제초기, 예초기에 더해 콤바인과 1톤 트럭이 새 식구로 늘었다. 아내가 가까운 예산여중 교사가 되어 학교와 농장이 직접 이어지게 되었다. 그녀가 가꾸는 꽃밭은 농장을 날로 더 아름답게 만들고 있다. 나는 이 농가주부의 제자 중에서 또 다른 농가주부 100명이 나오기를 꿈꾼다. 염소를 방목하는 넓은 축사는 뒷산 쪽으로 이어져 장엄함을 더했다. 흑염소에 더해 얼룩무늬 보아 염소까지 노닌다. 우리 집 닭들은 살구나무를 열일곱 그루나 품은 닭장에서 맘껏 뛰놀며 건강한 알을 낳는다. 유기농에 대한 사람들의 관심은 몰라보게 높아졌다. 시골 생활을 실천하는 사람들은 꾸준히 늘어나서 덕암리 안에 열 채 이상의 새집이 들어섰다.

소농시민사회의 실현을 위하여

1부
농장을 열던 해

7월에

잡초에게 절을

2005. 7. 26

충주에서 사과 과수원 하는 분을 방문했다. 수안보 온천 가까이 있는 그 과수원의 크기는 만 오천 평, 이름은 계은농장. 농장주는 올해 73세. 아직도 정정하시다. 오랫동안 몸담았던 직장을 그만둘 준비를 하면서 시작했던 과수원인데 운영한 지 17년째란다.

이분, 그 연세에도 만 오천 평 과수원에 솟아나는 잡풀을 손수 제거하신다. 제초제는 절대로 사용하지 않는다.

과수원 한가운데는 이층으로 지어진 벽돌집이 서 있다. 위층에 당신의 서재가 따로 꾸며져 있는데, 저녁 식사 이후 이곳에서 밤 열두 시 반까지 책을 읽고 글을 쓴다. 남쪽으로 난 창문을 통해 바라본 과수원이 수해처럼 펼쳐져 있다.

그곳 서재에서 그분이 내게 주신 말씀 한 가지가 다음과 같다. "난, 아침마다 잡초에게 절을 해요. 한 5년 전부터예요. 그전에는 놈들이 그렇게 미웠지요. 하지만 어느 순간부터 잡초가 고맙고 사랑스러워지기 시작했어요."

나는 고작 1, 2년 전에야 잡초농법을 생각해 내고 그것이 내 독창적인 아이디어인 양 잔뜩 으스대 왔다. 그러면서도 사실, 겁나게 자라는 잡초가 밉고 지겹기도 한 게 사실이었다. 그런데 세상에… 아침마다 잡초에게 절이라니! 헤어지며 인사할 때 내 허리가 90도보다 한참 더 꺾였다.

토마토를 따며   2005. 7. 31

토마토를 따다 보면 상한 놈을 꽤 많이 만난다. 빨간 토마토 겉면에 바늘구멍 같은 게 보인다는 건 벌레가 이미 들어가 자리를 잡았다는 표시이다. 그런 걸 따서 박스에 넣고 운반하다 보면 즙이 새어 나온다. 토마토의 맛도 벌써 이상해져 있다. 그런 건 버려야 한다. 형언할 수 없이 아름다운 붉은색으로 곱게 잘 익은 놈 같지만 보이지 않는 쪽은 벌써 상처를 입은 것도 꽤 있다. 새, 아니면 벌레 때문에 그렇게 된 것이다. 성한 곳만 도려내 먹으면 되지만 그 작업을 일일이 하기도 귀찮아서 땅에 버리기 마련이다.

아까운 마음을 밴쿠버에 살고 있는 친구에게 이메일로 전했더니, 답신 왈, 키워서 벌레도 주고 새도 주고, 흙과도 나누어야 하는 것이거늘 수확물을 몽땅 다 차지하려는 건 인간의 탐욕이란다.

그저께 아내와 토마토를 따면서 흠이 있는 놈을 만나면 기분 좋게 땅에 던져 주었다. 벌레도 먹고 새도 먹었으니 이젠 땅이 먹을 차례인 게 맞다. 일을 하다가 목이 마를 때는 나도 한입 가득 베어먹는다. 벌레와 새와 땅과 사람이 나누어 먹는다고 생각하니 토마토 맛이 더 깊다.

8월에

옥수수 2005. 8. 1

지난밤부터 비가 시원하게 내리고 있다. 아침에 차를 한 잔 마시는 동안 어제 먹다 만 옥수수를 세 개나 먹었다. 지난 금요일 아내와 함께 따낸 옥수수다.

옥수수를 먹을 때마다 생각나는 일이 하나 있다. 초등학교 4학년 이맘때였다. 갑자기 옥수수가 먹고 싶어지더니 점점 참을 수가 없어지는 거였다. 방이고 마루를 오가며 데굴데굴 구르기까지 했다. 처음에는 단순한 투정이려니 본체만체하던 어머니도 내가 뒹구는 게 너무 심각해지니까 겁이 났던지 얼른 읍내에 가서 옥수수를 구해다 삶아주셨다. 그거 먹고 겨우 진정이 되었다.

난 옥수수를 사랑한다. 혹시나 여러분 중 누군가가 베트남을 여행하고 있다면, 저녁 무렵 어느 거리에서 저녁밥을 먹고 났기에 이미 불룩해졌을 배를 내밀고도 하모니카 불듯 옥수수를 먹으며 걷고 있는 나를 볼 수도 있을 것이다.

옥수수를 좋아하는 나임에도 질색인 건 푹푹 김이 올라오는 솥

위 비닐봉지에 싸여진 옥수수다. 그 뜨거운 열기를 듬뿍 받은 비닐봉지에서 무엇이 흘러나올까 심히 우려된다.

그리고 옥수수에 소금이며 당원을 왜 넣는지… 어떤 경우는 찌는 게 아니라, 소금과 당원 푼 물에 옥수수를 넣고 푹 삶는 것 같다. 옥수수는 그렇게 조리해야 한다고 생각하는 주부가 의외로 많은 현실은 나를 우울하게 한다.

제대로 자란 옥수수라면 껍질을 두세 겹 남긴 채 찌면 충분한 맛을 냅니다. 소금이나 당원은 제발 사용하지 마시길.

염소의 매력 2005. 8. 2

몇 달 전 예산 장에서 데려온 새끼 염소 두 마리가 잘 자라고 있다. 처음 와서는 콧물도 흘리고 기침도 하고, 우리 집 터줏대감인 풍실이에게 물려서 혼도 났다. 그럭저럭 적응을 해서 요즘 이놈들은 토실토실해졌다.

난 염소를 보고 있으면 기분이 좋다. 그 이유가 충북대 배대식 교수의 『염소(흑염소)』(內外出版社, 2004)에 나와 있다.

> [흑염소는] 성질이 온순하면서도 영리하고 밝으며 거동이 활발하고도 익살스러운 데가 있다. [⋯] 또 청결하고도 건조를 좋아하며 용모가 우미하고 고상하여 한번 기른다면 가정의 귀염둥이로 되어 애완용으로도 겸할 수가 있다. (37-38쪽)

날씬하고 익살스러운 애교물이면서도 새침한 선인다운 염소, 산에 숨어서 조용한 생활을 보내고 있는 성인을 연상케 하는 맑고 깨끗한 눈을 가지고 있는 염소, 그런가 하면 다소 사람을 바보취급하는 듯한 행동을 취하는 좀체로 얕볼 수 없는 귀공자다운 염소 […](38쪽)

용감함도 염소의 덕성이다. 나는 20대 중반 프랑스어를 열심히 배울 때 알퐁소 도데의 글 중에서 염소를 소재로 한 걸 읽은 적이 있다. 홀로 산속을 돌아다니던 염소가 늑대를 만나 밤새 저항하다 새벽녘에 힘이 다해 쓰러지는 모습이 인상적이었다.[3] 힘센 상대를 만나면 뺑소니를 치기보다 일단은 머리를 앞으로 내밀고 공격하는 자세를 취하는 게 염소다. 물론 그러다가 현격한 힘의 차이에 힘없이 쓰러지기도 하지만 태도는 가상하지 않은가?

↳ **정연** 2005. 8. 2
고양이 기르기
아직도 찬 기운이 조금은 남아있던 늦봄의 일입니다. 한 열흘 남짓 출장을 갔다 돌아왔는데 큰 쥐만 한 어떤 생명체가 거실 소파 밑에서 베란다 쪽으로 뛰어가는 거예요. 소스라치게 놀랐지요. 사연인즉슨, 초등학교 5학년인 아들이 학교에서 돌아오는데, 눈에 시커먼 더께가 쓰인 '봉사 고양이'가 풀밭에 쓰러져 있더랍니다. 아파트에 사는지라, 평상시에 강아지며 병아리 키우자는 아이들의 애원을 매몰차게 거절해왔지만, 눈도 못 뜨는 '장애 고양이'는 그냥 두면 필연 굶어 죽을 수밖에 없으니 그건 정말 너무 매정한 일 아니냐고 호소하는 아들의 애원에 결국은 집에서 키울 것을 허락할 수밖에 없었다는 남편의 설명을 들었지요.

근데 그 고양이가 따뜻한 집에서 잘 얻어먹고 사랑을 받더니 제가 집에 올 때쯤 해서는 두 눈이 멀쩡하게 떨어져서 '정상 고양이'가 된 겁니다. 그리

---

3) '스갱 씨의 염소'.

고는 온 식구가 경쟁적으로 주는 먹이를 하루에 6-9끼씩(3사람이 각 끼마다 한 번씩을 줍니다) 받아먹으면서 덩치가 금세 커버렸습니다. 요즘 이 녀석 하루 종일 늘어지게 자는 꼴을 볼작시면 '참 고양이 팔자 시간문제다'는 생각이 절로 들지요.

문제는 아들의 '착한 마음씨'에 '할 수 없이' 아파트에서 애완동물 키우는 걸 허락했다는 남편이, 한술 더 떠서 고양이를 껴안고 다닌다는 겁니다. 퇴근하면 들어서면서 고양이 이름(미니)부터 부르고 집에 있을 때는 하루 종일 껴안고 다닙니다. 애들 깨면 또 밥 줄 테니 제발 당신은 좀 참으라고 그렇게 입이 닳도록 말해도, 배고프다고 우는 녀석을 어떻게 기다리게 하냐며 기어이 먼저 먹이를 주고야 말지요. 나, 원, 짐승이 먹이를 잡을 때까지 배고픈 거 참는 거는 당연한 생존원리 아니었던가요? 이 녀석이 자기를 사랑하는 걸 알아서 식사 때도 꼭 남편 무릎에 뛰어올라 음식에 털 떨어진다고 기겁을 하는 나 몰래 콩 한 알씩을 얻어먹곤 하지요. 밥공기에 든 콩을 골라 고양이에게 줄려고 밥풀을 뜯으면서 내 눈치를 살피는 남편의 모습이 참 가관이지요. 우리 집은 내가 일찍 출근을 하기 때문에 항상 내가 먼저 깨서 움직이게 되는데, 아침에 출근 준비하느라 부스럭거리는 소리에 자기가 잠을 깼다고 좀 조용하게 움직이라는 타박을 한 10년 들어온 나로서는, 고양이가 자기를 깨우면 '아이고 우리 미니 배고프냐?' 하고 벌떡 일어나 고양이 아침밥부터 챙겨주는 남편이 참 한심하다 못해 '귀~엽습~니다'

나는 어릴 적에 유난히도 동물을 좋아해서 정말 집에 온갖 동물들을 많이 길렀습니다. 그만큼 죽어나가는 동물들도 많이 보아야 했지요. 그러는 동안 동물들과 사랑하고 헤어지는 훈련이 많이 되었다고 할까요? 하여, 사실은 미니의 재롱에도 약간은 무덤덤하려고 애쓰는 편이지요. 반면 남편은 시골에서 자라면서도 소나 돼지 이외에 '애완동물' 수준에서의 동물을 키워보지는 못한 것 같아요. 그러니 애완동물을 기르는 수준에서는 아들과 거의 같은 수준이라고 보면 되겠지요. 예뻐하기는 하는데 똥은 치울 줄 모르는… 이런저런 사고로 죽어나가거나 잃어버렸을 때의 아픔이 얼마나 큰지도 모르는… 그러나 이별의 때를 생각하며 동물에 대해 무덤덤하려고 애쓰는 나이지

ⓒ강현준

만, 고양이를 대하는 남편과 아이들의 따뜻한 마음까지도 무덤덤하게 받아들이지는 않습니다. 고양이를 통해 새삼 접하게 되는 남편의 다정다감함에 감사하고 아이들의 착한 마음씨에 감사하지요.

갇힌 공간에서 겨우 고양이 한 마리 키우면서 이렇게 마음이 흐뭇한데 그 넓은 초지에 넉넉하게 풀어놓고 키우는 염소니, 닭이니 진돗개가 안 이쁠 턱이 있습니까? 또 사랑받으며 자라나는 그 녀석들 자신도 얼마나 행복하겠습니까?

나도 조만간 그 녀석들 구경하러 덕암농장에 가야겠습니다. 남편과 아이들이 구경 갔다 홀딱 빠져서 우리도 이렇게 삽시다! 흑염소도 키우고! 하면… 그러면 정기적금 들어야지요 ㅎㅎ

↳ **한빛** 2005. 8. 3
멀리서 볼 때만 아름답다고 느끼는 것들이 있습니다.
살면서 깨달은 것이 있습니다. 멀리서 볼 때만 아름답다고 느껴지는 것들이 많다는 것을. 어쩌면 많은 도시인들에게 농촌의 풍광도 멀리서 보기 때문에 아름답고 낭만적이고 때로는 동경의 대상이 되기도 하는 것이겠지요. 생명이 있는 것을 기르는 것은 - 부모가 아이를 기를 때의 경우처럼 - 기쁨과 보람만이 있는 것이 아니라 깊은 실망과 채울 수 없는 안타까움, 오랜 참음, 기다림, 그리고 다시 일어나기 등을 동반하지요.

저는 가끔 농촌에 대한, 자연에 대한, 동물에 대한 즉각적인 감탄과 환호를 의심의 눈으로 바라보게 됩니다. 이런 저의 의심은 전원생활에 대해 많은 사람들이 감탄과 부러움은 보이지만, 늘 "그렇지만, 우리는… 나는…" 하는 '빠른 제자리 찾기'에 은근히 화가 나서인가 봅니다. 저는 생명에 대한, 자연에 대한 호들갑스런 감탄과 탄성이 진실이 되고, 자연을 지키는 진짜 힘이 되려면 우리 각자가 편리함과 빠름, 효율성을 선택하기보다는 불편함과 번거로움, 느림을 기꺼이 참아내며 쓰레기 하나, 세제 한 스푼, 물 한 방울, 전기 한 등, 휴지 한 장이라도 한 번 더 생각하면서 사용하는 무언의 환경지킴이들이 될 때 가능하다고 생각합니다.

마지막으로 저 같은 주부가 우리의 무공해 먹거리로 식탁을 꾸밀 때만이 아름다운 땅도, 작물도, 동물도, 그리고 우리 인간도 진정 건강해질 수 있다고 생각합니다. 비록 비싸서 부담스러울 때도 있지만 무농약 우리 먹거리를 더욱 많이 찾을 때 농민들도 자신들의 땅을 죽이고, 눈에 보이지 않는 이웃을 죽이고, 자신도 죽이는 농약 살포의 유혹으로부터 서서히 벗어나게 될 겁니다.

더 이상 멀리서 볼 때 아름다운 곳은 농촌이요, 그 속에서 사는 것이 편리한 곳은 도시, 특히 서울이라는 이야기가 설 자리가 없었으면 합니다.

독구 2005. 8. 3

열 살 때부터 키워서 내 수족 같이 부리던 개가 한 마리 있었다. 독구[4]라고 부르던 놈이었는데, 이놈을 데리고 다니면 세상에 겁나는 게 없었다. 덩치가 크고, 충성스럽고, 점잖았다. 약한 개나 어린아이 괴롭히지 않고, 싸움 잘하고, 장가 잘 들고. 개가 하도 좋다고 소문이 나서 우리 면(당시 과천면) 강아지들이 한때는 전부 독구를 닮았던 시절도 있었다.

독구 (1973년)

---

[4] 그 시절 이런 개 이름이 많았다. 영어와 일본어의 흔적이 깃든 이름들이다. 독구는 독(dog)의 일본식 발음이었다. 케리니 메리는 어원(각각 Kelly, Mary) 파악이 쉽지만 작꾸며 죵은 일제시대 경험까지 상고해야 어원이 파악된다. 각각 잭(Jack)과 존(John)이다.

외딴곳에서 나 혼자 토끼풀을 뜯다가 문득 겁이 났을 때 '독구~!' 소리쳐 부르면 놈은 어디선가 꼭 달려오곤 했다. 그 고맙고 믿음직스러운 모습은 지금도 눈에 선하다. 늘 있는 듯 없는 듯 내 주변을 맴돌며 독구는 날 보호했다. 내가 학교에 갈 때도 한참을 따라오고 집으로 돌아올 즈음이면 나를 마중 나오기도 했다. 어느 봄날 오전, 너무 몸이 아파서 지각을 했던 적이 있다. 어찔어찔한 등굣길, 봄볕 아래 개나리꽃이 화사해서 더 적막하게 느껴지던 학교 뒷문. 그곳까지 따라와 내가 안으로 들어가는 걸 걱정스런 얼굴로 바라보며 서 있던 독구였다. 만약 어떤 사람이 날 불친절하게 대하고 있다면, 내 옆에 있던 독구는 일어서서 두 발을 그 사람의 양쪽 어깨에 턱 걸친다. 으르렁 소리를 내지 않아도 눈앞 가까이에 다가온 독구의 불만스러운 얼굴과 더운 입김에 그 사람은 기겁하게 마련이었다. 그러나 독구가 사람을 무는 법은 없었다.

그렇게 키우던 놈을 내가 열네 살 때 잃었다. 학교에서 돌아오니 독구가 안 보이지 뭔가? 어머니는 우물거리시고 아버지는 어느 과수원에 주었다고 하셨다. 어떤 과수원이냐고 하니까 아름다운 과수원이란다. 주인도 친절한 분이란다. 하지만 끝내 그 과수원이 어디에 있는지는 알려주지 않으셨다. 몇 달 뒤에야 놈이 간 곳은 과수원이 아니란 걸 알았다. 아버지가 독구를 없애신 이유는 충분했다. 그때 갑자기 바뀐 환경 탓인지 놈은 자꾸 사람을 물기 시작했고(물론 사람이 먼저 독구를 성가시게 만들 경우였지만), 그때 아버지가 돈도 좀 필요하셨던 것 같다.

그 뒤로 나는 개를 키우지 못했다. 집에 몇 번 더 강아지가 들어왔지만 나는 정을 주는 법이 없이 그냥 본 둥 만 둥이었다. 마음의 상처가 치유되는 데는 삼십 년이 걸렸다.

  3년 전에야 비로소 나는 개를 다시 키우기 시작했다. 가장 먼저 내 집에 들어온 놈은 황구라고 이름 붙여 주었다. 이놈 하는 짓이 독구와 비슷하다. 독구가 살아온 기분이 들 때가 있다.

사륜오토바이   2005. 8. 4

시골 생활에 필요한 기계는 참 많다. 얼마 전까지만 해도 한 농가당 경운기 하나면 충분했다. 하지만 요즈음은 경운기 외에도 트랙터, 관리기, 예초기, 트럭, 승용차, 오토바이, 이앙기, 제초기, 콤바인 등이 있다.

  수많은 기계를 다루는 농촌 사람들을 보고 있으면 승용차, 그것도 오토매틱 승용차 정도 몰고 다니는 도시 사람들은 스스로가 '기계맹'라 생각하기에 족하다. 예전에 승용차 한 대 타고 들어가면 농촌에서 한껏 잴 수 있었던 형편과는 반대다. 자동차… 말 그대로 스스로 움직이는 차 대수만 놓고 보자면 도시 사람들은 초라하기 그지없다.

  그런데 요즘 시골에 보이기 시작하는 또 하나의 기계는 사륜오토바이다. 장난감 같아도 보이는 이 사륜오토바이는 안전하다고 생각하기 때문에(실제는 위험한데도) 노인들이 많이 타고 다닌다. 농촌이 고령화되면서 이런 기계가 필요해진 거다.

  어저께 우리 농장에도 이 오토바이가 하나 들어왔다. 아버지가 필요하다고 여기셨기 때문이다. 이리저리 들여다보니 정말 단순하고 편리하게 만들어진 것처럼 보인다. 이번 주말에 식구들이 모이면 아이들이 이거 타보겠다고 한바탕 소동이 나겠군.

손주맞이   2005. 8. 5

손주들이 온다고 아버지는 분주하시다. 가장 공을 많이 들이는 곳은 개울 옆이다. 집 동편으로 난 현관을 나서서 십여 미터 걸으면 계단이 나오고 그 계단을 따라 내려가면 개울에 닿는다. 조그마한 웅덩이도 있다. 아버지는 주변의 풀을 깨끗이 깎아 놓았고, 계단 옆으로 굵은 줄을 쳐서 안전한 난간을 만드셨다. 물가에는 우산 예닐곱 개를 나란히 세우니 마치 해변의 알록달록한 파라솔 같다. 그 아래로는 조그만 나무 테이블과 통나무 의자 두 개가 놓여졌다. 계단 입구 위에는 긴 대나무가 가로 걸쳐져 거기에 풍선도 서너 개 달렸다. 사내아이 셋, 계집아이 둘이 모일 터이니 개울가가 오랜만에 환해지겠다.

염소 치료   2005. 8. 6

어저께 외출했다가 밤늦게 돌아왔는데 아내 왈 숫염소가 이상하단다. 아침에 염소를 뒷산에 묶어줄 때 쉬파리가 녀석 주변을 윙윙거리던 게 생각났다.

염소를 살펴보니 얼마 전 풍실이에 물린 왼쪽 겨드랑이 주변 상처가 덧났다. 깜깜한 밤 육십 와트 전등 아래 비추어지는 염소의 상처 부위에는 수많은 구더기가 오글오글해서 엽기적이기까지 했다. 오백 원짜리 동전 한 배 반 크기로 두 군데나 그런 모습이던데, 어저께까지도 멀쩡하던 곳이 구더기들 탓에 살이 뻥 뚫린 것이다.

  치료가 시작되었다. 우선 구더기를 처리하느라 살충제를 뿌렸다. 어 참… 이상하다. 파리, 모기는 약기운만 맞으면 쓰러지는데 왜 파리보다 애기인 구더기는 끄떡도 안 하는지 모르겠다. 하나하나 핀셋으로 떼어내다 보니 이러다간 밤새겠다 싶어 난감해졌다.

  문득 석유 생각이 났다. 나 어린 시절 아버지가 화장실에 석유 뿌리는 걸 구경하던 일이 떠오른 것이다. 옛날에는 석유가 이런저런 약으로 많이 사용되었다는 말을 들은 바 있고, 독사에게 물렸을 때도 물린 부위를 석유에 담구어 놓으면 낫는다는 말이 있을 정도이다.

  주사기에 석유를 담아서 뿌려주니… 역시나 효과 만점이었다! 깨끗이 구더기를 털어버리고, 상처를 소독한 후 약을 발라 주었다. 항생제 주사도 놓고 그 항생제를 상처에 뿌려주기도 했다. 항생제 남용은 지겹지만, 기본적으로 참 고마운 약임은 틀림없다.

  염소란 놈이 기특하다. 그 오랜 시간 동안의 내 솜씨 없는 치료에도 아프다 소리 한 번 지르지 않고 잘 참고 있었다. 이 돌팔이 의사의 치료를 그렇게 얌전히 받아낸다니 고놈 참 갸륵하지 않은가?

  오늘 아침에 보니 상처가 많이 아물었다. 풀 뜯는 모습도 왕성하다.

살구나무 지도
2005. 8. 7

지도를 만들고 있다. 나무의 위치를 종이판 위에 적어 놓고 관리하기 위함이다. 성장 상태가 어떠한가, 어느 시기에 어떤 벌레가 있었나, 과일은 어느 정도 열었던가 등등을 적어 놓는 일종의 나무 건강 기록부 같은 걸 만들고자 하는 것이다.

살구과수원은 세 지역으로 나뉜다. 제일 위 그러니까 산으로 바짝 붙은 밭을 '산밭'이라고 하고, 집 뒤편으로 있는 걸 '뒷밭'이라 한다. '옆밭'은 집 서쪽에 있는 밭이다.

　겨울에 동그란 나무 조각편을 많이 만들었다. 나무 조각 위에 인두로 일련번호를 새겼다. 그걸 나무에 달아주었다. 산밭, 뒷밭, 옆밭이 각각 A, B, C 시리즈로 번호가 매겨졌다. 예를 들어 A 구역에서는 살구나무가 A-1, A-2, A-3… 이렇게 쓴 번호판을 각자 목에 걸고 있는 거다.

　나무를 심은 순서에 따른 것인데, 영광의 A-1 번호를 목에 건 놈은 삼 년 전 봄 내가 이곳에 처음 심은 나무다. 그날, 시간 관계로 어스름한 저녁 무렵부터 일을 시작했다. 비도 슬슬 내리기 시작했고 아무도 없는 산속 같은 곳에서 깜깜해진 이후에도 한참을 혼자 나무를 심다 내려왔다. 살구나무 심는 일이 하도 기분 좋아서 무서운 줄도 몰랐다.

　그렇게 심은 나무들이 이젠 내 키보다 훨씬 크게 자랐다. 올봄부터 아기 주먹만치 큰 살구를 맺기 시작했다. 내년에는 사다리를 놓고 올라가 수확을 해야 할 것 같다.[5]

---

5) 지난해, 그러니까 2016년부터 A 지구는 염소 사육장이 되었다. 살구나무는 대부분 염소들에게 희생되었지만, 그래도 몇 그루, 내가 월아(越娥), 라정(羅晶), 진희(眞姬), 태희(泰姬)라 이름 붙인 나무는 당당한 위용을 자랑하고 있다. 나란히 선 그들은 여름 동안 염소들에게 시원한 그늘을 제공한다. A-1은 여전히 A-1이다. 언젠가 가을 태풍에 비스듬히 쓰러졌지만 그런 모습으로 여전히 잘 자라고 있다.

다이옥신 무우

2005. 8. 8

 어린 시절 받아쓰기 시험 볼 때는 '무우'가 맞는 거였는데 요즘은 '무'라고 해도 된단다. 나는 그냥 무우라고 하련다.

 농촌에 살다 보면, 키운 작물들을 이웃끼리 서로 나누는 경우가 많다. 이럴 때는 유난히 마음이 훈훈해진다. 담장 너머로 호박, 배추가 넘나들고 때로는 커다란 수박 덩이가 할머니 머리에 앉아 마을 이쪽 끝에서 저쪽 끝까지 호사스런 여행을 한다.

 헌데 이런 나눔이 마냥 즐겁지마는 않다. 농약을 듬뿍 치고 제초제를 뿌린 밭에서 난 것임을 아는데, 그걸 먹으라고 나누어주면 거참 이걸 먹어야 하는지 말아야 하는지 고민이 될 수밖에 없다.

 쓰레기 태운 오염물질도 문제다. 변산 공동체의 윤구병 선생이 어느 글에서 '시골 사람들이 사방에서 쓰레기, 비닐, 농자재 폐기물 등을 태워대 공기와 물, 토양을 총체적으로 오염시키고 있다'는 취지의 개탄을 하는 걸 본 적이 있다. 사실이다. 심각한 문제다. 그렇게들 태워댄다. 요즘 시골에는 장작을 이용하는 화목 보일러를 꽤 많이 사용한다. 처치 곤란할 정도로 산에 나무가 많아진 시절이라 이런 종류의 보일러는 환영받을 만하다. 헌데 보일러에 장작과 더불어 폐기물도 태우고 쓰레기도 집어넣는다.

 아 그 냄새와 독성은 고물 자동차 배기가스에서 나오는 것보다 위세가 훨씬 대단하다. 어떤 형태로 태웠든지 재가 남기 마련 아니겠는가? 거기에는 눌어붙은 플라스틱이며 타다 남은 비닐조각이 그대로 보인다. 과자봉지는 코팅한 겉면과 그 안의 비닐은 녹아버리고 은박지는 그대로 남아 있어 어지러운 모습이다. 그걸 밭에다 뿌리니 원… 거름되라는 생각이겠지. 다이옥신 덩어리를 밭에다 뿌려주는 거다. 태운 곳에서 가까우니 아무래도 텃밭에 많이 버려질 수밖에 없다.

담장을 넘어 다니는 작물 대부분이 이런 텃밭에서 키운 것들이다. 쓰레기 태운 재를 넣은 밭에다가 열무며 무우를 키운다고 해보자. 그게 다이옥신 무우다. 얼마 전에 그런 무우가 우리 집에 들어왔다. 나누어주는 인심이 고맙기는 하지만 그걸 먹을 용기가 나에겐 없다.

↳ **민창식** 2005. 8. 8
홈피 개설을 축하합니다.
어제는 식구들과 농장에 다녀왔어요. 불볕 같은 더위를 피해 금요일(8/5) 밤을 이용하여 도착한 덕암농장은 앞마당에서 가족과 함께 바비큐를 즐기며 서로를 이해하고 담소를 나누기에 딱 좋은 기온이었지요. 밤 12시가 지나도 잠은 오지 않고 밤은 그렇게 깊어만 가고, 밤하늘 별만큼 헤아릴 수 없는 기쁨과 푸근함에 취했답니다.

석당 낚시터에서의 토종 붕어 입질은 일품이었습니다. 서연이, 서용이, 병찬이, 모두 서너 마리씩 잡아 올리고, 제일 많이 잡은 사람은 그래도 작은 처남이지요. 막내처남은 왔다 갔다 도시락 나르느라 정신없었답니다. ㅋㅋ. 가재 잡는 서용이와 병찬이는 시간 가는 줄 모르고, 그 틈새에서 첨벙대며 놀고 있는 혜인이와 은정이를 보노라면 시골 생활은 도시보다 자연에서 시간을 보내며 느끼고 얻는 즐거움이 참 많구나 하는 생각이 절로 든답니다. 개와 산길 달리기, 물고기와 가재를 잡으며 물장구도 치고, 감자를 캐며 느끼는 만족감이나 토마토와 고추를 따면서 입으로 가져가는 즐거움은 누구라도 동경하는 참 자연의 모습일 것입니다. 이렇게 좋은 장소를 화면으로 보며 느낄 수 있게 되어 기쁘고, 화목한 온 가족의 대화의 장이 되었으면 합니다. 또 이곳을 아끼고 사랑하는 모든 이에게 농촌 풍경 관람과 좋은 정보의 광장이 되었으면 하는 바람입니다.

홈페이지 개설을 진심으로 축하합니다.

↳ **민창식** 2005. 8. 10
살구가 주는 추억
어렸을 적, 저의 집 앞뜰에 거짓말처럼 아름드리 살구나무가 있었지요. 사다리 없이도 어른이 목말만 태워주면 금세 나뭇가지까지 올라갈 수 있었답니다. 벌어진 나뭇가지 때문에 조망은 가려도 해마다 가져다주는 살구 맛은 그야말로 일품이었습니다. 그때는 워낙 살구가 많아서 맛있는 줄 모르고 반만 먹다가 버리곤 했었지만, 지금은 그것이 옛 고향의 맛이 되어버렸지요. 어린아이 주먹만 한 잘 익은 살구 가운데를 꼭 누르면 두 쪽으로 쫙 벌어지면서 꼭꼭 숨어있던 살구씨가 땅바닥에 톡 떨어지지요. 씨 빠진 살구를 한입에 우물거리며 씹는 맛이란, 너무 흔해서 그땐 그랬어도 지금은 정말 일품이라 생각됩니다. 며칠 전에 맛보라고 건네준 덕암농장 살구 맛은 40년 전, 아주 깊이 묻혀 있던 고향의 그리움과 맛을 생각나게 했어요. 고마워요 큰처남.

호빗
2005. 8. 10

호빗은 '반지의 제왕'에서 나오는 이름이지만 우리 집 귀염둥이 개 이름이기도 하다. 지난해 설 예산 장에서 어떤 아주머니로부터 육천 원 주고 산 강아지가 이젠 성견이 되었다. 흰색 바탕에 까만 반점이 있는 수놈 바둑이다. 정이 있고 매너가 좋아 동네의 암캐들에게 인기맨이다. 정력도 대단한 놈이다. 하루에 열 번 암놈을 품는 걸 본 적이 있다.

헌데 이놈이 어제오늘 간질병에 걸린 것처럼 발작적으로 넘어져서 한참을 끙끙거리다 겨우 일어나곤 한다. 며칠 풀어 주었더니 어디서 이상한 걸 먹고 왔나? 혹시나 해서 목덜미 부근을 만져 보니 커다란 진드기 두 마리가 붙어 있다. 이게 원인일지도 모르겠다. 떼어 주려고 준비를 하는 사이에 놈은 잽싸게 저리로 달려간다. 풀밭에서 개구리가 뛰니까 잡으러 가는 거다. 괜찮은 것 같기도 하지 않은가? 갓난아기 새끼손톱만 한 진드기가 들러붙어 강낭콩만 하게 자란다. 피를 빨아먹으면서 말이다. 하지만 동물들은 진드기에 속수무책이다.

진드기 제거로 호빗이 나아졌으면 좋겠다.

↳ **밍크**
　불쌍한 호빗…

호빗-살아나다　　　　　　　　　　　　　　　　2005. 8. 12

호빗의 이상 증상은 진드기 때문이 아니었다. 이놈이 농약에 살짝 중독되었던 걸로 판명이 났다. 한 주 전부터 호빗을 풀어 주었는데, 고추밭에 들어갔다가 마침 뿌려 놓은 농약 냄새를 맡고 그렇게 되었다. 개가 농약이나 제초제를 먹지는 않는다. 하지만 농약이 뿌려진 고추밭에 들어가면 발바리의 코가 고춧잎 부분에 올라올 것이고 그 높이에서 입과 코로 숨을 쉬는 사이에 농약 냄새가 몸에 들어갈 수가 있다. 권오진 사장 의견에 따르면, 증상으로 비추어 보건대 농약 중독이 확실하단다. 하루 종일 묶어 놓고, 물과 음식을 먹이면서 추이를 지켜보았다. 저녁때부터는 괜찮아졌다.

트랙터와 면세유　　　　　　　　　　　　　　　2005. 8. 12

드디어 트랙터를 갖게 되었다. 트랙터가 덕암농장으로 배달된 날이

그저께 내 생일이었다. 큰 생일 선물을 받았다. 내가 내게 준 선물이다. 한 10년 썼다는 26마력 대동 트랙터다. 440만 원이니 가격도 적당하다. 준마를 얻은 기분이다. 어저께 토마토를 수확할 때 이 트랙터로 토마토가 담긴 박스들을 날랐다. 트랙터 위에 높이 앉아서 밭 사이를 누비는 기분이 이리 좋을 줄 몰랐다.[6]

농기계에 사용하는 휘발유나 경유는 세금이 면제된다. 그래서 면세유라고 부른다. 트랙터에 넣을 경유를 사러 주유소에 갔더니 면세유가 리터당 620원이다. 그동안 사용하던 관리기에는[7] 휘발유를 넣는지라 그 가격이 리터당 550원 언저리라는 건 알고 있었는데 면

---

6) 이 트랙터는 아직도 내 일을 돕고 있다. 올해는 은퇴를 시키려고 하는데 그동안 정이 들어서 이별이 망설여진다.
7) 땅 갈기, 밭두둑 만들기 등 다양한 농사일을 하는 기계다. 경운기, 트랙터는 타고 앉아서 움직이는 기계이지만 관리기는 스스로 움직이는 기계를 사람이 양손으로 붙잡고 따라다니면서 조종해 사용한다.

세로 살 때 경유 가격이 휘발유 가격보다 높다는 걸 오늘 처음 알았다. 아마 경유 제조 원가가 더 높은가 보다. 아니면 경유보다 휘발유에 더 세금이 많이 붙는다고 해석해야 할까? 농어민을 배려해 면세유 제도가 만들어진 건 고마운 일이다.

하지만 오늘 휘발유며 경유며 면세된 가격을 보고 느낀 바가 있다. 세금이 많아도 너무 많다는 것이었다. 세금 포함된 휘발유 가격이 요즘 천사백 원대, 경유가 천이백 원대이니 우리는 각각 리터당 팔구백 원 및 오륙백 원의 세금을 내는 셈이다. 면세유 가격에도 이미 해당 주유소의 마진은 포함되어 있기 때문에 면세유 가격과 비면세유 가격의 차액은 거의가 세금이라고 할 수가 있다.

여름 농사를 마치고　　　　　　　　　2005. 8. 13

그저께 토마토 마지막 수확을 하고 나서 토마토 줄기를 예초기[8]로 다 쳐냈다. 밭은 초원 같아 보인다. 감자, 옥수수, 살구 농사 다 끝났으니 여름 농사는 마감이다. 고추만 아직 조금 남아 있다. 몇 달 동안 열심히 농사지었고 돈도 꽤 벌었다.

가을 농사 품목은 무우와 배추다. 작년에 무우와 배추를 각각 오백 포기 정도씩 심어 수확해 보았는데, 맛이 썩 좋았다. 올해 배추는 이천 포기 무우는 천 개 정도 생산하려 한다.

---

8) 발동기를 등에 메고서 긴 자루 끝에 날을 달아 풀을 깎는 기계다.

말복

2005. 8. 14

말복 낮더위가 대단하다. 트랙터를 몰고 밭에 올라가 일을 하는데 너무 더웠다. 머리가 어찔어찔해짐을 느끼고 도망치듯 도로 집 안으로 들어왔다. 이런 날은 일하지 않는 법이거늘 트랙터 모는 재미에 무리를 했는가 보다. 초복과 중복에는 이웃과 행사를 잘 치렀지만 말복 행사는 약속만 해놓고 지키질 못했다. 요리를 도맡아 하는 분이 오늘은 사정이 여의치 않은지 며칠 뒤로 미루자고 했다.

여름의 진짜 재미 중 하나는 복날 가마솥 가득히 탕을 끓여 놓고 느티나무 그늘 아래 앉아 하루 종일 부위별로 꺼내 먹으며 소주를 마시는 일이다. 간, 창자, 꼬리, 뱃살, 갈매기살, 갈비, 다리, 머리 등이 익는 순서대로 나오는데 보통 아침 아홉 시 언저리에 시작하면 점심때쯤 갈빗살이 보드랍게 익고 오후 너덧 시에 다릿살이 부드럽게 익는다. 점심밥과 저녁밥은 탕에 말아 먹는다. 밥은 뜨거운 것보다 약간 식은 밥을 마는 게 좋다. 보리밥도 훌륭하다.

베트남 사람들도 개고기 요리를 좋아한다. 내가 알기에 현재 지구 상에서 개고기를 이렇게 좋아하는 민족은 우리 민족과 베트남 민족뿐이다. 개고기와 더불어 소주를 즐기는 것도 유사하다. 베트남을 자주 다니는 나는 거기서도 이 요리를 즐기는데, 어느 개고기 식당이든지 일곱 가지에서 아홉 가지 정도의 메뉴가 손님을 기다린다. 베트남 사람들 사이에는 호찌민 주석이 김일성 주석에게 개고기 요리법을 가르쳐 주었다는 말도 있다. 후자가 전자에게 요청을 했다는 게 그쪽 정설이다. 직접 가르친 게 아니라 요리사를 보냈단다. 몇 년 전에 회담 관계로 북에 갔던 우리 관료들이 그곳에서 남한

보다 훨씬 다양한 개고기 요리를 대접받았다고 하던데 그게 다 베트남 사람들에게서 배운 요리라고 한다. 이 얘기를 하는 베트남 사람들은 '호찌민이 낌녓타인(김일성)에게 개고기 요리법까지 가르쳐 주었다'며 웃는다.

우리 개고기 요리 가짓수가 베트남에 비해서 단순하다고 생각했었던 나는 하루 종일 개를 부위별로 다 먹어 보는 방식을 경험하고부터는 우리의 개고기 즐기는 방법도 베트남인에 뒤지지 않는다고 생각하게 되었다.

우산리 느티나무 아래서 시원하게 즐겨야 할 시간에 덕암리 뜨거운 볕 아래서 일을 했으니 몸이 화가 날 만도 했다. 어지러운 기운이 지금 해 저물 때쯤 되어서야 좀 가신다.

태극기　　　　　　　　　　　　　　　　　　2005. 8. 15

광복절이다. 태극기를 다는 날이다. 36년 동안 꼭꼭 숨었던 태극기가 봇물 터지듯 쏟아져 나와 전국을 뒤덮었던 날이다.

국경일과 현충일에 태극기 다는 사람 요즘 흔하지 않다. 수백 가구가 사는 아파트 두세 집 정도에 태극기가 걸려 있는 처량한 모습을 신문, 티브이를 통해서 우리는 종종 본다.

태극기 달지 않는 이유는 다양하다. '국기에 대한 맹세'라든가 국기 하강식 때 애국가가 울려 퍼지면 삼천리 방방곡곡에서 '동작 그만' 상태로 서 있거나, 가슴에 손을 얹거나, 거수경례해야 하는 줄 알았던 그 시절 태극기가 동원된 이상한 정치에 질린 사람들은 태극기 다는 일에 반감까지 품고 있다.

태극기 달지 않는 건 도시만 아니라 시골에서도 마찬가지다. 내가 보기엔 도시보다 시골이 더한 것 같다. 시골 사람들은 몇 가지 이유를 든다. 첫째는, 일주일을 단위로 돌아가는 생활이 아니기 때문에 공휴일이 의미가 없으니 태극기 다는 날이라는 걸 잊어버린다는 것이다. 둘째는, 대부분이 노인인데 태극기를 어디 두었는지 기억을 못한단다.

아버지도 노인이시다. 그런데 이 70대 중반의 노인은 때가 되면 꼬박꼬박 손수 태극기를 올리신다. 이 연세의 분에게 태극기 다는 날이 기억하기 힘든 것도 아니고 태극기 다는 일이 힘든 일도 아니다. 태극기를 꼭 챙기시는 이유는 다음과 같다. 첫째, 태극기가 예뻐서라는 거다. 하루 종일 높은 깃대에 매달려 바람에 떨기도 하고 쉬기도 하고 살랑살랑 흔들리기도 하는 붉고 푸르고 검고 하얀색의 조합은 하늘과 나무와 산 등의 배경과 어울려 즐길 만한 그림 거리가 된다는 것이다. 청마 유치환이 뽑아낸 '소리 없는 아우성'이라는 표현이 얼마나 절묘한지도 이해된다. 종잇장 같은 작은 태극기보다는 천으로 만들어진 다소 큰 태극기가 훨씬 더 볼만하다. 플라스틱으로 엉성하게 만든 짧은 깃대보다는 굵직한 나무로 만든 깃대가 더 좋겠지. 둘째 이유는 광복절, 삼일절, 현충일 등과 관련해 무수히 많은 분들이 희생되었으니 살아 있는 사람으로서 태극기 다는 짧은 시간과 수고만이라도 그분들을 생각하는 데 쓰는 게 도리라는 거다.

집 정면 데크 가운데 치솟은 대나무 깃대는 아버지가 마을 입구의 대밭에서 베어오신 것이다. 거기에 매달린 태극기는 지금 비를 맞고 있다. 하지만 빗속의 태극기는 처량하기보다는, 콧대 높은 하얀 미인 같아 보인다.

첫 알 2005. 8. 16

지난봄 광주 장에서 사온 암평아리 세 마리가 벌써 자라 알을 낳기 시작했다. 병아리들이 처음 닭장에 들어갔을 때는 그전부터 있던 암탉에게 무척이나 심하게 쪼였다. 세 마리 모두 큰 부상을 입었지만 다행히 잘 자랐고 그중 한 놈이 첫 알을 낳은 것이다. 세 마리가 모두 알을 낳게 되면 계란 걱정은 않고 살겠군.

↳ 농가주부 2005. 8. 18
   농사 옆에서 지켜보기
   지난주에야 봄부터 시작된 감자와 토마토 농사가 끝났다. 1주일이면 반 정도를 농장에서 지내는 남편과 오빠를 보면서 서투른 사람들이 애쓰는 농사가 얼마나 결실을 얻게 될까 내심 염려와 의심의 눈길로 지켜봤는데… 더욱이 농약 하나, 비료 하나, 비닐 하나 사용하지 않고 완전히 땅 힘과 햇빛에 의존해서 지어야 하는 농사는 정말 너무도 많은 두 사람의 사랑과 정성과 노력을 요구했다. 두 사람의 엄청난 노력과 정성으로 아마 우리 땅 어디에서도 찾을 수 없는 청정 작물을 - 감자는 껍질째로, 토마토는 바지에 쓱쓱 문질러서 그 자리에서 바로 먹을 수 있을 만큼 - 이웃과 함께 나누어 먹을 수 있었다. 이제 시작이라 수확을 통한 이익보다는 투자가 거의 10배 이상 들어간 농사였지만. 처음으로 우리 식구만이 아닌 사람들에게 판매도 하면서 적은 수입을 올렸다. 남편은 늘 자신을 농부로 불러달라고 했지만 단 한 푼의 수입도 가져오지 않는 일을 직업으로 부를 수 없다며 농부라고 부르기를 거절했었다. 하지만 이제 슬슬 그를 농사꾼으로 불러도 될 듯하다. 물론 엄청난 적자를 메우는데 많은 시간과 경험이 필요하겠지만 다른 사업을 하는 이들도 적자에 허덕이는 것은 비일비재할 테니 기꺼이 남편을 농부라고 부를 수 있으리라.
   마당에 꽃 한 송이 심어보지 않아 애기 손바닥처럼 곱기만 하던 오빠의 손도 이제는 여기저기 상처가 생기고 물집도 몇 차례 생겼다 터져서 제법

굳은살이 박여 간다. 늘 펜대와 머리만 쓰던 하이칼라 노동에서 이제 땀을 비 오듯 쏟으며 육체를 사용한 후 느끼는 뿌듯함과 포만감에 새로운 기쁨을 맛보는 오빠의 새로운 출발에도 박수를 보낸다.

정성과 노력을 그대로 거짓 없이, 가감 없이 받아들이는 자연의 솔직함과 순수함이 인간과 인간의 관계 속에도 깊게 뿌리내렸으면 하는 것이 농사를 옆에서 지켜보며 얻은 나의 작은 깨달음이다.

무우씨 뿌리기 2005. 8. 19

감자와 옥수수를 심었던 땅에 무우씨를 뿌렸다. 트랙터 덕분에 일이 쉬웠다. 작은 관리기 하나로 작업할 때에 비할 바가 아니었다. 트랙터를 타고 높은 운전석 위에 앉으니 눈 아래 펼쳐지는 전망이 더 넓고, 커다란 백미러에 하늘을 배경으로 비치는 앞뒤 산의 모습은 더 맑고 선명하다. 이거 진작 마련할 걸 하는 생각 얼마나 많이 했는지 모른다. 씨 다섯 봉지를 뿌려서 무우 천 개 정도를 생산하려 한다.

지난해에 이곳에서 이백여 개 생산해 본 무우는 나로 하여금 희망을 갖게 했다. 시중에서 만나는 무우보다 형편없이 작기는 했지만 날로 깎아 먹으면 배, 사과 등 가을 과실 먹는 것만큼이나 물기가 입안에 가득했다. 그걸로 담근 동치미 맛은 새콤함과 달콤함이 어우러진다. 무우 줄기는 실컷 무쳐 먹다가 지치면 시래기를 만든다.

과일이고 채소고 비정상적으로 크다 싶은 건 조심해야 한다. 어떤 주부는 '큰 게 좋다'는 믿음에 빠져 오이만 한 고추, 사과만 한 딸기, 배만 한 사과, 수박만 한 배, 바윗덩이만 한 수박을 고른다. 수확기면 『농민신문』의 광고란에 '비대제' 광고가 다투어 게재된다는 사실을 알아야 한다.

적당한 크기의 것이 가장 좋다. 올해는 더 신경을 써서 무우를 작년보다는 크게, 그러니까 적당한 크기로 만들어 보려 한다. 작년 것, 너무 작긴 작았다.

토비 시집가는 날   2005. 8. 20

요즘 농장의 밤이 시끄럽다. 여러 밤 동안 잠을 충분히 자지 못하고 있다. 개들이 문제다. 토비가 발정을 했기 때문이다.

약간 잡종인 애완견 토비는 3년 전에 우리 집 식구가 되었다. 많은 애완견이 그러하듯 토비도 아파트에서 키우다가 시골로 내버려진 개였다. 한 마을에 살던 양반이 키우다가 우리에게 넘기고 떠났.

이쁘긴 참 이쁘다. 농장에는 풍돌이, 풍실이, 황진이, 진돌이, 그리고 토비 이렇게 다섯 마리의 개가 있는데 그중에 유일하게 작은 종자인 이놈 토비만 풀어놓았다. 사람 입장에서 하는 얘기겠지만, 농장에서 가장 행복한 개다.

토비가 남편을 필요로 하게 되었다. 그런데 맞는 짝이 없었다. 작년에 발정했을 때에는 호빗이 남편 역할을 톡톡히 했다. 그러나 놈은 요즘 우산리에 있다. 송아지만 한 풍돌이는 삼십 센티 정도 크기의 토비에게 너무 거대한 상대이고 진돌이는 이제 사오 개월밖에 되지 않은 중개이니 장가들 때가 되지 않았다. 풍실이와 황진이는 암캐다. 덩치 차이에도 불구하고 풍돌이는 미련이 있는지 토비를 줄곧 애타게 불러대고, 풍돌이를 좋아하는 토비도 그 부름에 자주 응한다. 그러나 덩치 차이가 너무 나서 일이 성사되질 않는다.

헌데 어디서 나타났는지 모를 꾀죄죄한 말티즈 종류 수캐와 토비가 합궁을 했다. 아버지 말씀으로는 한 열흘 전에 이놈이 나타났다가 마침 풀렸던 풍실이에게 물려 거의 죽을 뻔했단다. 그런 걸 아버지가 구해주셨다는데….

나도 그놈을 보았다. 털도 더럽고 오종종하게 생긴 놈이 절뚝거리며 나타나는 모습이 가관이다. 헌데 인연이 따로 있는 건지, 그놈이 나타나면 토비는 춘향이가 이 도령 맞듯 조르르 달려가서 얌전하게 포옥 안긴다. 그 꼴을 보는 풍돌이가 얼마나 속이 터지겠는가? 풍돌이가 짖는다. 그러면 풍실이도 짖고 두 놈이 짖으니 덩달아서 진돌이와 황진이도 짖어댄다. 하지만 그 와중에도 이 토비 서방 놈은 유유히 일을 다 마치고 절뚝절뚝 온 길을 다시 되짚어 사라진다. 발정 기간에는 한 번에 합궁이 끝나는 게 아니라 하루에도 몇 번씩, 그렇게 몇 날 동안 사랑이 계속된다. 연인은 밤을 더 좋아하는지라 이놈의 야간 방문도 계속되니 밤이 그토록 시끄러운 것이다. 더위가 끝나서 이젠 단잠 좀 자려니 기대했는데 아직 더 고생해야 되려나 보다.

가재와 도롱뇽 2005. 8. 21

집 앞 개울에 만든 웅덩이에는 가재와 도롱뇽이 많이 산다. 얼마 전에 여기서 동생들이 가재를 한 소쿠리나 잡았다. 봄이면 도롱뇽 알이 웅덩이에 가득하다. 1급수에만 산다는 대표적인 생물들을 늘 보고 산다는 건 아무리 감사해도 모자랄 축복이다.

난 이곳에 붕어나 중태미도 살았으면 좋겠다. 요즘 같은 때에는 그놈들을 잡아서 끓인 매운탕이 일품일 것이다. 저수지에서 붕어를 잡아다가 여러 번 넣어 주어 보았으나 자꾸 사라진다. 두 주 전 동생들과 매부가 왔을 때 낚시터에서 잡아온 붕어 이십여 마리를 집어넣었다. 그런데 아침에 가보면 매일 몇 마리씩 없어졌다는 걸 알게 된다. 얼마 지나자 붕어는 다 사라졌다.

이유는 아직도 확실하지 않다. 몇 가지 주장이 있다. 첫째는 가재들이 잡아먹었다는 설이다. 웅덩이 및 그 주변에는 어른 손바닥 크기의 가재도 있으니 불가능한 일이 아니다. 둘째는, 물이 너무 깨끗해 붕어에게 맞지 않아 도망간다는 설이다. 이 물이 저 아래 도고저수지와 연결되어 있으니 살기 알맞은 그곳을 찾아 내려갈 수도 있다. 셋째는, 족제비 같은 산짐승이 밤에 내려와서 잡아먹는다는 주장이다. 마지막으로, 이곳을 가끔 찾아오는 야생 오리들이 범인이라고 확신하는 사람도 있다. 추가적으로, 주변을 배회하는 고양이 짓이라는 말도 있다. 이유가 어찌 되었든 간에 여기에서 붕어나 중태미 같은 매운탕거리로 적당한 물고기를 키우기는 불가능한 것 같다.

올가을에는 산밭 옆의 황무지를 개간하려 하는데 그곳 우거진 수풀 안에 버려져 있는 서너 평짜리 둠벙을 잘 정리해 봐야겠다. 옛날에는 그곳에 붕어, 미꾸라지, 송사리가 꽤 많이 살았단다. 계획대로만 일이 진행된다면 내년부터 민물 매운탕을 실컷 먹을 수 있겠군.[9]

---

9) 세상일이란 생각대로 되는 게 드물다. 둠벙도 있고 물도 있고, 야생 오리의 공격을 피하는 방법도 알게 되어 이젠 물고기가 살게 되었다 싶었는데, 황소개구리라는 게 함께할 줄이야! 요즘은 거의 모든 물고기가 이놈 배 속으로 들어가고 있다. 호두와 잣을 몽땅 따먹는 청솔모와 물고기를 다 잡아먹는 황소개구리는 둘 다 외래종 동물이다. 다문화사회를 지향하는 우리나라에 외래 동물도 함께 사이좋게 살아야 하겠지만, 식욕이 너무 눈치 없이

김광석

2005. 8. 22

김광석이란 가수의 이름을 처음 들은 건 내가 만 30세 되던 1991년이었다. 어느 날 직장에서 작업에 몰두하고 있던 중이었다. 함께 일하던 임미혜 씨가 옆에서 "김광석 노래 너무너무 잘 불러요."라고 독백처럼 중얼거리는 소리가 귀에 들어왔다. 그 가수를 얼마나 좋아하는지 그녀의 목소리까지 떨릴 정도였다. 나는 그때 김현식에게 푹 빠져 있던 터라 그냥 '그래요?' 정도의 반응만 보였을 뿐이었다. 그 뒤 '이등병의 편지'를 듣고서도 나는 별로 감동하지 않았다. 군대와 관련해서 나는 이미 최백호의 '입영전야'에 감성이 다 소진된 지 오래였기 때문이다.

호주에서 살고 있었을 때 나는 그 양반이 젊은 나이에 하늘나라로 갔다는 얘기를 전해 들었다. 호기심이 생겼고, 영화 '공동경비구역'에서 줄곧 들어지던 그의 노래를 들으면서 차분한 성격의 임미혜 씨가 김광석에 왜 그렇게 반했는지 이유를 알게 되었다. 그 영화에서 인민군 하사관 역할을 하던 송강호가 "광석이 그 아는 왜 기리 일찍 죽었네…"라 한숨지으며 내뱉던 대사가 혹 기억나시는지. 영화가 아니라 진짜로 남북을 막론하고 사랑받을 수 있는 그런 목소리며 정서를 가진 가수인 것 같다.

헌데 보름 전에 나는 김광석에게 케이오 펀치를 맞고 말았다. 집에 오는 길이었다. 휴가철 막바지인지라 퇴촌을 거쳐 양평으로 가는 차가 많았다. 퇴촌 읍내에서 길이 막혀 내 차는 서다 가다를 반복

왕성하면 사람들에게 미움을 받지 않을 수 없다.

하고 있었다. 라디오에서 이 가수의 '어느 60대 노부부의 이야기'라는 노래가 나왔다. 난 이 노래를 처음 들었다. 나중에 아내에게 이 노래 얘기를 했더니 그리 유명한 노래를 이제야 들었느냐고 놀리는 것이었다. 난 길이 막힌 바람에 더 조용히 그리고 오롯이 이 노래를 들을 수 있었던 데 감사했다. 눈물 콧물 다 흘리면서 말이다. '이등병의 편지'나 '서른 즈음' 같은 노래야 자기가 겪었을 만한 경험에 근거한 정서이니 그렇다고 쳐도 어떻게 60대의 감성까지도 이렇게 능청스럽게 풀어냈을까? 정말 대단한 가수 아닌가? 아내가 이번 내 생일 선물로 김광석의 노래집(CD)을 구해 주었다. 오늘 아침, 비가 내린다. 김광석의 목소리가 그리워서 '어느 60대 노부부의 이야기'를 듣고 있는 중이다.[10]

무우 싹   2005. 8. 23

며칠 전에 뿌린 무우 싹이 터서 고개를 내밀고 나와 상큼한 가을 아침을 맞는다. 앙증맞은 녀석들!

많이 기다린 무우 싹이지만 이 중 구십 퍼센트 정도는 사라져야 할 운명이다. 무우 싹은 웬만큼 자라면 계속 솎아 주어야 한다. 그렇게 해서 키울 만한 무우만 적당한 간격으로 남긴다. 배추는 모종판에 씨를 하나하나 집어넣어 키운 후 옮겨심기 때문에 잘만 하면 씨 하나 버리지 않고 다 키워내는데 반해 무우는 씨 소모가 큰 편이다.

---

10) 그의 노래는 덕암농장까지 따라왔다. 창고에 설치해 놓은 씨디 플레이어에 틀어지는 단골 노래다. 나도 듣고, 닭도 듣고, 고양이도 듣고, 살구도 듣고, 꿩도, 솔개도, 부엉이도 듣는다.

왜 그렇게 하는지는 나도 잘 모르겠다. 무우는 옮겨 심으면 죽기 때문에 모종판은 쓰지 않는다나? 그렇다고 넓은 밭 위에 작은 무우 씨를 한두 알 또는 두세 알씩 심자니 그것도 보통 일이 아니라서 그냥 술술 뿌리는 게 아닌가 싶다.

9월에

염소의 죽음　　　　　　　　　　　　　　2005. 9. 3

입맛이 쓰다. 염소가 죽었다. 덕암농장에 처음 들어온 염소 두 마리 중 암놈이 죽었다. 그저께였다. 풀밭에 묶어 두었는데, 줄이 풀에 감기고 그게 또다시 꼬이면서 줄에 엮인 염소가 꼼짝 못하게 되어버렸다. 헌데 그저께 한낮이 굉장히 더웠다지 않은가? 그 더위 속에서 햇볕 아래 고스란히 노출되어 있다가 죽었다. 풀밭에 묶어 놓고는 한두 번 가보게 마련인데 나는 농장에 없었고 아버지는 온양에 다녀오시느라 지쳐서 쉬다가 깜빡 잊어버리셨다. 감나무 밑에 염소를 고이 묻어 주었다. 정연 선생도 말한 바 있지만 동물을 키우다 보면 속상한 이별을 겪어야 하는 경우가 많다.

배추 심는 날　　　　　　　　　　　　　　2005. 9. 5

오늘은 배추 심는 날이다. 이천 포기. 모종은 권오진 사장이 경기도 광주 초월읍 지월리의 유리온실에서 생산했다. 첫 솜씨인데 불구하고 좋은 모종을 만들어 준 권 사장에게 고맙다. 그 많은 벌레와 병을 (그래서 일반적으로 모종 키울 때도 농약을 친다.) 필사적으로 손으로 잡아내고 막아내서 농약이며 살충제 하나 뿌리지 않고 이천 개의 모종을 무사히 키워내 준 노고와 지혜에 박수를 보낸다. 열흘 전에 심은 무우도 솎아 주어야 할 것이고 산소 사초도 해야 할 것이고, 이번 주는 꽤 바쁘겠다.

↳ **농가주부** 2005. 9. 8
가을맞이
늘 계절의 변화를 이야기할 땐 벌써라는 말이 앞섭니다. 그렇습니다. 벌써 가을입니다. 도시의 가을은 끈적끈적한 여름의 습기가 어느 날 문득 살갗에 와 닿는 신선한 기운에 자리를 빼앗길 때, 문득 올려다본 하늘이 눈이 시릴 만큼 푸른빛을 자랑할 때야 비로소 우리에게 다가옵니다. 시골의 가을은 어떻게 다가오는지 아십니까? 농민들의 손놀림에서 먼저 옵니다. 들판의 고추들이 마을 앞길마다 빨갛게 누워 태양빛에 일광욕을 시작할 때, 감자를 걷어낸 자리에 예쁘게 두 줄로 서 있는 운동장의 아이들처럼 나란히 배추 모종들이 자리할 때, 엉켜 자란 무우 싹들이 조금씩 친구들을 솎아 보내고 서서히 넓은 자리를 혼자만 차지할 때, 그때마다 바삐 움직이는 농부들의, 마을 할머니들의 부지런한 손놀림에서 가을은 성큼 다가옵니다. 우리 동네 들판도 이제 가을 준비가 끝났습니다. 새벽마다 열심히 배추밭에 물을 주는 이웃집 은서 할머니의 부지런함으로 가을은 깊어지고, 산자락의 깊은 초록이 머리끝부터 그 깊음을 잃어가는 것을 아침 커튼을 젖힐 때마다 발견하면서, 나는 올 한 해의 마무리를 시작해야 하는구나 하는 조급함에 시달립니다. 농촌에 들어와 이제 4년을 살았고, 올해는 농부의 아내 - 아직은 이 단어는 낯설고 남의 것을 훔쳐 쓰는 듯한 어색함과 불안감이 있지만 - 가 되어 올 봄과 여름을 살았습니다. 우리 농장도 이제 가을을 깊이 심고 준비하고 있습니다. 점점 계절을 준비하는 손길이 바빠지겠지요.

올해는 정말 감사한 한 해입니다. 오빠의 부지런한 변신이 감사하고 그

부지런함에 열매를 잊지 않고 주시는 하나님의 보살핌이 감사합니다. 생명을 기르는 소중함 - 그것이 인간이든 자연이든 - 과 신비함, 즐거움을 새삼 깊이 느끼는 시간이 되었을 것입니다, 오빠와 언니에게. 자연과 함께하는 것은 큰 욕심을 버리게 하고 작은 것에 기뻐하고 감사하게 합니다. 자연은 부동산 투기처럼 엄청난 뻥튀기나 로또같이 일확천금을 보장하지 않습니다. 쏟은 땀만큼, 들인 정성과 시간만큼 정확하게 되돌려주고, 때로는 무척 작은 것으로도 큰 기쁨을 맛보게 합니다. 나의 욕심이 커지고 터무니없어질 때마다 이름 없는 풀 한 포기, 우리 집 황구의 점잖은 컹컹거림이 바른 삶의 자리 찾기를 가르칩니다.

오늘 아침 소중한 것, 감사해야 할 것, 진정 찾아야 할 것이 무엇인지를 이 땅의 삶에서 누리도록 허락하신 그분의 은혜에 다시 감사드립니다.

사초 또는 벌초　　　　　　　　　　　　2005. 9. 9

배추 이천 포기를 심어 놓으니 검은 흙 위에 선 초록의 어린 배추는 마치 장난감 병정들이 질서정연하게 도열한 듯 장관이다.

보름 전에 심어 놓은 무우도 많이 자랐다. 적당한 간격으로 솎아주고, 풀을 뽑고, 그동안 이파리를 갉아먹으며 신나게 잔치 벌이듯 하던 벌레들도 손으로 잡아주었다. 이제는 놈들이 땅에 묻혀 거름이 되어 무우를 살릴 차례이다.

배추와 무우 일을 다 끝내고 조상님들 산소를 살폈다. 사초가 맞다고 하는 분도 있고 벌초가 맞다고 하는 분도 있고… 하여간 산소 풀 깎는 일은 시골의 일 년 행사 중 중요한 한 가지이다. 여름 내내 풀이 우거진 산소를 말끔히 깎아 놓으면 마음이 시원하다. 이쪽부터 칠까 저쪽부터 칠까 하는 궁리조차 흥겹다. 마치 살아계신 할아버지 할머니와 마주하고 있는 느낌이다. 고조, 증조, 할아버지, 할머니 산소를 우리 식구가 다 깎고 나면 며칠 뒤에는 그 위 조상님들 산소를 일가 식구가 함께 깎는다.

산 이곳저곳에 누워계신 분들을 찾아다니며 일하고, 얘기하고, 먹고, 술잔도 나누는 이 행사는 일이라기보다 축제에 가깝다. 옛날에는 떡시루를 이고 메고 이 산 저 산 돌아다니는 큰 행사였다고 한다. 이는 오백여 년 시간 차이의 조상과 후손들이 한데 어우러지는 굉장한 축제이다. 덕암리에 터를 잡으셨던 덕계 할아버지나 그분의 아드님이신 서린 할아버지 산소 앞에서는 사탕을 빠는 대여섯 살 꼬마나 한잔 술에 불콰해진 칠십 넘은 노인네나 모두 한가지로 재롱둥이 어린 손주들이다.

도고저수지의 녹조　　　　　2005. 9. 10

비가 오면 도고저수지 수면은 짙은 녹색이 된다. 녹색 비단 같은 아름다운 물이 아니라 녹조가 두껍게 낀 더럽고 냄새나는 물이다. 플랑크톤의 사체가 그득 쌓여서 그렇게 녹조가 되는 거다.

도고저수지는 아름답다. 빛나는 아름다움이라기보다 편안하고 풍요로운 아름다움을 품은 곳이다. 아마도 1988년이었던 것 같다. 이곳에서 친구 종숭이와 낚시를 하며 두 밤을 지낼 때 동쪽 산 위로 떠오르는 둥그런 보름달에 반해 그저 이대로 시간이 멎어버렸으면 하는 생각으로 멍했던 적이 있다. 이 저수지는 평지형 저수지이기 때문에 양분이 풍부해서 어자원이 다양하고 특히 붕어 맛이 무척 좋은 곳이다. 낚시를 좋아하는 나는 1972년부터 전국의 수많은 저수지를 다니며 낚시를 했고 물고기 맛을 보아왔지만, 도고저수지의 붕어 맛이 으뜸이라는 주장은 절대 양보하지 않는다.

그런데 몇 년 전부터 이 녹조 때문에 나는 낚시를 할 수가 없게 되었다. 낚싯줄과 찌에 시퍼런 부유물이 묻어나온다. 녹조가 풍기는 냄새는 여간 비위 상하는 게 아니다. 낚시라는 행위가 물고기를 잡는 가운데 자연을 오감으로 즐기는 일이라 생각하는 나는 역한 녹조 냄새를 감수하면서 낚시를 할 생각은 전혀 없다. 낚시의 또 다른 즐거움은 잡은 고기를 먹는 일이다. 그런데 시퍼런 녹조를 뒤집어쓰고 나오는 물고기를 먹을 자신이 나는 없다.

처음에 나는 녹조의 이유가 상류의 몇몇 소 축사에서 나오는 더러운 물 때문이라고 여겼다. 헌데 이상한 것이, 비만 오면 녹조가 더 심해진다는 것이다. 비온 후에는 많아진 물로 희석이 되어 녹조가 덜 해져야 할 것 같은데 정반대의 현상이 벌어지는 거였다. 저수지로 유입되는 물을 유심히 살피고 축사 주변도 돌아보았지만 관리를 잘 해서 그런지 축사에서 배출되는 물은 더러운 물이 아니었다. 궁금증을 안고 살다가 일 년 전에야 이유를 알았다. 저수지 주변의 밭에 뿌리는 화학비료 때문이었다. 몇 해 전부터 도고면 일대에서는 쪽파를 많이 생산한다. 헌데 쪽파 재배에는 많은 양의 화학비료가 필요하다. 뿌려진 화학비료가 저수지로 흘러들어 가고 비가 오면 더 많은 양이 쓸려가기 때문에 저수지의 녹조는 더욱 심해지는 거였다.

작년부터 '도고저수지를 살리자'는 현수막이 나붙고 저수지 바닥 청소도 하는 것 같았지만 올해도 녹조는 여전하다. 당연하지 않겠는가? 원인은 다른 곳에 있는데 엉뚱한 일만 하는 것이다. 저수지 주변 밭의 화학비료 사용량이 현저히 줄어들거나 없어지지 않는 한 도고저수지는 살아날 도리가 없다. 도고저수지를 살리겠다고 들이는 비용을 생각한다면, 주변 농가들에 농사를 짓지 못하게 하고 보상금을 지불하는 게 더 싸게 먹히는 방법이 아닌가 싶기도 하다. 하지만 이것도 보상의 범위나 수준 등의 복잡함을 생각한다면 망설여질 수밖에 없는 선택이다. 화학비료와 농약은 늘 붙어다니는 단짝이다. 화학비료 사용량이 많으면 많을수록 농약 사용량도 많아진다. 얼마나 많은 농약이 저수지로 흘러들어 가고 있을지, 허 참.

배추 심은 뒤에 오는 이 반가운 단비가 저수지에게는 끔찍한 녹조를 늘리는 원인이 되니 참으로 딱한 일이다.[11]

용호상박　　　　　　　　　　　　　　　2005. 9. 13

요즘 내가 제일 사랑하는 개의 이름은 황구다. 80년대 나온 천승세의 소설 '황구의 비명'이 있다. 기지촌의 한국 여성을 황구에 비유한, 뒷맛이 씁쓸한 작품이었다. 그 소설을 생각하고 지은 게 아니라, 아니 그 소설 제목은 까맣게 잊어버린 채, 독구 이래 우리 집에 처음 들어온 개다운 개 이름으로 지은 게 황구였다.

---

11) 이 문제는 아직도 해결 방법이 보이지 않는다. 무엇이 옳은지 나도 잘 모르겠다. 저수지 오염 때문에 눈앞에 이익이 보장되는 소득 작물 재배를 포기하라는 건 현재의 정서나 형편으로서는 통할 말이 아니다. 여전히 해결되지 않은 녹조 문제를 그렇다고 그냥 두고 보아야 하는가도 고민이다. '백마를 타고 오는 초인'은 우리에게 여전한 대안이다. 하지만, 녹조 문제가 해결된들 도고저수지가 내가 그리던 낚시터로 다시 돌아갈 수 있을지도 의문이다. 저수지가 깨끗해지면 주변이 공원으로 조성될 것이고 낚시는 금지될 가능성이 높다. 엄청난 쓰레기를 남기고 가는 낚시꾼이 영영 사라지지 않을 것 같은 우리 현실을 보면 낚시터로 다시 돌려달라고 떼를 쓸 자신도 나는 없다.

색이 누런 진돗개 계열이라 그렇게 지은 것이고 같이 들여온 백색의 눈부신 진돗개 이름으로 지어준 백구와 짝하기 위함이었다. 백구는 어린 시절 저세상으로 가서 집 뒤 전나무 아래 묻혔지만 황구는 씩씩하게 자랐다. 이놈은 눈알도 노랗다.

집 주변에서 황구를 당할 개가 없다. 싸움 실력이 보통이 아니다. 하지만 성격이 좋아서 자기보다 약한 동물이나 아이들은 절대 건드리는 법이 없다.

황구를 큰아들은 '황 선생'이라 부른다. 성격이며 태도며 용맹성이며 양보심이며… 배울 게 많은 개란다. 나도 동의한다. 그래서 나도 가끔 황 선생 황 선생 한다.

이놈은 미식가적 기질이 있다. 맛난 것뿐 아니라 몸에 좋은 것도 잘 챙겨 먹는다. 어린 시절 홍역과 장염에 걸려 다 죽게 되었을 때 스스로 나방을 많이 잡아먹으면서 그 모진 병들을 이겨냈다. 돌이켜보면, 독구도 그랬다.

요즘 황구가 즐기는 음식은 개구리와 뱀이다. 황구가 사는 곳은 우산리 집에서 가장 한적한 집 뒤쪽 잣나무 아래다. 조용한 곳이라 그런 동물들이 종종 나타난다. 개구리 잡아먹는 건 일도 아니다. 그렇지만 뱀을 잡아먹는 과정은 꽤 노력이 필요하다. 작년에는 실수를 했는지, 뱀에 물려 황구 얼굴이 한동안 퉁퉁 부어 있었다.

황구와 뱀의 대결은 팽팽하다. 보통 이삼십 분 걸린다. 전진과 후퇴를 수없이 반복하다가 어느 한순간 황구가 뱀을 물면 사정없이 패대기치는 통에 뱀은 순식간에 여러 토막이 난다. 놈은 천천히 맛을 음미하며 특식을 즐긴다. 나는 아이들과 얘기할 때 뱀과 황구의 싸움을 '용호상박'이라고 칭한다.

↳ 농가주부 2005. 9. 14
새 식구

우리 집에는 인간 식구들보다 동물 식구들이 더 많습니다. 개 식구들이 다섯, 닭 식구들이 넷, 그리고 내가 제일 좋아하는 토끼 한 마리입니다.

특히 토끼는 그동안 두 번이니 멀리 보내야 하는 슬픔을 경험하면서 새롭게 맞아들인 세 번째 시도입니다. 이번 토끼는 학교에서 축제 기간 동안에 학생들이 해부용으로 준비한 라이언헤드 두 마리 중의 한 마리입니다. 한 마리는 해부로 죽어버렸고 한 마리를 해부한 이후에 충격과 슬픔이 너무 컸던지, 아니면 그동안 토끼를 보살펴온 여학생의 읍소 때문이었는지 아무튼 겨우 목숨을 건진 그 한 마리입니다. 여학생 집에서 며칠을 보낸 후 아파트에서의 사육 곤란으로 우리 집으로 옮겨온 놈입니다.

사실 그동안 토끼를 길러본 경험도 별로 없고 - 모두 합쳐 10일 정도 - 두 번이나 토끼를 싸늘한 시신으로 묻어야 했던 경험이 있는지라 토끼 기르기는 포기한 상태였는데 다시 인연이 이어진 터라 이번만큼은 꼭 성공적으로 잘 길러보고 싶은 욕심이 앞섭니다.

토끼는 보고만 있어도 흐뭇한 웃음이 흐르게 합니다. 뭉게구름만큼이나 하얀 털에 여기저기 검은 얼룩이 섞여 있는데 그 모습이 정말 깔끔하고 바둑이처럼 정겹습니다. 아침마다 세수를 하는지 어떻게 자기 몸 관리를 하는 것인지 몸이 늘 이제 막 목욕을 끝낸 아기처럼 깨끗하고 뽀얀 빛입니다. 저는 토끼의 이런 깔끔함이 참 좋습니다.

그런데 토끼는 소리가 전혀 없어요. 발성기관이 없는 것인지 마치 그림자가 움직이는 것처럼 전혀 소리를 내지 않습니다. 그래서 안타깝기조차 합니다. 지난번 두 번이나 토끼가 죽을 때도 자신들의 위기를 우리에게 전혀 알리지 못하고 - 개는 컹컹 짖어대고, 닭은 요란스럽게 꼬꼬댁거립니다 - 조용히 죽어갔습니다. 아침에 초록빛 잔디밭에 하얀 솜뭉치를 뭉쳐놓은 것 같은 토끼의 시신을 발견하고 얼마나 놀라고 슬펐던지…

집에 돌아오면 제일 먼저 살펴보는 것이 토끼장입니다. 토끼가 얌전히 웅크리고 있으면 마음이 편안해지는데 모습이 안 보이면 - 가끔 먼저 온 둘째 아들이 토끼를 풀어놓을 때도 있거든요 - 마음이 덜컹 내려앉습니다. 이틀 전에는 밤에 집에 돌아왔는데 토끼장이 열려 있고 토끼가 없는 겁니다. 아들이 풀어놓았다고 하길래 가방만 던져 놓고 호빗을 앞세워 찾아 나섰습니다. 호빗이 토끼의 소재를 잘 파악하고 있거든요. 그런데 보일러실 바닥에 토끼가 널브러져 있는 거예요. 얼마나 놀랐는지 둘째 아이에게 마구 화를 내면서 토끼를 안아 들었지요. 아직 숨을 몰아쉬고 온몸 여기저기에 흙을 잔뜩 묻힌 채로 헐떡이고 있는 겁니다. 아마 호빗이 물지는 않고 자기 깐에 이리저리 어른 듯한데 놀란 토끼가 피해 다니다가 탈진했는가 봅니다. 급한 대로 흙을 털어내고 물을 먹였지요. 이틀 동안 움직임이 거의 없던 녀석이 오늘 퇴근하며 보니까 토끼장의 틈새를 헤치고 나와 풀을 뜯어 먹고 있었습니다. 호빗이 내게 된통 혼나서인지 토끼와 놀기를 포기해서 이번에는 깨끗한 모습으로 풀을 뜯고 있었습니다.

다시 뽀얗게 자기 몸을 가꾼 녀석이 무척 고맙고 대견스럽습니다. 나의 큰 걱정거리가 사라진 것이지요. 나의 말을 알아듣고 토끼를 멀리서만 바라보는 호빗의 어른스러움이 기특하고, 그런 호빗의 듬직함을 믿고 여유 있게 풀을 뜯어 먹고 있는 토끼의 신뢰감도 고맙습니다. 이제 두 녀석이 서로를 자기 방식이 아닌 각자의 특성 그대로로 인정하며 함께하는 법을 익혀가고 있나 봅니다.

사람도 이렇게 관계를 만들어가야겠지요. 상대의 모습 그대로를 인정해 주고 바라보는 것. 특히 부모는 자식한테 이런 인정과 인내심을 보여줘야 하는데 저는 자꾸 조급증에 실패할 때가 많습니다. 오늘 우리 집 새 식구를 통해 소중한 교훈 하나를 다시 새깁니다.

논   2005. 9. 16

덕암농장은 농업 생산과 관련된 전통적인 생산지를 두루 갖추고 있는 편이다. 밭이 있고 과수원이 있고 산이 있고 물이 있다. 닭장도, 염소 우리도 있다.

헌데 한 가지 없는 게 논이다. 나는 논을 좋아한다. 요즘 같은 때에는 논에 그득 들어선 누런 벼가 풍성해, 내 배가 부르고 눈도 부시다. 벼 패기 시작할 때부터 풍겨나는 구수한 냄새는 나의 몸속 깊은 곳에 있는 유전자를 꿈틀거리게 하는 것 같다. 발에 분포된 모든 혈맥을 빠짐없이 다 만져주는 듯 세심하며 부드럽게 밟히는 논바닥, 논둑길을 걷다 보면 꼭 코 안으로 들어오기 마련인 풀꽃 향기, 미꾸라지, 우렁이, 메뚜기 등을 잡는 일… 어린 시절 내가 좋아하던 것들이었다. 벼를 다 거둔 뒤 황량한 겨울의 논 풍경은 자못 처연하지만 얼마나 깊은 정취를 마음속 깊은 곳으로부터 우러나게 하는가. 그런 걸 다시 겪고, 보고 싶은 바람에 산 아래 버려진 밭을 개간해 논을 만들려고 한다.

이 논을 완전한 유기농으로 가꾼다면, 내년부터 백로(白鷺)의 방문을 맞을 수 있을 것이다. 우아한 자태로 논 위를 날아다니는 백로를 보자.

가지치기 2005. 9. 17

나무 가지치기를 하다 보면 잘라버리는 가지가 아깝다는 생각이 든다. 특히 살구나무에게는 이 기분이 더하다. 3년 전, 어린 묘목을 심어 가꿀 때 고놈들 살리느라고 얼마나 애를 썼는데 이제 잘 자라 쭉쭉 뻗은 가지들을 잘라내야 할 때의 섭섭함은 이루 말할 수가 없다. 수많은 병충해와 싸워 이겨내고 장하게 살아난 놈을 기다렸다는 듯이 잘라내는 이 주인을 놈들은 뭐라고 할까 싶어 미안하다. 자라긴 잘 자랐으되 단지 방향을 잘못 잡았다는 이유 때문에 그렇게 잘려나가는 거다.

아까워서 못 자르면 나중에 나무를 죽이고 농사를 망친다. 안 잘라 주는 게 나무를 사랑하는 양, 가슴이 아파 못 자르는 게 아름다운 마음인 것으로 착각하거나 과시하는 사람들이 꽤 있다.

나무뿐만 아니라 사람 키우는 일에서도 마찬가지다. 손을 대지 않으면 당장은 그 힘차게 자란, 그러나 어긋나게 자란 가지에게 감사하다는 말을 들을 것이다. 그 감사의 달콤함에 너무 깊이 젖는다면 그대는 어리석은 사람이다. 게으른 사람이라고도 할 수 있다. 아무것도 하지 않으니 말이다. 아니 해로운 사람이다. 처내야할 사람은 그대일 수도 있다.

같은 날 심었어도 살구나무 큰 놈은 벌써 2미터가 넘어가는데 잘 자라지 못한 놈은 묘목 때의 키 거의 그대로다. 기다려야 한다. 그 놈도 잘 보살피고 보아 주면 언젠가 제구실할 때가 있을 거다. 지금 큰 놈들보다 더 대단한 놈이 될 수 있을 가능성은 얼마든지 있다. 나뭇가지도 마찬가지다. 아무리 작고 비실거려도 방향만 잘 잡았다면 더 보살피고 기다린다. 그러나 엇나간 건 잘라버려야 한다.

기름통   2005. 9. 30

면세유를 보관할 직육면체의 커다란 기름통이 들어왔다. 차일피일 구입을 미루었는데, 그저께 충주에 갔다가 사왔다. 받침대는 온양의 한 공작소에서 만들었다. 집에 기름통이 하나 떡 버티고 서 있으니 맘이 든든하다.

10월에

풍돌이 장가가다　　　　　　　　　　2005. 10. 1

이번 봄에 황구와 예쁜이 사이에서 낳은 암캉아지 황진이를 풍돌이 옆에 묶어두었다. 얼굴 정도만 살짝 닿을 거리로 놓아두면 서로 장난도 치면서 즐겁게 지내겠거니 했다.

　몇 날 어디 갔다가 왔는데, 아버지 말씀으로 풍돌이 놈이 황진이에게 장가를 들었단다. 허 참, 도저히 성사가 될 수 없는 거리인데… 그리고 황진이가 아직 어리다. 태어난 지 이제 6개월 정도 되었으니 어린 소녀나 마찬가지다. 헌데 이놈이… 하기야 뭐 풍돌이도 아직 숫총각이었으니 죽일 놈이기만 한 건 아니다. 놈들 옆에 가서 이리 살펴보고 저리 재어 보아도 도저히 이루어질 수 없는 거리가 분명한데 일을 치렀다니 거 원 참. 풍돌이 엉덩이를 세게 걷어찼다.

납김치?　　　　　　　　　　　　　　2005. 10. 7

『농민신문』에 '중국산 김치 한국산 김치에 비해 납 성분 5배'라는 머리기사가 보인다. 나는 어리둥절했다. 중국산 김치가 끔찍해서가 아니었다. 그렇담 한국산 김치에도 납 성분이 있단 말인가 해서였다. 그리고… 그렇게 『농민신문』이 사실을 고백해도 되는 건가 해서였다.

그런데 이는 허술한 편집의 결과가 아니라 의도된 머리기사 같기도 하다. 즉 중국산 김치의 위해성을 지적하고 있다고는 하지만 동시에 한국 김치 업체와 소비자에게도 경각심을 주자는 것이다.

배추를 비롯해서 고추, 무우, 쪽파, 부추, 소금에 이르기까지 김치에 들어가는 재료 중에 아무리 국산이라도 유해물질로부터 자유로운 게 어디 있겠는가? 중국산 김치 욕하는 마음도 이해할 만하지만, 그렇다고 우리 것이 무조건 좋다고 보듬을 일도 아니다.

↳ 권오진 2005. 10. 8
GMO(유전자변형 농산물)
유전자변형 농산물(Genetically Modified Organism)이란 '유전자를 인공적으로 분리·결합하여 자연 교잡에서는 육성되지 않는, 의도한 특성(제초제 저항, 내병, 내충, 품질의 특성화 등)을 갖도록 한 농산물'입니다. 식량문제를 해결할 수 있다는 것과 잠재적 인체위해성, 환경문제, 사회윤리적 문제 등의 양면성이 있습니다. 유럽에서는 '자연교배나 자연결합으로는 생성될 수 없는 방법으로 변형된 유전자를 가지고 있는 농산물', 미국은 '염색체 변형뿐만 아니라 이종 교배의 기술로 만들어진 농산물', CODEX(국제식품규격위원회)는 '자연적인 증식 또는 재조합에 의하여 일어날 수 없는 방법으로 유전물질이 변형된 농산물' 이라고 정의하고 있습니다. 반복 설명하는 이유는 GMO에 대한 각국의 미묘한 입장 차이 때문인데, 대체로 미국은 관대하고 유럽은 엄격한 잣대를 요구하고 있습니다.

현재까지 상품화된 GMO는 16개 작물 80여 품종으로, 옥수수(21), 콩(5), 감자(6), 유채(17), 토마토(7), 벼(3), 호박(2), 사탕무(2), 치커리(1),

메론(1), 밀(1) 등입니다. 여기서 옥수수, 콩 등 미국의 주요 농산물이 많다는 것을 알 수 있지요. 재배현황은 96년 대비 2003년도 재배면적이 40배 증가했고 국가별로는 미국, 아르헨티나, 캐나다, 중국의 재배면적이 전체의 94%, 작물별로는 콩, 옥수수가 85% 정도 됩니다. 주로 제초제 저항성 75%, 해충 저항성 17%, 제초제와 해충 저항성 8% 등의 이유로 재배하고 있습니다.

　국제적으로는 표준화된 GMO 검정 방법은 아직 없으며, GMO의 잠재적 위해성에 대한 논란은 수출입국 간의 의견차가 커서 합의가 쉽지 않을 것으로 전망됩니다. 미국, 캐나다는 GMO 식품이 그 영양성분 또는 알레르기 유발등 기존의 식품과 다른 경우에 한해서 이를 표시하도록 하고, 유럽 국가는 콩, 옥수수를 원료로 한 식품 중 GMO 단백질이나 DNA가 존재하는 것에 대해 유전자 변형 콩, 옥수수로 생산되었다는 문구를 의무적으로 표시합니다. 일본은 콩, 옥수수, 감자, 유채, 면화 등 원료농산물과 콩과 옥수수를 원료로 한 30개 식품에 대해서 GMO를 의무 표시하도록 합니다. 중국도 콩, 옥수수, 면화, 토마토의 GMO 표시를 2002년부터 시행하고 있습니다.

　한국 상황은 아직까지 GMO가 개발, 보급, 재배된 사례는 없으나 수입 농산물이 문제입니다. 옥수수, 콩나물, 감자에 대해서 2001년부터 GMO 표시를 하도록 제도화했지만 수입 GMO를 사용한 식품 등이 문제입니다. 식용유 구입 시 제품용기에 막연히 콩(미국산) 70%… 이런 식이죠. 만일 GMO 콩을 유기농법으로 재배했다 해서 그 콩을 이용한 식용유가 '유기농 식용유'로 버젓이 판매된다면 어떠시겠습니까? 식당에서 육류, 밑반찬 원산지 표시와 함께 GMO 관련 표시도 빠른 시일 내에 무조건 시행해야 할 것입니다.

↳ **농가주부** 2005. 10. 8
좋은 음식 먹기
누구나 맛있는 음식을 먹는 것을 좋아할 겁니다. 그런데 요즘은 맛있는 것과 좋은 것이 딱히 일치하지 않는 경우가 점점 많아진다는데 문제가 있어요. 아이들이 좋아하는 인스턴트식품은 아이들 입맛에는 최고이지만 먹을수록 아이들의 몸을, 건강을 해친다는 것이 비극이지요. 우리 아들들의 불만은 엄마가 맛있는 음식을 만들어주지 않는다는 겁니다.

　인스턴트식품에 많이 노출된 아이들이 아님에도 우리 아이들은 인스턴트식품에 대한 그리움이 참 큽니다. 아이들이 생활하는 환경이 대도시처럼 각종 패스트푸드 상점이 흔한 것도 아니고 - 제대로(?) 된 햄버거집, 그 흔하디흔한 맥도널드 하나 없는 곳입니다 - 내가 요리할 때 인공조미료를 사용하지도 않고 거의 자연 그대로의 것을 먹이려고 애쓰며 길렀는데 가끔 식탁에서 던지는 말 한마디 한마디가 나를 기운 빠지게 합니다. 큰아들은 자신이 패스트푸드의 세례로부터 멀어졌기 때문에 키가 크지 않는다고 항변하기도 합니다. 왜냐하면 그전에 아파트 단지에서 같이 살 때 자신보다 무척 작던 친구들이나, 비슷하던 친구들이 다른 성장조건의 유사성 내지는 열등함에 비해 자신보다 훨씬 커버렸는데 자신의 분석으로는 그 아이들과의 가장 큰 차이가 패스트푸드를 먹는 횟수라나요. 건강성 여부와는 상관없이 일견 맞는 분석인 듯도 싶습니다만.

　아이들의 이런저런 불만에도 내가 새롭게 결심한 것, 아니 더욱 결심을 공고히 한 것이 있습니다. 단지 패스트푸드 내지는 인스턴트식품으로부터의 격리뿐만 아니라 각종 농약과 약물을 먹고 성장한 식품으로부터 우리 아이들 지키기입니다. 농촌에 사는 것이 아이들의 장래에 별반 희망적이지 못하다는(????) 편견에도 불구하고 농촌에 반드시 살아야 하는 이유 중 하나는 아이들에게 좋은 채소, 과일 등등을 먹일 수 있다는 것입니다. 물론 이 경우 직접 모든 것을 재배해야 하는 번거로움이 따르지만, 다행히 부지런하고 지극히 친환경, 내지 자연숭배자인 남편 덕에 정말 남들은 돈을 주고도 먹을 수 없는 것들을 먹고 있습니다.

　아이들에게 많은 재산이나 그럴듯한 지위는 못 남겨주더라도 건강한 - 비만한 것이 아닌, 체격만 좋고 체력은 없는 속 빈 강정 같은 허우대가 아닌 - 신체만은 가질 수 있도록 정말 자연 속에서 자연 그대로 잘 재배된 좋은 음식만 먹여야겠습니다. 사실 김치 담그는 것도 결코 쉬운 일도 아니요 맛나게도 담그지 못하지만 약 한 방울 몸에 묻히지 않고 자란 우리 배추로 올겨울에는 김장을 많이 담글 겁니다. 아마 아이들도 점점 엄마가 준 맛없는 음식이 정말 맛난, 좋은 음식이었다는 것을 알게 되겠지요.

'pali-pali' 2005. 10. 10

집을 몇 날 비워 일이 밀린 관계로 일주일 내내 방에만 있다. 책상과 걸상에 지쳤는지 어저께부터는 몸이 신호를 보내기 시작했다. 허리 통증에다 약간의 치질 조짐까지 보인다. 농장에 가보지 못하니 답답하다. 무우, 배추밭 김을 매어 주어야 할 것이고 기름통 자리를 잡아 주어야 할 것이며 트랙터도 손을 봐야 할 터인데… 무엇보다도 땀을 흘리지 못하니 몸이 묵직해 불편하다.

마감에 쫓기며 하는 일이란 사람 잡기 꼭 알맞다. 사회생활을 하기 전에는 일견 멋있어도 보이던 이런 식의 일이란 사실 엄청난 정신적 스트레스를 주며 몸을 상하게 한다. 물경 200쪽이 되는 책을 일주일 만에 교정을 보아 달라니 이런 막무가내가 어디 있담? 어떻게든 해내기야 하겠지만, 상대방의 심신에 큰 무리를 주는 요구이며 무엇보다도 작업 내용이 부실해지게 만드는 결정적인 이유가 된다.

서두르는 것이다. 지금 하고 있는 일이 외국인 노동자들을 위한 안내서 감수 작업이다. 여기에도 '한국인은 왜 서두르는가?'라는 항목이 있다. 설명 왈, 한국에 와서 가장 많이 듣는 말이 'pali-pali'다. 확실치는 않으나 봄부터 가을까지밖에 일할 시간이 없고 긴 겨울을 준비해야 하기 때문에 매사를 서둘러야 하는 온대 기후적 특성 때문이라고도 할 수 있다나? 허허… 웃을 일이다. 그럼 온대 기후에 사는 사람은 다 '빨리 빨리'를 입에 달고 다녀야지 왜 유독 한국인만 그렇단 말인가? 한국에만 겨울이 있나? '빨리 빨리'는 근면의 언어가 아니다. 부실로 이어지는 주문이다. 나는 이걸 참 싫어하는데, 어쩌다 보니 '빨리 빨리'의 덫에 걸려버렸다. 이거 참, 쩝.

안되겠다. 그쪽 사정 봐줄 게 아니다. 오늘은 그냥 쉬련다. 소주도 한잔하면서 '빨리빨리'의 망령에서 벗어나야겠다. 내 일에서 주체적이 될 필요가 있다. 오후에는 뒤뜰에서 한참 괭이질을 했다. 여름 동안 꽤 자란 풀을 다 제거하고 지난 초복 때 떼어져 이장 댁 느티나무 아래로 옮겨졌다가 다시 돌아와 아무렇게나 팽개쳐져 있던 가마솥도 원래 자리에 걸었다. 두어 시간 일하니까 기분이 좀 나아졌다.

배추가 자라는 모습   2005. 10. 13

어제 하루 종일 무우밭의 잡초를 제거했다. 뽑힌 풀은 무우 주변에 덮여 거름이 될 것이다. 일을 하며 전진하다가 돌아보면 깨끗해진 밭에서 무우는 그사이 더 커진 것 같다.

무우밭을 매면서 절경이라고 여겨졌던 건 옆으로 보이는 배추밭의 모습이다. 이천 포기가 들어선 밭의 한 고랑 끝에서 눈을 들어 보면 녹색의 제복을 입은 병정들이 길게 줄 맞추어 도열하고 있는 것 같다. 그것이 가을 빛살과 어우러져 볼 만한 그림을 만들어 낸다.

작년보다 무우 배추 모두 더 잘되는 것 같다. 벌레도 훨씬 적고 몸집도 크다. 일 년 동안 땅 힘이 더 세졌다는 얘기겠지. 잡초만 갖고도 분명히 땅이 살아나고 있다.

끝물 고추밭은 갈아엎었다. 빨개진 채 남은 고추 몇 개를 따먹어 보니 고추 맛이 달다. 이런 고추는 과실같이 먹어도 손색이 없을 듯하다. 마침 들르신 큰 이모님이 이 고추씨가 어떤 거냐고, 구할 수 있으면 구해가고 싶다고 하시던데, 사실 그건 씨 문제가 아니고 기후와 토양의 문제이다. 내가 이곳에 심은 고추 모종은 퇴촌 집에 심어놓은 것과 똑같다. 물론 그것도 맛있기는 하지만 이렇게 달지는 않다.

토비 새끼 낳았어요   2005. 10. 17

토비 새끼 네 마리가 세상에 나왔다. 까만 놈 둘, 하얀 놈 둘. 작년에도 네 마리더니 올해도 그렇다. 몸집이 작은 토비가 배 안에서 키울 수 있는 새끼의 수는 최대치가 네 마리인가 보다. 날짜를 세어 보니 시집간 지 거의 두 달 만에 해산을 했다.

계은농장 배의 광동 여행   2005. 10. 18

오늘 중국에 간다. 1991년 긴 여행을 한 번 한 후 14년 만이다. 그때는 중국 북부와 서부 중부를 돌았다. 남부행은 이번이 처음이다. 광동, 광서, 운남 세 개 성을 찾는 혼자만의 여행이다. 기간은 보름 정도 잡고 있다. 이젠 중국어가 자꾸 베트남어와 섞여 나오는 통에 가서 한동안은 애먹겠다.

  광동에선 친구 영호의 부모님과 여동생 식구들을 만나려고 한다. 여동생 혜경이는 결혼 후 한 번도 보지 못했는데 큰아이가 벌써 열다섯 살이란다. 중학생 시절 영호와 친하게 지내면서 방과 후면 늘

축구를 하거나 이곳저곳을 쏘다니던 때가 바로 그 나이였다.

어저께 저녁에는 충주 계은농장의 전 사장이 수확한 배를 가져왔다. 참 달다. 아직 무농약 재배는 아니지만, 저농약 인증은 받은 과실이란다. 봄부터 가을까지 통상 열두 번에서 많이는 열다섯 번까지 농약을 치는데 그 친구는 여섯 번밖에 농약을 치지 않았다. 물론 제초제도 쓰지 않고 성장 호르몬제를 비롯한 일체의 첨가제도 쓰지 않았다.

배는 맛있는데 자꾸 미안해하며 하는 말이 표면에 검은 점이 군데군데 있어서 상품 가치가 없는 거란다. 딱하다. 왜 자꾸 그러냐고 물었다. 대답을 정리해 보면, 전 사장의 강박 관념은 수집상의 세뇌에서 비롯된 게 틀림없다. 물건을 사러 와서는 그런 식의 흠을 갖고 '이러면 못 팔아 먹는다'며 타박한다는 것이다. 그러면 생산자는 소비자 원망을 하게 된다. 소비자는 생산자가 독하고 미련하게 약을 쳐 바른다고 욕하고, 생산자는 소비자가 깔끔한 것만 찾으니 할 수 없지 않느냐고 항변한다.

질 좋은 물건을 생산자와 소비자 사이에서 중개하는 상인의 역할은 중요하고 가치 있는 일임이 분명하지만, 아무래도 상인이란 이윤 획득을 최고 가치로 여겨야 하는 속성을 갖고 있다. 그래서 상인들이 각성하고 바뀌기를 기다리기는 힘든 일이다. 상인을 바꾸는 건 소비자의 지혜와 생산자의 강단밖에 없다.

전 사장이 농약 덜 쳐서 생산한 그 배, 검은 점이 약간씩 박혀서 상품 가치가 전혀 없는 물건이라고 면구스러워 하는 그 친구의 배를 이번에 처와 처남댁은 보기 좋게 직거래로 팔아보자고 제안했다. 일반적으로 시장에 나와 있는 저농약 배보다 훨씬 싼 가격이기 때문에 소비자가 이익을 보고 생산자도 노력의 대가를 받는 거래를 주선해 보겠다는 것이다. 한 상자에 26개에서 30개들이 그 배의 가격이 2만 5천 원 정도로 정해졌다. 싸지 않은가? 그렇게만 팔아도 자기는 돈 많이 번다고 전 사장은 희희낙락이다. 저농약에다 이렇게 맛있는 배를 그렇게 싼 가격에 먹을 수 있다는데 소비자는 더 희희낙락일 거라고 믿는다.

이 귀한 배를 두 개(그 이상 갖고 가다가는 혹여 중국 세관에서 빼앗길까 걱정해서) 여행 가방에 집어넣었다. 영호 부모님 갖다 드리려 한다. 충주 계은농장의 배도 오늘 덕암농장의 나와 멀리 광동으로 여행을 떠난다.

↳ **농가주부** 2005. 10. 25
저농약 배를 팔면서
지난주에는 저농약 배를 함께 근무하는 선생님들께 싼 - 정말 엄청나게 싼, 아마 친환경 농산물 판매 사이트를 방문하시는 분들은 나의 이 강조를 십분 이해하실 겁니다 - 가격에 팔았습니다. 물론 나의 정성으로 재배한 배는 아니었지만 남편 따라 중국까지 간 계은농장의 배입니다. 1상자 15kg에 크기에 따라 25,000원에서 35,000원까지 세 종류를 판 것이지요.

덕암농장이 시작되기 전, 그리고 제가 퇴촌 텃밭 있는 집에서 살기 전에는 보통 농산품보다 때로는 배 이상 비싼 야채를 좋은 것으로 조금만 먹지 하는 마음으로 사서 먹곤 했습니다. 그때도 저는 친환경 과일의 구매는 엄두도 낼 수 없었지요. 워낙 비싼 가격이라 네 식구가 하나씩만 먹어도 금방 10,000원을 넘어버리는 과일을 먹기에는 나는 서민이거든요.

그런데 이런 횡재가 어디 있습니까? 금방 따서 손가락 사이에 물이 줄줄 흐르는 싱싱한 배를 상자째 들여놓고 먹을 수 있게 된 것입니다. 고마운 경우 씨와 그분의 아버님 덕분에… 기쁨은 나누어야 배가 된다고 했던가요? !!!! 이 좋은 것을 - 장사꾼들은 엄청 푸대접한다는, 저농약의 확실한 증거인 검은 점을 노란 등에 가끔씩 박고 있는 - 어찌 나만 먹겠습니까? 그래서 선생님들께 주문을 받았지요. 순식간에 50상자 이상이 팔렸습니다.

저는 이 일을 하면서 여러 가지로 기쁨이 많았답니다. 정말 기쁨은 나눌수록 커지는 것이 분명합니다. 첫째, 선생님들로부터 엄청 많은 칭찬과 감사의 말을 들은 것이지요. 다들 이구동성으로 귀한 것을 싼값으로 정말 맛나게 먹고 있다, 부인한테 칭찬 받았다. 부모님께 큰 효도했다, 친구들이 좋아했다… 저는 경우 씨의 정성을 옷 입은 날개 없는 천사가 된 것이죠. 둘째, 좀 거창한 것인데요, 저도 우리 땅을 살리는데 기여를 했다는 겁니다. 우리가 저농약, 친환경 농산물을 많이 먹고, 구매해야 땅은 각종 농약과 비료, 제초제 등등으로부터 자신을 보호할 수 있게 되거든요. 제가 정말 열심히 배 장사를 한 이유는 땅을 살리고 싶었다는 것에도 있습니다. 셋째, 우리 아이들의 미래를 건강하게 했다는 것이지요. 친환경 배를 어른만 먹었겠습니까? 우리의 소중한 아이들이 제대로 된 과일을 먹고 건강하게 클 거라는 것이지요. 점점 더 거창해지나요…

어쨌든 먹거리만큼은 단순한 우리 것이 아니라 친환경으로 재배된 것을 먹어주어야 해요. 우리 모두를 위해서. 혹시 저농약 배를 주문하고 싶으신 분은 게시판에 글을 남기세요. 중요한 정보를 드릴게요.

↳ **전봉희**
저희에게도 나누어 주십시오
최병욱 선생님과의 인연으로 연락하는 도중에 소개를 받고 이곳을 들렀습니다. 좋은 일하는 분들은 모여서 사시는군요. 좋은 상품이 싸게 나왔다니, 쇼핑광인 저야 미룰 일이 없습니다. 저와 주변분들 해서 다섯 명이 한 상자씩 먹고 싶은데, 부산에 한 분 계시고 나머지 4명은 서울에 삽니다. 돈은 어떻게 지불하고, 배달은 어떻게 하지요? 주소지를 쭉 적어드리면 되나요? 적은 양이라 좀 죄송하지만, 농가주부님께서 방법을 알려주십시오.
전봉희 배
첨언: 인터넷이 거리를 균등화시켜주고, 개체적 삶의 다양성을 도와주리라는 희망을 여기에서 조금 확인합니다. (아닌가? 결국은 오프라인에서 쌓

은 신뢰의 연장일 뿐인지도 모르죠)

↳ **농가주부**
전봉희 선생님의 관심에 감사드립니다.
　배는 정말 맛있습니다. 다들 더 사고 싶어하니까요. 제 메일로 받으실 분의 주소를 알려주시면 농장에서 직접 택배로 보내드릴 겁니다. kwonh62@hanmail.net 가격은 15킬로 기준으로 크기에 따라 25,000원(28-30개 크기), 30,000원(24개 전후), 35,000원(20개 전후)이고 택배비 4,000원은 별도입니다. 곧 사과도 수확할 예정이라고 합니다. 참고하세요.

↳ **농가주부**
다시 알려드립니다.
전봉희 선생님
　배를 생산하는 농장(계은농장) 전화번호를 알려드릴게요. 덕암농장 최병욱 씨로부터 소개받았다고 하시구요. 직접 연락하시면 더 빠르고 간단할 거예요. 하지만 만약 이미 제 메일로 주소가 들어왔으면 제가 연락해 드릴게요. 주변의 다른 분들도 관심이 있으시면 직접 계은농장에 전화하시라고 하세요. 간단히 배달이 될 겁니다. 감사합니다. 전경우: 043-848-9281/ 011-9767-9281[12]

↳ **전봉희**
확인이 조금 늦었습니다. 전경우 씨에게 직접 전화하겠습니다. 여러 가지 - 대개 그렇지요 - 일로 바쁘신 '주부'의 전화 한 통이라도 덜어드리는 것이 제 할 일입니다.

---

[12] 여러 가지 사정으로 계은농장은 문을 닫았다. 그러나 전경우 사장의 분투는 계속되고 있다. 그의 전화번호는 010-8767-9281.

운남

2005. 10. 31

중국의 광동, 광서를 거쳐 운남 서북쪽에 있는 대리(大理 따리)까지 다녀왔다. 운남은 베트남의 홍하 강이 발원하는 곳이다. 메콩 강을 중국에서는 란창 강이라고 부르는데, 청해고원에서 시작된 그 강은 티벳을 돌아 대리를 통과한다.

이곳에 있던 두 개의 고대 왕국이 유명하다. 8세기에 남조(南詔 난짜오), 10세기에 대리가 섰다. 대리에서 산출되는 보석 같은 돌을 대리석이라 부른다. 중국 당나라 입장에서 보면 동북쪽으로는 고구려, 서남쪽으로는 난짜오를 경쟁자로 두고 있었다. 고구려는 당에 의해 멸망당했지만, 난짜오는 끝까지 버티다가 대리로 이어졌다. 그러나 13세기에 몽골 군대에 의해 망했다. 그 뒤 이곳은 중국 땅이 되었다.

대리에는 과거 난짜오, 대리의 주인공이었던 백족(白族)이 많이 살고 있다. 깨끗하고, 친절하고 잘생긴 민족이다. 흰 옷을 즐겨 입고, 흰색 집에서 산다. 집이 청결하고 크다. 말(馬)도 많이 생산되는 곳이었다.

백족이 만든 가죽 벨트 세 개와 가죽 지갑, 그리고 가방을 대리에서 샀다. 가죽 벨트는 나와 아들 둘의 것[13], 지갑은 아내 것, 그리고 책가방은, 지난 이십여 년 동안 사용해 왔던 내 검은색 나일론 가방

---

13) 농장에서 일할 때 입는 작업복 바지를 위한 벨트였다. 연세가 높으신 아버지는 일꾼 대열에서 제외했다. 그런데 아들과 손자의 벨트를 보신 아버지가 '왜 내 건 없냐?'고 하셨다. 난 아차 했다. 아… 이건 그 어떠한 이유라도 다 궁색한 변명이 될 뿐이다. 내 생각이 짧았다. 작업복 바지 벨트를 채울 때마다 생각나고 후회하는 일이다.

을 대신할 놈이다. 그거 이젠 그만 갖고 다니라는 주변의 잔소리에도 언젠가 내 평생을 쓰고 또 몇 대를 쓸 수 있는 좋은 가죽 가방을 구할 때까지는 버리지 못한다고 했는데 이젠 새것을 들일 때가 되었다.

배추도 무우도 많이 자랐다. 한 보름 뒤면 수확할 수 있겠다. 티벳과 얼마 떨어져 있지 않은 운남 서북쪽 그곳도 아름다웠지만, 돌아와 보니 우리의 가을 풍광은 더 아름답다. 내가 이 땅의 주인이라서 더 그럴까? 이 자연을 더 사랑하고 보호해야겠다는 마음이 깊어진다.

11월에

여동생 생일
2005. 11. 1

우리 주변에는 많은 생일이 있다. 부모님 태어나신 날은 물론이고 형제들 생일까지 다 기억을 하면서 우리는 성장한다. 하지만 결혼하고 관계의 폭이 갑작스레 확장되면서 그 많은 생일을 다 챙기기가 벅차지는 걸 느끼기 시작한다. 처갓집 혹은 시댁 식구들의 생일이 합쳐지면 기억해야 할 생일이 배로 늘어나고 거기에 하나둘 자식까지 생기면 더 용량이 큰 기억력이 동원된다. 때로는 조카 생일이 언제였던가 하며 꼽아보고 있는 나를 발견하며 쓴웃음을 짓는다.

생일 다 챙기다 보면 한 해 내내 생일 선물을 챙겨야 되고 거기에 제사까지 치러야 하는 집안이라면 그야말로 1년 내내 식구들 태어난 날, 죽은 날에 눌려 살아야 한다. 기억력이 받쳐만 준다면 그리고 가족에 대한 애착이 유난히 강한 사람이라면 여기까지는 그래도 할 만하다고 본다. 헌데 봄, 가을 조상님들 산소를 사초 혹은 벌초하는 일에 더해 시제까지 기억하고 챙겨야 온전한 자손 역할하는 거라면(아버지의 예를 들자면, 덕암리에 계신 조상님들 모시는 시제만이 아니라 일가가 모여 사는 조치원 봉산리, 안성 지내리, 옥산 회룡동의 시제까지 참여해야 하는 의무감이 늘 따라다닌다.) 또 어떨까? 갖고 있는 신앙에 따라서 부처님 생일 혹은 예수님 생일도 챙겨야 하는 사람도 있다. 생일뿐 아니다. 죽었다가 다시 산 날까지 있지 않은가?

몇 년 전부터 나는 내 생일상 받는 거 없앴다. 아버지가 계시니까 일 년에 아버지 생신 때 상을 차리고 식구들이 모이는 것만 해도 충분하다는 게 내 결론이었다. 제사며 차례까지 있으니, 이 두 가지만 챙긴다고 해도 우리 식구들 다 모여야 하는 게 연중 여섯 번은 된다. 거기다가 우리 삼 형제에 더해 사위 생일까지 치면 평균적으로 매달 한 번은 상을 차려야 한다는 말이 되는 건데(여자들 것은 빼고라도), 이거 서로 곯는 일이다. 그래서 나 먼저 생일 행사 하지 않고, 나도 동생들 생일에 아는 척하지 않는다. 서로 생일 챙기고 선물 돌리기 시작하면 즐겁고 감사한 생일이 골치 아픈 일이 될 것 같아서 아예 매정하게 싹 끊어버린 거다. 내 생일이라도 그게 내가 즐거워해야 할 일만은 아니라고 생각한다. 그 조그만 핏덩이가 어머니 배 속으로부터 힘들고 위험한 여정을 무사히 통과해 이 세상에 나왔다는 건 스스로 대견해하고 축하하며 축하를 받을 일임에 틀림없다. 그러나 사실 그날 더 죽을 고생을 한 건 어머니이다. 어머니에게 감사해야 하는 날이라는 생각에 인사 전화 한 통 드리고(대부분 베트남에서) 끝낸다.

하지만, 어린 시절부터 늘 챙겨오던 날들이라 그런지 동생들 생일은 잊혀지지 않는다. 바로 아래 동생 생일은 10월 2일이고, 막내 생일은 10월 10일, 그리고 여동생 생일은 오늘 11월 1일이다.

생일을 축하해. 내가 별로 기억력이 좋은 편은 아닌데도, 분명 네 살 때의 일부터 기억한다고 떠벌리는 근거가 하나 있다. 어머니가 여동생을 낳아 데리고 오신 날이었다. 병원에서 태어난 동생이 온다는 날 나는 설레는 마음으로 문밖에서 기다리고 있었다. 어둑어둑한 무렵이었던 것 같은데 집 앞에 시발택시가 서고 그 안에서 보에 싸인 애기가 나왔다. 동생과 내가 세 살 차이니까 분명히 네 살 때 기억이라는 거다. 그 동생 생일이 오늘이다. 내가 마흔다섯이니까, 동생은 마흔 둘인가? 어휴!

고염 같은 감   2005. 11. 2

이 글을 쓰고 있는 자리에서 창문 밖을 내다보면 옆집 감나무의 모습이 매혹적이다. 올해 유난히 많이 달린 감은 마치 포도송이처럼, 고염 열매처럼 나무 전체에 그득하다. 손으로 훑어 내고 싶을 만큼 탐스럽다.

사각의 창틀 안에 사시사철 여러 가지의 그림이 만들어진다. 그래서 나는 내 방 창문을 좋아한다. 가끔은 그 그림 사이로 다람쥐나 새 같은 동물들이 움직이기도 한다.

집에는 여러 군데 창문이 있다. 그 창문에 각각 그려지는 그림이 하도 즐길 만하다 생각되어 얼마 전에는 목욕탕의 바깥쪽 창문까지 투명 유리로 바꾸었다. 그전에는 불투명 유리였기 때문에 문을 열어 놓아도 바깥 경치를 반밖에 볼 수가 없었다. 그나마 문을 열어야 그 정도지, 추워서 닫아 놓으면 아예 밖을 볼 수가 없다. 그래서 다 바꾸었다. 마누라야 기겁했지만, 창문 있는 곳이 높으니까 바깥에서 들여다보일 리가 없다고 설득했다. 정 불안하면 샤워할 때는 큰

수건으로 창문을 가리거나 커튼을 치면 될 거 아니겠는가? 남자들이야 상관없는 일이고.

약간만 대범해질 용의가 있다면 목욕탕에 들어가자마자 펼쳐지는 아름다운 경치를 늘 즐길 수 있는데, 불투명 유리로 창을 막아 놓았으니 참 바보 같은 짓이었다. 창문은 바깥을 보라고 만든 거다. 그런데 안이 들여다보이는 게 싫다고 투명 유리로 막아버렸으니 내 눈을 가린 셈이다. 이곳 내 방도 마찬가지다. 이중창이라 바깥은 투명 유리지만 안쪽은 불투명 유리인지라 바깥 경치를 반밖에 구경 못 한다. 아내를 설득하고 있는 중이다.

감이라… 덕암농장도 감 딸 때가 다가온다. 올해는 곶감을 많이 만들어야겠다. 감식초도 두 항아리 정도 만들 생각이다.

레이포츠　　　　　　　　　　　2005. 11. 4

어제 하루 내내 책 한 권을 재미나게 읽었다. 충주 계은농장의 어르신께서 쓴 책이 지난달 중순에 세상에 나왔다. 고맙게도 한 권이 배달되었다. 열심히 살아온 삶의 철학이 빼어난 글솜씨로 엮어졌다.

책 속에서 특히 인상 깊었던 것 하나는 당신께서 개발한 '레이포츠'라는 개념이다. 노동을 의미하는 레이버와 스포츠를 합친 말이다. 노동을 스포츠처럼 생각하고 스포츠를 노동으로 대신한다는 것이다.

레이포츠를 하고 있다고 생각하면 과수원 일은 먹고살기 위한 게 아니라 건강을 챙기고 행복감을 느끼는 노동이고 스포츠란다. 하루 종일 과수원 일을 하면 많은 땀을 흘린다. 기분 좋은 피로감은 저녁 무렵 가까운 수안보 온천으로 옮겨져 뜨거운 물과 부드러운 수증기 안에서의 나른함으로 이어진다. 그분은 레이포츠를 통해 30-40대 봉급쟁이보다 평균 네 배 이상의 수입을 내고, 과수원 안에 그림 같은 이층집을 짓고 살고 계시다. 레이포츠… 매력적이지 않은가?

국화차를 마시며　　　　　　　　　　　2005. 11. 5

국화 밭에 꽃이 만발하기 시작했다. 늦은 여름부터 서둘러 피는 일반 국화들은 이즈음 다 져버렸겠지만, 내가 키우는 이 국화는 요즈음부터 피기 시작해서 겨울까지 산다.

우산리 사람들은 이 기특한 생명체를 산국화라고 부른다. 손톱만 한 꽃이지만 향이 짙고 색이 밝다.

산국화는 추운 초겨울에도 샛노란 빛을 잃지 않고 맑은 향기를 발산하며 버텨내는 강골의 기질이 돋보인다. 너무너무 추워져서 바깥 온도가 영하로 내려갈 때 산국화는 꽃이 핀 채로 노랗고 초록으로 얼어 죽는다.

몇 년 동안 작은 쟁반만 한 넓이의 좁은 공간에서만 산국화를 키워보다가 올봄에 나는 주변의 잔디밭을 걷어내고 한 평 반 정도로 땅을 넓혀 그곳에 순을 나누어 옮겨 심어 보았다. 그랬더니 여름내 잘 자라서 지금 노란 국화가 한창이다.

만개한 국화송이를 몇 개 따서 차에 넣어 보았다. 나는 차를 많이 마시는데 주로 베트남산 녹차를 마신다. 늘 하던 대로 차를 타고 추가로 찻주전자에 국화송이 서너 개를 띄웠다. 진한 국화향이 차 냄새와 어우러지니 가을이 온통 다 내 것인 것 같다.

집 마당을 모두 국화 밭으로 만들까?

가을비 2005. 11. 6

가을비가 달다. 오랜 가뭄 끝이라 그런가 보다. 물도 잘 나온다. 배추며 무우며 살구나무도 쑤욱쑤욱 자랄 것이다. 공기 냄새도 향기롭다. 비를 내내 혼자서 즐기고 있는 중이다.

오늘 생일을 맞은 큰아들은 아침에 나가서 하루 종일 쏘다니나 보다. 오래 기억에 남을 생일날이 되겠군.

아내는 둘째를 데리고 스카라 극장에 갔다. 스카라 극장… 그곳이 아직 옛날처럼 한 영화만을 대형 스크린에 상영하는 곳으로 남아 있단다. 무슨 영화를 보러 갔는지는 잘 생각나지 않지만, 하여간 그쪽도 기억에 남을 하루겠다.

덕분에 이 좋은 가을비를 혼자 앉아 즐기고 있다. 기억에 남지 않을 오늘만을 위하여.

자유자재 2005. 11. 8

운남에서 구한 가죽 가방은 보면 볼수록 마음에 든다. 남조·대리국의 주인공인 백족이 만든 거라 하지 않았던가?

이 가방에 두 개의 문양이 있다. 기린이 그중 한 가지이다. 또 한 가지는 '자유자재(自由自在)'라고 전서체로 쓴 글씨다.

가방에 웬 자유자재? 사연인즉 이렇다. 이 가죽 제품을 만드는 사람(가게 주인의 작은아버지)의 스승은 티벳 사람이란다. 운남 대리에서 티벳은 그리 멀지 않고, 또 그곳 대리는 과거 서역-티벳-운남-대륙부 동남아시아로 연결되는 내륙의 실크로드 상에 위치했던 만큼 운남과 티벳 사이의 교류는 다반사이다.

이 늙은 티벳 장인의 호는 '초원위신(草原威臣)'이다. 내 가방에는 없는데 처의 지갑에는 그 호가 역시 전서체로 새겨져 있다. '초원의 위엄있는 신하'라… 이게 무슨 뜻인가? 내 또래의 백족 여주인은 이 물음엔 대답을 하지 않고 그냥 웃으면서 알아서 이해하라고 하던데…

불과 몇십 년 전에 티벳이 중국에 강제 편입되어서 중화인민공화국의 일부가 되었다는 걸, 그리고 아직도 티벳인의 독립운동이 계속되고 있음을 기억한다면 '초원위신'의 의미가 얼른 이해된다. 비록 신하가 되었지만 위엄은 잃지 않는다는 다짐이겠지. 중국인이 들여온 문명을 거부한 채, 초원에 살면서 묵묵히 가죽 무두질에만 몰두하는 고집스런 티벳 노 장인의 모습이 지갑에, 가방에 그려졌다.

'자유자재'도 그런 맥락에서 나온 자기 염원이다. '스스로 말미암고 스스로 자리한다.' 자기 존재의 완전독립을 의미한다. 그 어느 누구에도 구속되지 않고 자기 스스로 모든 것을 결정하는 주인이 된다는 것이다. 비록 외향적 구속은 어찌할 수 없을지라도 정신 자체가 스스로 말미암고 스스로 자리한다면 그는 이미 독립인이다.

나를 매우 좋아하게 된 것 같은 그 여주인이(그쪽 딸과 이쪽 큰아들이 동갑이다.) 큰 인심 써서 푸욱 가격을 깎아주었지만, 난 깎아준 가격에는 일단 고마움을 표시하고, 귀한 걸 사게 된 기쁨의 표시라면서 돈을 더 얹어주고 샀다. 이런 종류의 가방은 수소 한 마리에서 나오는 가죽으로 하나밖에 못 만든다는 주인의 말은 그냥 믿기로 했다.

나는 대를 이어가며 사용하겠다고 했다. 틀림없는 제품이니 그걸 보장한다고 백족 여성은 자신했다. 나중에 세월이 흘러 내 아들놈 중 누가 강단에 서게 되고 본인이 원한다면 난 이 가방을 넘겨줄 것이다. 언젠가 그 아들이 운남을 방문할 일이 있어서 그 가방을 들고 그 가게에 나타나고, 자기는 할머니가 되어 그 가방을 다시 맞을 때를 이야기하며 함께 웃었다.

백족과 티벳인의 슬픈 역사가, 하지만 그들의 굳건한 기개와 자유의지가 깊게 스민 가방이다. 이놈이 덕암농장에 들어온 게 나로서는 얼마나 행복한 일인지 알 수 없다.

호두나무　　　　　　　　　　　　2005. 11. 12

덕암리는 예로부터 호두나무가 잘된다. 어린 시절 고향에 오면 일가 아주머니들이 내 주머니에 넣어주시던 호두는 당시 이미 라면과 어묵, 튀김, 아이스크림, 화학조미료에 길들여진 내 입조차 사로잡았다.

헌데 청솔모가 기승을 부리면서 호두 구경하기가 힘들어졌다. 덕암농장 안에는 커다란 호두나무가 세 그루 있다. 매년 열매가 주렁주렁 잘도 열린다. 하지만 청솔모는 단 한 개도 남기지 않고 다 따간다. 지난 늦여름 어느 날이던가, 아침에 외출할 때 분명 호두가 가득 열려 있는 걸 봤는데 저녁에 귀가하며 보니 나무에 단 한 개의 호두도 남아 있지 않은 걸 보고 청솔모의 알뜰함에 혹은 독함에 등골이 오싹했다.

그러나 잘만 지키면 호두 수확을 할 수 있긴 하다. 지난 삼 일 동안은 호두나무 주변을 깨끗이 정리했다. 호두나무만 남기고 오동나무나 참나무 등 주변의 나무들을 다 제거했다. 자 이제부터 호두를 지키자.

덕암리 친환경 농사 쌀   2005. 11. 14

요즘 쌀값 폭락이라고 야단이지만, 덕암리 사람들은 느긋하다. 올해엔 우렁이 농법으로 농사를 지었다. 덕암리가 친환경 단체인 한살림의 쌀 생산지로 지정되었기 때문이다. 논에는 우렁이를 풀어 놓고 농약 및 제초제를 전혀 사용하지 않았다. 한여름 내내 들판에는 풀 깎는 예초기 소리가 요란했다. 그 노력의 대가가 풍성하다.

수확량이 많이 줄어들 것이라고 걱정했는데, 우렁이가 잘한 건지 덕암리 사람들이 워낙 농사에 선수들이어서 그랬는지 여전히 예전과 별 차이 없는 결과였다. 앞으로 지력이 점차 회복되면서 생산량은 늘고, 2년 뒤 완전한 유기농업이 이루어지면 쌀 가격도 높아질 거란다.

쌀값 폭락은커녕, 한살림 조합에서 매입하는 가격은 작년 판매 금액보다 가마당 몇만 원이 더 높으니 기분 좋은 일 아닌가?

다른 동네 얘기지만 작년 가을에 시골로 이사한 어떤 가족은 집 바로 앞에 있는 마을 주민의 논에 제초제와 농약이 얼마나 많이 뿌려지는가를 보면서 기절할 뻔했다고 한다.

그 가족도 덕암리 친환경 쌀을 60킬로그램 구입했다. 나도 한 가마 사서 먹고 있다. 농약과 제초제 성분 생각하면서 찝찝함을 느끼지 않아도 되는 편안함이 밥맛을 더 나게 해주는가 보다.

부디 덕암리 사람들이 친환경 농사에 자신감을 갖고 벼농사뿐만 아니라 밭농사에까지도 이런 농사 방법을 넓혀가게 되길 바라는 마음이다.

돌탑 백 개   2005. 11. 15

삼 년 전부터 아버지는 돌탑을 쌓고 계신다. 덕암리에는 장하게 생긴 바위가 여럿 있는데, 그 바위들의 일부가 부서지고 그 조각이 여기저기 날린 건지 지금은 사라진 옛 바위들의 잔해인지 집 주변에는 돌이 많다. 논에도 많고 밭에도 많다. 지천으로 널려 있는 돌을 치워 내버리기만 하다가 그걸로 돌탑을 쌓기 시작한 것이다. 백 개를 목표로 쌓고 있는 중인데 지금 스물한 개가 되었다. 이 돌탑은 살구 밭에도 있고, 토마토 밭 한가운데도 있고, 개울 옆에도 있고 저쪽 증조할아버지가 지으셨다는 옛날 집 앞에도 있다. 아버지는 덕암농장을 돌탑으로 채우실 것 같다.

항아리 씻기   2005. 11. 16

몇 년 전까지 나는 김장이 여자들 일인 줄 알고 지내왔다. 그건 도시 생활, 아파트 생활 속에서 형성된 오해였다는 걸 시골에서 알게 되었다.

전원에선 김장철이 되면 남자들의 손발이 분주해진다. 밭에서 배추를 가져다 부리고, 다듬고, 씻고, 절이고, 버무리고, 항아리 닦고 묻고 등등. 특히 배추 씻고 절이는 과정에서는 무거운 물통 및 절인 배추를 들어 옮겨야 하기 때문에 남자들의 힘이 많이 필요하다. 무척 추운 날이라면 불을 때는 일도 남자 몫이다. 김장에 들어가는 많은 양의 마늘을 까는 일도 여자들 손만으로는 어림없다. 김장 날이면 나오는 배추 속쌈과 돼지고기, 그리고 소주 한잔은 바로 이렇게 김장 날 힘들여 일하는 남녀가 함께 나누기 위한 음식이다.

가족이 함께 겨울을 나는 식량이 쌀 또는 곡식과 김치일진대, 생존에 필요한 두 가지 식량 준비에 남자들 역할이 중요하지 않을 수 없다. 수렵인이나 유목민에게도 겨울나기 식량 준비하는 게 남자들의 중요한 일이다. 농경민족이라고 해서 그런 일이 모두 여성들에게 넘어갔을 리가 없다. 무엇보다도 김장은 무척 힘든 일이니까.

시골에 살면서부터 나는 김장에 적극 참여해 오고 있는 중이다. 그저께는 동치미를 담그기 위해서 무우 오십 개를 열심히 씻었고(추운 날 찬물에 손 담그고 무우를 일일이 솔로 문질러 닦는 일이다.), 어제는 김장 항아리를 씻었다. 마당 한쪽에는 김장독이 세 개 묻혀 있다. 그 주변을 깨끗이 치우고, 김장독 속을 닦아 내는 데 몇 시간이 걸렸다. 몸이 꽁꽁 얼었다. 원래는 폭설을 대비해 지붕을 하든가 볏짚으로 만든 간이 창고를 김장독 위에 세워주어야 한다. 이런 일들을 어떻게 여자가 하겠는가?

↳ **농가주부**
농촌에 사는 남자들이 의외로 집안일의 많은 부분을 함께하는데 김장도 예외는 아니지요. 백문이 불여일견이라고 농촌에서 사니까 의심 없이, 불만 없이 김장 일도 내 몫이구나 하고 배워가는 남편, 감사합니다.

매화네 김장   2005. 11. 18

오늘 아침부터 옆집 매화네(딸 이름이 매화)가 떠들썩했다. 그 집 김장하는 날이다. 한 백 포기를 담근다고 하던데 동네 아주머니 열 분 정도가 모여서 오전 나절에 뚝딱 다 해치웠다.

점심 먹으러 오라 해서 갔더니 배추쌈과 돼지고기 목살 삶은 것, 동태찌개가 푸짐하다. 따끈따끈한 방에서 소주 한잔 곁들이며 쌈을 먹는 이 맛. 겨울로 들어가는 길목의 진미다.

껍질째 먹는 사과   2005. 11. 18

계은농장에서 올라온 사과를 먹었다. 내가 그 집에 좋은 일을 한 가지 했는데, 그 대가로 전 사장과 그의 부모님에게 딱 한 가지 조건만 내세웠다. 그 집 과수원에서 내가 사과를 평생 먹게 해달라는 거였다. 단 벌레 먹거나 새가 쪼아 먹은 것을 말이다. 사과를 수확하기 시작한 전 사장이 그저께 사과를 갖고 왔다. 정말 상품성 없는 사과 한 박스였다.

전 사장 말에 의하면 껍질은 벗길 필요가 없단다. 물로만 씻어내고 먹으면 된다고, 자기가 보장한다고 힘주어 말했다. "맛이야, 말할 필요가 없지요." 아무렴 새가 쪼은 건데. 새 입맛이 얼마나 고급인지 우리는 잘 안다. 아… 껍질을 까지 않은 사과를 먹어본 지가 얼마 만이던가?

그날 저녁 전 사장과 이런 얘기를 나누며 웃었다. 요즘 사과 먹는 우스운 방법: 첫째, 깨끗이 물로 닦는다. 세제를 넣어 닦으면 더 안심이 된다. 둘째, 칼로 아주 두껍게 껍질을 벗겨낸다. 농약이 얼마나 깊이 침투했는지 알 수가 없으니 아까워도 할 수 없다. 셋째, 토막 토막 쳐낸다. 그리고는 씨가 있는 부분도 될 수 있으면 깊게 잘라내는 게 안전하다. 사과 꼭지 구멍으로 농약이 흘러들어가 씨에까지 이른다니 걱정이다. 넷째, 이쑤시개를 준비한다. 이를 쑤시기 위함이 아니다. 사과를 찍어 입에 넣기 위해서이다.

배추 수확   2005. 11. 21

어제는 배추 수확을 하고 김장도 마쳤다. 동생네 가져갈 것 몇 줄 남기고 다 뽑았다. 밭이 휜하다. 오월부터 토마토, 감자, 배추, 무우, 고추까지 땅은 수고가 참 많았다. 이제부터 내년 사월까지 땅은 긴 휴식에 들어간다.

　잘 자게 땅. 수고 많았어. 고마워.

도로포장   2005. 11. 22

덕암농장으로 올라가는 흙길은 이제 볼 수 없게 되었다. 조그만 오솔길을 3년 전에 넓히고 예쁜 돌을 깔아놓은 길이었다. 하지만 돌길이라 차가 다니기 다소 불편하고, 큰 비가 오면 돌멩이가 쓸려나갔다. 마을 포장 공사의 일환으로 그 도로를 포장하게 된 것이다. 돌길이 없어져서 허전하긴 하지만 깔끔히 포장된 길이 주는 즐거움이 크다. 지난 금요일에 도로를 정리했고 어제 콘크리트를 깔았다. 반질반질해진 길을 보니 이 도로가 겨울에 눈이 오면 어떻게 이용이 될

까가 보인다. 아이들 눈썰매장으로 그만이겠군!

목화씨 2005. 11. 23

지난 주일에 배추를 뽑으러 왔던 효경 씨는 아내의 오랜 친구다. 이십여 년 전 함 들어가던 날, 친구 함을 같이 받아 주던 때의 다소곳하고 예쁜 처녀 적 모습이 아직도 많이 남아 있다. 배추와 무우를, 그리고 계은농장 전경우 씨가 들고 온 사과와 호두도 차에 그득 싣고 귀경을 서두르면서 그녀는 신기한 것 하나를 주머니에서 꺼내 나에게 건넸다. 목화였다. 햐, 이게 얼마 만인가? 하얀 솜 봉오리 속에 씨들이 잡히는 촉감. 어린 시절, 아직 깊은 시골이었던 과천에 살 때 마을길을 걷다 보면 화려한 가을빛 아래 서 있던 흰 목화송이들이 신비롭게 느껴지곤 했다.

오랜만에 보는 목화 그 자체도 반가웠고 귀했지만 심어보라고 이렇게 챙겨와 준 그 마음이 고맙다. 농사짓는 사람은 귀한 씨에 감격한다. 지난봄에 하노이에서 친구 용이가 자기 집 농장에서 차 씨앗을 채취해 주었다. 그때도 씨를 나누어주는 그 마음이 고마웠다. 기후가 안 맞았는지 실력이 없었는지, 차 재배는 실패했다. 주변에 농사 선수라고 자처하는 분들에게 골고루 나누어 위험 분산을 해 보았지만 아무도 성공한 사람이 없으니 꼭 내 실력 부족이라고만은 할 수 없겠다. 목화씨는 토종이니까 수월하겠지. 내년에는 하얀 목화송이 맺는 밭을 하나 만들어야겠다.

황진이 얘기
2005. 11. 24

지난겨울 황구와 이쁜이 사이에서 강아지들이 태어났다. 일곱 마리던가 여덟 마리였는데 그중에서 황구를 빼다 닮은 녀석이 하나 있었다. 암놈이었으니 아버지를 닮은 딸아이였다.

아버지 이름에서 '황'자를 따고, 진도개 '진'자를 써서 '황진이'라 이름을 지어주고 농장에 데려다 놓았다. 천하 미인의 이름 황진이를 내 마음대로 부르다 보니 내가 자꾸 도도해진다. 여기에서 맘껏 뛰어놀다가 적당히 자라서 묶어 두어야 했을 때, 풍돌이 이웃에 집을 만들어 주었다.

지난주에 배추를 뽑다 말고 멀리 보이는 황진이 배를 유심히 살피니 젖이 많이 늘어져 있다. 배도 좀 부른 것 같았다. 임신이 틀림없었다. 그리고 오늘 새끼를 낳았다. 풍돌이란 놈은 갑자기 점잖아졌다. 애비가 되어서 저런 걸까? 하, 저놈 참… 토비 새끼들, 황진이 새끼들. 농장 식구가 갑자기 많이 늘었다.

농사를 끝내고
2005. 11. 26

사월부터 숨가쁘게 돌아가던 농사일이 다 끝났다. 한여름 더위에는 거의 놀았으니 따져보면 바쁜 농사 기간은 일 년 중 한 육칠 개월 정도다. 이제부터는 쉬어가면서 주변을 정리하고 내년 농사를 준비한다.

겨울비

2005. 11. 27

 겨울이 되면 이파리를 다 떨어뜨린 나무들이 을씨년스럽고, 풀도 누렇게 변해 전원은 황량하다. 탐스러운 하얀 눈이 오고서야 겨울이 아름다워진다.
 헌데 그사이에 가끔, 오늘처럼 겨울이 환장할 정도로 아름다울 때가 있다. 겨울비가 내릴 때이다. 약간의 안개 사이로 내리는 듯 마는 듯 하는 겨울비가 어제 저녁부터 떨어지고 있다. 그 어느 솜씨 좋은 화가가 그린 수묵화가 있어서 이 촉촉하게 젖은 초겨울의 산하와 비교될 수 있겠는가? 물기를 머금어 짙어진 나무줄기와 가지는 말을 하는 듯도 하고 움직이는 듯도 하다. 이파리가 다 떨어져도 나무의 생김새가 저토록 더 생동감 넘칠 수가 있는가보다. 산 중턱의 농무, 말라비틀어진 대지 위로 비죽하게 돋는 겨울 풀….

12월에

개간   2005. 12. 2

나무를 베어내고, 뿌리를 긁어내며, 돌을 골라내고, 얼기설기 엮여 쌓이고 덮인 풀과 넝쿨도 걷어내고 물길도 잡는 일을 개간이라 한다. 황무지로 버려진 곳을 논밭으로 바꾸는 일이다.

아니, 자연의 일부이거나 자연의 일부가 된 땅을 인간이 잠시 쓰겠다고 빌려오는 일이라고 하는 게 정확할 것이다. 영원히 논밭이고 농장이고 가옥인 건 없는 것 같다. 이런저런 사정으로 사람이 손을 놓거나 떠나면 금세 그곳들은 수풀이 되고 산이 되는데 마치 빌려주었던 것 찾아가듯 재빠르다.

굴삭기를 이용하니 약 칠팔백 평의 농사지을 땅이 단 나흘 만에 생겼다. 백오십 평 규모의 작은 논도 만들었다.

낚시터도 생겼다. 숲속에 숨어 있던 둠벙을 준설하고 규모를 키웠다. 이젠 오염된 낚시터, 돈 받는 낚시터, 수입 고기 사다 넣은 낚시터에 불쾌해하고 아쉬워할 필요가 없게 되었다. 우리 형제와 매부며 아들들 조카들이 다 낚시를 좋아하니 이런 가족 낚시터가 하나 있어도 좋을 것이다.

두세 평 정도의 둠벙도 두 개 더 만들어 도합 세 개의 물웅덩이가 물길로 연결되게 했다. 그 물길 사이에 새로 만든 논이 자리 잡았으니 물 걱정은 없다.

그런데 요즘 개간 작업에는 또 하나 수반되는 작업이 있다는 걸 알게 되었다. 농사용으로 쓰던 비닐 치우기이다. 아, 이거 정말 끔찍하다. 커다란 자루 삼사십 개 양을 집어냈다면 여러분들은 믿으시겠는가? 앞서 농사짓던 양반들이 그렇게 버려놓은 것인데…

덕암리에 집을 짓고 농사일을 시작한 이후로 주변에는 어디나 이런 비닐이 널려 있고 묻혀 있다는 것을 알게 되었다. 작물을 키우느라 밭에 덮었던 비닐을 둘둘 말아서 가장자리에 툭 던져버리는 짓을 수십 년 계속해 온 것이다. 그러다가 어느 때 굴삭기 같은 게 들어와서 정지 작업이라도 하게 되면 비닐더미 위로 흙이 덮이든가 그 더미가 흩어지고 박히면서 땅속으로 들어간다. 널리고 쌓였던 곳은 잊혀 풀밭이 되고 흙 아래로, 수풀 속으로 들어갔던 그 비닐은 더 깊고 광범하게 흙 속으로 섞이고 묻히게 된다. 덕암농장을 열던 첫해에 치운 비닐이 열 트럭 정도 되었다. 매년 이렇게 치워내도 끝이 없다. 이번에 개간을 마친 후 다음 작업지로 생각하고 있는 골짜기를 한번 살펴봐 달라고 하니 굴삭기 기사가 신나게 집어내는 폐비닐이 대충 가늠해 보아도 대여섯 트럭은 족히 될 분량이다.

인류의 개간사 중에서 가장 불쾌하기 그지없는 개간의 시대가 바로 요즘의 비닐 밭 개간이라는 생각까지 든다. 흙이 잔뜩 묻어서 질척거리는, 냄새 나는, 그리고 약간 마르기 시작하면 하얗게 먼지를 일으키는 그 비닐을 집어내는 또는 뽑아내는 일은 돌 집어내는 것보다 나무 넘어뜨리는 일보다 더 힘이 든다. 정신적으로도 퍽 고통스럽다, 비닐 버린 사람들을 원망하느라 말이다.

어쨌든 개간은 해냈다. 덕암농장은 이제 산, 밭, 과수원, 논, 둠벙, 낚시터까지 있다. 개가 여섯 마리에 닭, 염소까지 가축도 있다. 모름지기 농업과 관련된 모든 것은 다 갖추게 된 셈이다.

새로 생긴 세 개의 둠벙은 물길로 구비구비 다 연결되어 있으니 이걸 한가지로 부르는 이름을 생각하고 있는 중이다. 아버지가 그곳 주변에 돌탑을 하나 크게 만드시겠다고 하니 '탑돌이 못'이라 부르면 어떨까 하고 있는데…

탑돌이 못   2005. 12. 3

탑돌이 못에 물이 차고 있다. 오늘내일 중에는 넘쳐서 고랑으로 물이 흘러나가기 시작하겠지. 그다음에는 논에 물이 그득해지기 시작할 것이다. 탑돌이 못이라, 듣기가 괜찮다. 입에도 맞는다. 앞으로 오륙 년 뒤면 살구나무가 크게 자랄 것이고 황금색 열매가 가득 달린 나뭇가지 사이로 탑돌이 못에 찰랑이는 물이 반짝거리겠지. 밤이면 못물에 달도 담고 별도 담고 살구 향기도 담기길.

백설   2005. 12. 6

눈부신 하늘 아래의 가을빛, 서글프기까지 한 바람 냄새에 취했던 게 엊그제 같은데 벌써 사방에 흰 눈이다. 참으로 내가 살고 있는 곳은 복 받은 땅이다.

그런데 이 좋은 자연환경을 살리지 못하고 사방에 너저분한 부실 공사 건축물, 전국 들판 바람에 너덜거리는 비닐하우스, 너절한 싸구려 자동차들이 내뿜는 오염물질, 쓰레기 태우는 연기, 병들게 한 물 등으로 오히려 더럽히고 있으니 참으로 우리는 못난 시절 못난 사람들이다. 더럽히는 사람도 못났고 그걸 말리지 못하는 나도 못났다. 우리보다 훨씬 못한 자연환경을 갖고도 훨씬 아름답고 쾌적한 주거 환경을 만들어내는 나라 사람들이 우리를 보면 참 바보 같다고 할 것 같다.

처는 겨울옷을 챙기면서 절기가 너무 많아 피곤하다고 푸념이다. 두 계절 정도만 있는 데서 살면 좋겠다나 뭐라나. 이 아름다운 눈을 보면서 그런 푸념이라니… 나이 탓인가 나이 탓?

붓과 벼루   2005. 12. 7

요즘은 매일 아침 '자유자재'를 한 번씩 쓴다. 먹을 진하게 갈아 붓에 듬뿍 묻힌 후 노란색 프로패드 종이에 가득 네 글자를 써서 책꽂이에 걸어 놓는다. 그렇게 해서 하루 내내 보며 지내고, 다음 날이 되면 어제 글씨는 떼어내고 다시 새 글씨를 써서 건다. 똑같은 글씨를 앞으로 수천 번 쓰려고 하는데, 쓸 때마다 모양이 달라지기도 하고 내 마음 가는 대로 멋대로 써볼 수 있는 붓글씨의 맛에 요즘 꽤 빠져 있다. 직선으로 위에서 곧게 선을 내리려 할 때는 '유(由)' 자가 그렇게도 안 써졌는데, 어제오늘은 오른쪽으로부터 충분히 꺾어서 내리니 글씨가 훨씬 보기가 좋다. 自由自在

물길

2005. 12. 9

물길이 잡혔다. 탑돌이 못 중 제일 꼭대기 것은 삼분의 일쯤 물이 찬 이후에 안정되었다. 넘쳐서 물골로 들어가지는 않고 그냥 일정 정도 찬 후에 그대로 안정되어 있는 둠벙이 되려나보다. 물색이 벽옥 같다. 두 번째 것은 수량이 많다. 물이 차서 물골로 들어가 흘러 논으로 내려가고 있다. 오늘내일 중으로 논을 전부 적실 것이다. 맨아래 둠벙은 이미 넓은 낚시터로 변해 있다.

담장 위의 눈

2005. 12. 10

컴퓨터 작업을 하는 곳에서 창문 밖을 내다보면 옆집 매화네와 경계가 되는 야트막한 담장이 있다. 따스한 날에는 그 위에서 노는 다람쥐도 종종 볼 수 있지만, 그 담의 위치는 집의 서북쪽인 데다가 매화네 집에 막혀 서쪽 빛도 잘 못 받는지라 추운 곳이다. 그 담장 위에 두껍게 쌓인 눈이 좀처럼 녹지를 않는다. 눈이 와 쌓인 지 벌써 일주일이 넘었다.

지난 몇 년 겨울 동안 이렇게 오래도록 담장 위에 쌓인 눈이 녹지 않고 있는 걸 본 적이 없다. 거의 일주일간 계속되는 이 추위 때문이다. 어제 서울에 나갔을 때 보니 주택가 이곳저곳 아직 눈이 많이 보였다. 암만 온다고 해 봐야 금방 사라져 버리는 게 서울 눈인데…

겨울은 역시 추운 맛이다. 여러 해 따스하기도 했지만, 그래 봐야 지구 온난화니 환경 오염이니 하는 심란한 소리들만 요란해질 뿐이다.

논물
2005. 12. 11

웅덩이의 물이 차고 넘쳐 논으로 흘러가고 있다. 백오십여 평 논의 사분지 일은 물에 적셔졌다. 앞으로 일주일 정도면 논을 다 채우고 물은 다시 낚시터로 흘러 들어갈 것이다. 논에 물이 찬 상태에서 추운 날씨가 계속되면 그곳은 아마 아이들 썰매터가 될지 모르겠다. 내년 봄에 이곳에 모를 심고, 그 모가 파랗게 올라가는 광경을 그려 보고 있다.

16년 만에 다시 연락이 취해진 교사 왕은범·김혜숙 부부가 계시다. 그 시절 홍천의 깊은 산골 분교에서 열심히 아이들을 가르치며, 왕 선생님은 시를 쓰고 부인 김 선생님은 동요를 작곡하며 아름답게 살고 있었다. 내 사정으로 연락이 끊겼다가 지난주에야 오랜만의 인사를 나누게 된 것이다. 그때 여섯 살이던 아들 기영이, 그 아름다운 학교에서 형아, 누나들 교실에 들어가 귀동냥으로 수업을 들으면서도 배우는 게 빨라 꼬마 선생님 노릇까지 할 정도로 총명했던 그 녀석은 대전의 카이스트 3학년 학생이란다. 커다란 나무 아래서 홀로 뛰어 놀던 그 귀엽고 총명하고 예의 발랐던 아이가 청년이 되었다. 그해 여름 엄마 배를 산처럼 불려 놓았던 배 속의 아기 소라는 지금 중학교 3학년 이쁜 소녀가 되었다. 왕 선생님은 강원도 인제의 '미산'이란 곳에 땅을 천여 평 정도 사 놓았고 그곳에 통나무와 황토로 집을 지을 계획이란다. 벌써 기초 토대 공사도 다 해 놓았다.

나는 열심히 벼농사를 지어서 황토 집에 들어갈 볏짚을 만들어 드릴까 한다. 그렇게 만들어진 미산의 예쁜 집에서 선생님 부부와 함께 앉아 16년 전의 추억을 나눌 것이다. 미산과 덕암농장이, 그리고 미산의 황토 집과 이 논이 아름다운 인연으로 이어지게 된다니 흐뭇한 일이다. 맑은 산물은 논물로 이어지고 그 논물은 미산으로 이어지는군.

↳ **농가주부** 2005. 12. 12
겨울맞이
요 며칠 정말 겨울답게 춥습니다.

　우리 집의 겨울나기는 줄어들 대로 줄어든 물줄기 때문에 불편함으로 다가옵니다. 이번 추위에 예년과 다름없이 온수 수도꼭지는 물길을 숨겨버렸습니다. 찬물만 아쉬운 대로, 마치 바쁜 주부의 사정을 봐 주듯이 빨래가 쌓이면 힘들게나마 세탁기를 돌릴 만큼 - 보통 때의 몇 배의 시간을 투자해서 - 물이 나옵니다. 아침마다 식구들보다 먼저 일어나서 가스불에 들통 가득 물을 올려놓으면서 나의 어린 시절을 생각해 보곤 합니다. 아침에 일어나면 아궁이에 얹혀 있는 솥마다 뜨거운 물이 설설 끓었었지요. 그러면 세숫대야에 적당히 - 뜨거운 물은 절대 설렁설렁 버릴 수 없으니까요 - 정말 필요한 만큼만 부어서 얼굴 씻고 그 물로 발도 씻곤 했었지요. 요즘 우리 식구들의 생활이 딱 30년 전의 내 모습입니다. 한 들통으로 작은 녀석과 내가 머리도 감고 세수도 하면 딱 맞거든요. 남편은 씩씩한 모습으로 찬물로 세수를 하는 듯합니다.

　아파트의 편리함에 길들여진 몇 년 동안 겨울철에 뜨거운 물은 정말 귀한 것이라는 것을 잊고 살았던 듯합니다. 이곳에 살면서 우리 아이들은 참 많은 불편함을 참고 지냅니다. 점점 참는 것에 익숙해지고 있지요. 굳이 불편하게 살아야 할 이유는 없지만 생활의 크고 작은 불편을 참아가는 동안에 세상살이를 이겨낼 인내심도 키워지겠지라고 위안도 해봅니다.

　요즘 우리 집의 주메뉴는 김치찌개입니다. 농약 한 번 안 주고 키운 꼴난(?) 배추로 담근 김치로 열심히 김치찌개를 해먹고 있습니다. 올겨울은 김치만 먹고 살아도 될 만큼 김장을 많이 담갔습니다. 김치찌개는 워낙 김치가 많이 들어가는지라 예년에는 그리 많이 끓여 먹은 편은 아니었거든요. 하지만 올겨울은 신물이 나도록 김치 메뉴만 먹고 살랍니다. 원래 겨울이란 것이 김치로 시작해서 김치로 끝나는 것 아니겠습니까. 비계가 적당히 붙은 돼지고기를 크게 썰어서 함께 넣으면 그 이상의 반찬이 필요 없거든요. 음식하는 수고도 줄이고 지출도 줄이고 적당히 기름기도, 단백질도 섭취하고 이모저모 득이 많은 메뉴입니다. 김장 하나만으로 충분히 부자라는 기분으로 살랍니다, 이번 겨울은.

도끼질   2005. 12. 13

날이 추워서인지 장작 팰 일이 많아졌다. 옆집 매화 아빠의 도끼질을 보고 있노라면 신기에 가깝다는 생각을 하게 된다. 웬만한 참나무는 한두 번의 후려치기로 쪼개 장작(長斫)을 만든다. 지름이 한 자는 넘을 굵은 나무도 매화 아빠가 너덧 번 도끼를 휘두르면 쪼개진다. 너덧 번을 치면서도 도끼날이 내리쳐지는 부분은 정확하게 한 곳이니, 거참 대단하다. 나도 겨울이면 운동 삼아 도끼질을 꽤 하는 편이지만 벌써 삼사 년을 했어도 정확한 가격은 잘 되지 않는다. 지름이 한 자 넘는 굵은 놈은 아마 이삼십 번은 내리쳐 거의 너덜너

©강현준

덜하게 만들어서야 겨우 쪼갤 정도로 내 도끼 실력은 민망한 수준에서 영 발전이 없다.

도끼질을 하면서, 밭에서 괭이질을 할 때, 그리고 낫질을 하며 깨닫는 게 하나 있다. 과거 전란이 있을 때 농민들을 동원해 금방 군대를 만들 수 있던 이유 중의 하나가 이거였구나 하는 것이다. 그들에게 칼이나 창을 들리면 숙달에 시간이 필요하겠지만, 그냥 평소에 사용하던 낫이며 도끼며 괭이를 들게 하면 그 정확한 가격 솜씨가 웬만한 군인의 칼질이나 창질보다 낫지 않았겠는가?

추위　　　　　　　　　　　　　　　　2005. 12. 19

연일 추위가 계속된다. 오늘은 기온이 좀 올라갔다고는 하지만 별 변화를 느끼지 못하겠다. 오히려 더 추운 것 같은데, 창을 통해 보이는 담 위의 눈은 녹아내리기는커녕 어저께 내린 눈으로 키가 더 자랐다.

이렇게 추위도 황구란 놈은 집에 들어가지 않고 바깥에서 잔다. 이 개는 비오는 날 빼놓고는 일 년 내내 집 안에 들어가는 적이 없다. 한겨울에도 체온으로 땅을 녹인다. 이 건강체 황구… 보기만 해도 든든하다. 처남이 얼른 운전면허를 따고 트럭을 사야 이놈을 농장에 한번 데리고 갈 터인데. 놈이 하이얀 김을 푹푹 입에서 뿜어대면서 농장 주변과 뒷산을 맘껏 뛰어다니는 걸 보고 싶다.

동지

2005. 12. 22

동짓날 아침이다. 여전히 춥지만 마음은 다소 가벼워졌다. 밤이 가장 긴 날을 떠나보낼 것이니 이제 겨울을 한고비 넘긴 셈이다. 앞으로 설날까지 거의 한 달 남았다. 그 한 달의 시간을 지내야 겨울에서 봄으로 꺾이는 춘절 즉 설날을 맞을 것이다. 동지는 그 진짜 봄 첫날이 있기 전에 사람들에게 희망을 갖게 해주는 꺾임 지점이다. 왜냐하면 오늘을 고비로 해가 점점 길어지는 거니까. 어제 저녁에는, 밥 먹고 한참을 있었는데도 여덟 시 반이었다. 동지 언저리가 그렇다. 밤이 기니 더 스산하고 춥게도 느껴진다. 하지만 이제부터는 나날이 해가 길어질 것이니 한숨 놓았다는 얘기다.

추위 때문에 자꾸 미루어왔는데 오늘은 크리스마스트리 장식을 꼭 해야겠다.

물

2005. 12. 25

꼬박 일주일 동안 물이 나오지 않아서 고생을 했다. 그래도 옆집에 지하수가 있어 다행이었다. 신세지면서 간신히 지낼 수가 있었다. 덕분에 물 고마운 거 많이 느꼈다. 옛날식으로, 달 보며 별 보며 낭만적인 볼 일 보기도 즐겨 보았다. 마누라야 고개를 절레절레 흔들지만 남자들은 밖에서 작은 일 보는 일이 약간 즐겁기도 하다. 그냥 아무 데서. 새와 이야기하며 바람과 희롱하며 내 몸의 것으로 대지를 적신다. 견공들도 고생했다, 물이 없으니. 그렇지만 그사이에 내린 눈이 많아서 아이스크림 먹듯이 자기네들 방식으로 갈증 해결을 하는 걸 보았다. 오랜만에 나온 물을 끓여 차를 마시고 있다.

할머니 2005. 12. 29

내일은 할머니 제삿날이다. 예수쟁이가 된 우리 집 사람들은 요즘 이 행사를 추도예배라고 부른다. 내일. 그러니까 이렇게 추웠던 시절에 할머니는 돌아가셨다. 1951년이 되고서 얼마 되지 않을 때였다. 꼽아보면 내 나이 정도 때였다. 1.4후퇴 시절 부산까지 피난을 갔다가 거기서 세상을 하직하신 것이다. 사실은 피난도 아니었다. 큰아드님은 태평양 전쟁 때 끌려가 희생당하고, 작은아드님은 육이오 전쟁 나기 얼마 전에 부모 몰래 군대에 들어갔다.

할머니는 부산으로 가셨다. 딸만 넷 남은 식구가 둘로 나뉘어, 할아버지는 작은 두 딸을 데리고 고향집이 있는 덕암리로 피난오시고 할머니는 큰 두 딸을 데리고 부산까지 내려가셨다. 어디를 가든 가야 아들을 찾을 수 있다는 생각 때문이었고 갈 곳은 부산밖에 없었다.

거기서 극적으로 작은아들을 만났다. 작은아들… 열아홉 살의 해병은(1기) 인천상륙작전에 참가해 서울로 향하다가 어느 전투에서 부상을 입었다. 오른쪽 무릎에 붕대를 칭칭 동여매고 쩔룩거리는 아들을 보고 살아 있는 모습에 대한 감사와 더불어, 생뼈가 부서져 나가 평생 불구자로 살게 될 일에 가슴 아픔도 깊었을 것이다.

그렇게 아들을 만나고 며칠 뒤 할머니는 숨을 거두셨다. 그날 특별히 외출을 나와 함께 자던 아들은 아침에 일어나서야 어머니가 돌아가신 걸 알았단다. 두 아들을 다 잃으면서 가슴은 새까맣게 탔을 것이고, 서울부터 부산까지의 험한 피난 여정이 무척 힘드셨을. 해

수병을 앓고 있으셨다고 하는데 피난길 기차 지붕 위에서의 바람과 추위는 독약만큼이나 모질었을 것이다. 남편과도 그렇게 멀리 떨어진 곳에서 세상을 버리셨다. 단지, 잃어버린 둘째아들을 보게 된 것만은 큰 위안이셨을까?

할머니는 한줌 재로 남아 바다에 뿌려지셨다. 그 바다는 큰아들이 먼저 가 있는 곳이었다.

2부 일상과 농장

다시 1월에

덕암농장의 새해   2006. 1. 1

2006년이다. 흰 눈에 쌓인 채 덕암농장은 새해를 맞았다. 간밤에 나가 보니 굴뚝 위로 오르는 연기가 별이 반짝이는 하늘로 날아가고 있었다. 동화 같은 아름다움은 그림책이나 서양인이 사는 외국에만 있는 게 아니다. 바로 여기에 있다. 그리고 우리가 만들 수 있다.

대동계   2006. 1. 7

그저께는 덕암리의 대동곗날이었다. 돼지를 잡고 각종 음식을 장만해 잔치를 벌이고, 한 해를 결산하는 마을 회의가 열리는 때이기도 하다. 토지의 거래가 이루어지고, 새해 작물에 대한 정보가 교환되며 마을 기금으로 마련된 거의 무이자에 가까운 대출금 지급 및 상환도 이루어진다. 큰돈은 아니고 몇십만 원에서 몇백만 원 정도 수준이며 대출 주고객은 아주머니들이다. 그래서 이 자리는 이장님 정도만 남자고 나머지는 전부 동네 아주머니들로 채워진다. 그래서 회의 분위기도 부드럽다.

　소를 키우겠다고 작년에 들어온 젊은 부부가 있었는데, 남편이 바쁜지 회비만 아내 손에 들려 보내고 얼굴은 내밀지 않았는가 보다. '그놈 잡아오라'는 소리가 여기저기서 나온다. 젊은 아내는 어쩔 줄 모르는 얼굴로 집과 마을 회관을 뛰어다니고… 만사 제쳐놓고 허둥지둥 회관으로 달려온 바깥양반은 혼이 다 빠진 모습이다.

　풍물도 잡히고 하루 종일 떠들썩했다는 옛날의 모습은 없어졌지만, 그래도 대동곗날은 여전히 흥겹다. 이제 대동계가 끝났으니 앞으로 최씨 집안만 하는 종중회가 열릴 것이며 거기서는 종토며 산소 관리, 시제 문제 같은 것들이 논의된다. 농촌에서 겨울은 회의의 계절이다.

트랙터　　　　　　　　　　　　　　2006. 1. 12

가끔 교묘하게 일이 발생하는 경우가 있다. 집으로 올라가는 길을 트랙터가 막고 서 있었다. 둘째 댁 아저씨 트랙터가 고장이 난 것이다. 아저씨와 함께 트랙터 수리에 열심이던 일가 할아버지는, "어저께는 내 께 고장이 나더니 오늘은 또 이놈이 고장 나네 그랴~" 한다. 그래 농담이랍시고, "가만있자 오늘 저도 트랙터를 써야 하는데 저 놈도 또 말썽부리는 거 아닌가 몰라요" 하니까, "그야 모르지 이상하게 그런 날이 있거든."

　그래도 '설마' 하고 집으로 올라가서 작업을 시작했다. 시동도 시원하게 잘 걸리고 힘도 좋게 운전이 잘되었다. 그렇게 한참을 일 잘 했는데 웬걸, 해가 넘어갈 무렵 덜컥하는 소리가 나더니 움직이지 않는다. 허어. 트랙터 파업 기간인가? 추운 겨울날 쉬어야 할 놈들을 너무 혹사해서 그런지도 모르겠다.

단비   2006. 1. 13

단비가 온 대지를 적셨다. 지나치다 싶을 정도로 추운 날씨가 오래 지속되어 지쳤는데, 이 비의 촉촉함으로 사람은 물론 산하가 다시 생기를 얻고 살아나는 것 같다. 집도 따스하고 물도 콸콸 나오고, 창문 너머로 보이는 담장의 눈도 싹 사라져 버렸고, 그 너머 솟아나온 풀잎들이 싱그럽다.

　내일 오랜만에 베트남 친구들을 만날 생각을 하니 마음이 설렌다. 작년 이맘때 가 봤던 용이네 농장은 얼마나 더 아름다워졌는지, 큰아들과 동갑내기인 친구들 딸내미들은 얼마나 이뻐졌는지 마누라들은 얼마나 늙었는지, 작년에 용(베트남 말로는 중龍)이에게 가져다준 고추씨는 잘 키웠는지도 궁금하다. 그 친구 농장에서 받아온 차씨 재배에 나는 실패했지만, 그 친구는 성공했기 바란다. 그래도 혹시나 해서 김치 좋아하는 용이에게 주려고 고춧가루를 넉넉히 준비했다. 25도 소주도 몇 병 집어넣었으니, 용이네 농장에 가서 닭 한 마리 잡아 놓고 한잔 해야겠다.

아내와의 긴 여행   2006. 1. 27

아내와 보름간 여행을 마치고 귀국했다. 그러고 보면 가장 사랑하는 사람끼리 둘만의 여행은 아이들 다 키운 후 흰 머리카락이 조금씩 생긴 후에야 비로소 온전히 시작된다고 할 수 있겠다. 베트남 이곳 저곳을 다니면서 그동안 신세졌던 친구들과 그들의 가족을 만났기에 보름 내내 베트남에서 잔치를 치른 기분이다. 베트남과 중국 사이의 국경 관문인 랑썬의 우의관으로부터 남쪽 메콩 변의 아름다운 도시 미토까지 2,000여 킬로미터에 걸치는 여정이었다. 자동차와 기차를 이용했기에 힘들기도 했겠지만 아내는 늘 즐거워하고 궁금해하는 진지한 학생 같았다. 이 여성, 내게는 괜찮은 여행 파트너다.

설

2006. 1. 31

설은 길고 고통스런 겨울을 보내고 새로운 봄을 맞는 날이다. 연세 드신 조부모나 부모에게 세배를 드리는 일은 그렇게 추운 겨울을 무사히 넘기신 걸 축하하고 마음 깊은 데서 우러나오는 감사함을 표시

설날 아침

하는 행사이다.

　이상하게 요즘은 설 기간 내내 화투장만 돌리는 악습이 만연하지만, 이건 본래의 모습이 아니다. 그거 꼴 보기 싫어서 명절을 쇠지 않는다고 해야 할 게 아니라 그런 악습을 없애도록 노력해야 할 일이다.

　원래 명절 때는 남자들 할 일이 많은 법이다. 여자들 음식 마련하는 것 돕는 일, 땔감 장만이라든가 물 길어 나르는 일도 중요했다. 육중한 떡메를 내리쳐 반죽을 만드는 일도 남자들 몫이었다. 요즘은 그런 일이 없어졌다 하더라도 집 주변 청소, 산소 돌보기, 아이들 교육, 친지 찾아뵙기 등등, 여자들 바쁜 만큼이나 남자들 할 일이 찾아보면 많다. 헌데 그런 일들을 잃었는지 잊었는지, 아니면 일부러 하지 않는 건지, 명절 내내 남자들은 화투장만 잡고 있고 여자들은 그저 시중만 드는 셈이니 여자들 입장에서는 명절이 웬수 같아질 만도 하다.

　이제 봄이 시작되었다. 유난히 추운 겨울이었기에 봄이 더 감사하다. 덕암농장의 대지도 봄기운에 촉촉하다. 둠벙의 얼음이 녹기 시작하고 땅에서는 봄 냄새가 피어오르기 시작하는 것 같다.

2월에

별채와 정자　　　　　　　　　　　　2006. 2. 7

농장의 본채 옆에 별채를 하나 짓고 정자도 하나 세우려 한다. 방 하나를 둔 별채는 동남아시아의 주상가옥식으로 약 2미터 위에 높이 지어 보려고 했는데 어제 들어온 건축업자 왈 그렇게 되면 본채와 너무 언밸런스하단다. 생각해 보니 그도 그럴 것 같기도 하고 아닌 것 같기도 하다. 아직도 결정을 하지 못했다. 정자는 집 앞 쪽으로 놓으려고 했다. 헌데 막상 시작하려니 사람마다 의견이 다르다. 그럼 개울 쪽으로 놓을까 그냥 앞으로 놓을까….

　집을 들인다는 게 이렇다. 무엇 하나 간단한 일이 없다. 생각이 많고 궁리가 많고 의견이 분분하다. 그런 것 다 교통정리하고 가느라 어렵다. 게다가 생각대로 만들어지지 않은 게 생기면 그거 평생 보고 살 생각에 마음이 걸려 괴롭다. 때문에 예로부터 남자들은 집 하나 짓고 앓아 눕는다고 했다. 그냥 그걸로 세상살이 끝내기도 하고 말이다. 그만큼 신경이 많이 쓰이는 일이다, 집 짓는 일이.

산책로　　　　　　　　　　　　2006. 2. 26

열흘 공사로 다섯 평짜리 방을 만들고 보일러실도 목조 건물로 바꾸고, 세 평짜리 정자도 세웠다. 별채의 높이는 업자의 의견을 받아들였고 정자의 위치는 원래 계획대로 정면에 두었다.

공사를 끝낸 다음 날에는 굴삭기를 불러 또 다른 작업을 했다. 올봄에 경작을 시작할 논바닥 수평을 맞추고, 논 한 모서리에는 조그만 웅덩이를 만들었다. 그러니까 덕암농장에는 총 네 개의 둠벙이 마련된 셈이다.

그다음에는 개울을 준설해 물이 잘 흐르게 하고 개울을 따라 산책로를 냈다. 원래 이곳은 수풀이었지만 길을 내고 가로수 형태로 나무들을 살려 놓으니 제법 운치 있는 산책로가 탄생했다. 이 산책로는 뒷산 입구로 길게 이어지고 다시 그 연결선에서 서쪽으로 낸 길을 따라 탑돌이 못으로 갈 수 있으며 거기서 작은 다리를 건너면 새로 개간한 과수원 터로 들어가 바위 밭에 이르게 된다. 이 산책로 주변을 잘 가꾸면 멋진 수목원 정취도 만들어 낼 수 있겠다.

새로 개간한 땅은 약 칠팔 미터 간격으로 살구나무 묘목을 팔십여 그루 더 심을 공간이 되는 것 같다. 4년 전 백여 그루의 묘목을 심던 생각이 난다. 몇 날 걸리던 일이었다. 이미 어두워진 깜깜한 밤 부슬부슬 내리는 비를 맞아가면서도 작업을 했다. 그렇게 심은 놈들 중 일부는 이제 내 키를 훨씬 넘어섰다. 봄이 되면 맛볼 나무 심는 기쁨에 가슴이 설렌다.

나무를 심는 일은 여러 의미를 갖는다. 첫째는 해방감이다. 좁은 묘목 밭에서 답답해하던 묘목이 넓은 공간에 자리를 잡으면 기분이 좋아 생글생글 웃는 것 같다. 둘째는 기대감이다. 새로 자리를 잡은 개개의 묘목은 코흘리개 어린아이가 초등학교에 입학해서 교실 안에 앉은 모습이다. 그 아이들은 자기 부모들로 하여금 얼마나 많은 기대감에 부풀게 하는가? 그 수치가 과도하고 그걸 실현하기 위해 물불 가리지 않는 극성이 문제인 것이지 한발 떨어져서 기도하는 마음으로 아이의 성장을 살펴보는 부모의 마음은 얼마나 고결한 것인가? 셋째는 창조의 기쁨이다. 꽃을 가꾸고 야채를 키우는 일 등 흙에서 생명을 키워내는 일이 모두 창조 작업이지만 나는 특히 나무 심는 일에서 그런 기분을 크게 느낀다. 손가락 굵기도 채 안 되는 묘목을 심어 놓으면 그게 수십 배로 자라면서 많은 것을 생산해 낸다. 꽃이 나오고 향기가 나오고 아름다움이 나오고 열매가 나와서 색도 나오고 맛도 나오고 행복도 나오고 돈도 나온다. 이 얼마나 부가가치 높은 창조란 말인가? 마지막으로 나는 속죄의 마음을 갖는다. 책 쓰기와 책 읽기를 다 좋아하는 나는 나무 소비에 이바지하는 사람이다. 나무를 심음으로써 나는 나무에 대한 미안한 마음에서 다소 가벼워질 수 있다.

춘천   2006. 2. 26

아내와 춘천에 다녀왔다. 거기서 귀한 사람들을 16년 만에 만났다. 내가 스물아홉 살에 처음 만난 두 사람이다. 그 당시 강원도 홍천의 주음치리 분교에서 아이들을 가르치던 젊은 부부 교사가 있었다. 그때 여섯 살이었던 기영이, 남산만 한 엄마 배 속에 있었던 소라도 보았다. 두 분의 순수함이 아름답고, 교육자로서도 존경스러웠던 터라 평생을 함께할 사람들로 자주 보고 싶었지만 여러 가지 사정으로 연락이 끊겼다가 비로소 다시 만나게 되었다.

반가움에 겨워 안기도 하고 만지기도 하고 치기도 하면서도 맘 표현을 다 못하겠고, 밤새도록 얘기해도 할 말을 다 못 끝내겠고, 기분이 좋으니 연방 마시는 술에 몸과 혀는 16년 전만큼 못 따라주니 안타깝고… 의젓하게 잘 자란 기영이와 소라도 이뻐 죽겠고, 뭐 그냥 내내 예닐곱 시간 동안 '좋다'만 연발하다가 헤어졌다. '사람이 꽃보다 아름답다'는 말이 실감난다. 춘천서 오는 길에 친구 부모님 사시던 곳도 들렀다. 홍천이다. 집과 연못과 정자, 그리고 자그마한 비닐하우스까지 봄바람 속에 여전히 다소곳이 앉아 있다. 연못가 나무 아래 의자가 쓸쓸해 보여서 속이 좀 상했지만…

부모님은 서울에서 살다 이곳으로 내려와 황무지를 옥토로 가꾸며 십년 이상 전원생활을 즐기고 계셨다. 그런데 자식들이 일 때문에 모두 중국에 살고 있지 뭔가? 고민 끝에 여길 처분하고 그곳으로 가셨다. 사람이 떠난 곳에 남겨진 노력과 열정의 자취를 보는 일은 마음을 아리게 한다. 먼 훗날 퇴촌 집의, 덕암농장의 모습일 수도 있다. 하지만 그게 어떻단 말인가? 내 값싼 감상이 오히려 방정맞다. 두 분이 거기서 그렇게 십여 년 동안 보람되게 사셨으면 그걸로 족한 것이다. 나도 그렇다.

모닥불 피워놓고   2006. 2. 28

올해는 별채 짓는 일 때문에 정월 대보름 불놀이 행사를 치르지 못했다. 대보름을 위해 틈틈이 모아 두었던 나뭇가지들이 아직 집 안에 꽤 남아 있었다. 그걸로 오후 내내 가마솥을 덥혔다. 어둠이 깔리고, 나무는 점점 없어지지만 그만큼 쌓인 숯불이 서서히 짙어지는 까만 밤 속에서 빛을 발하기 시작한다. 날씨가 따스해서인지 아니면 불빛이 좋아서였는지, 슬그머니 내 옆에 온 아내가 나무도 던져 놓고 숯 더미를 헤치기도 하면서 한참을 앉아 있다. 둘째 놈이 잠깐 나와 보고 가더니 자기가 만든 빵을 갖고 나와 엄마를 행복하게 해 준다.

따스한 불과 놀면서 노래도 몇 곡 불러 보았다. 사십대 후반의 낭만이란 건 한계가 있다. 목소리가 주는 감흥이 이십대만 못하다. 이젠, 부르기보다 듣는 나이가 되지 않았나 싶다.

3월에

한비야   2006. 3. 1

어제 저녁에는 교회에서 초청한 한비야 씨 강연을 들으러 온 가족이 나섰다. 단상으로 나갈 때의 그녀 걸음걸이가 어찌나 씩씩하던지! 온몸에 에너지가 뺑뺑 넘쳐나는 분 같다. 외모도 곱다. 나는 그분이 지구를 몇 바퀴 돌았다거나 인생의 어떤 사연이 있다거나는 관심이 없다. 그런데 이 여성이 지구 어느 곳에서든지 재난이 발생하면 48시간 안에 현장에 도착해 구호사업을 시작하는 분이라는 데는 한없는 존경을 보낸다. 온몸에 피고름이 흐르는 아이들을 덥석덥석 안아주며 죽는 거 겁 하나도 안 난다는 이 여성! 군인은 전장에서 죽는 걸 가장 영광스럽게 생각하듯 구호요원은 현장이 그런 곳이라고 이 여성은 말한다. 죽음도 돌아보지 않는 용감함과, 정해진 시간 안에 현지에 도착하는 기동성. 그리고 무엇보다도 그 동기가 '사랑'이라는 사실이 나로 하여금 그녀와 그녀의 동지들을 진정한 용사라고 여기게 만들었다.

죽어가는 사람들을 살릴 '총알'이 필요하다고 했다. 믿을 만한 전

사가 있다면, 총알은 충분히 쓸 수 있도록 지원해주어야 하는 것 아닐까? 그래서 후원을 하기로 했다. 너무 늦은 감이 있어 부끄럽다. 앞으로 덕암농장에서 나올 수입 중의 일부도 용사들을 후원하는 데 쓸 생각이다.

한비야. 나보다 세 살 많은 아줌마. 대단한 분이다. 오늘 삼일절 아침. 약간은 춥고 눈발까지 흩날린다. 1919년 이날도 추웠겠지. 태극기를 달면서, 이런 날 치마저고리 하나 입고 싸우던 유관순 누나 같은 분들을 생각했다. 대단한 여성들 아닌가? 유관순 누나나 한비야나 또 테레사 수녀나, 다 '진짜'들이다.

제초기 2006. 3. 4

농사를 짓기 시작하면서 매년 농기계가 하나씩 들어왔다. 첫해 2003년에는 예초기, 둘째 해에는 관리기, 셋째 해에는 트랙터. 올해에 눈독을 들이고 있는 건 제초기다.

과수원에서는 일 년에 네댓 번 제초 작업을 해 주어야 한다. 그동안 예초기와 낫으로 해 왔다. 헌데 작년에 충주의 사과 과수원 계은 농장에 갔다가 제초기를 본 것이다. 관리기 정도 크기의 몸집을 가진 놈이다. 관리기처럼 살살 밀고 다니면 된단다. 잔디 깎는 기계와 같은 원리인데 그보다 육중하다. 이걸로 풀을 깎으면 바닥이 점차 다져지고, 자라는 풀의 길이는 짧아져 몇 년 뒤면 과수원 바닥이 양탄자같이 고와질 것이다.

허 그런데 가격이 만만치가 않다. 그래도 올해 이 기계만은 꼭 들이고 싶군.

나무 책상

2006. 3. 6

화창한 어제, 마당에서 둘째 아들 서용이와 함께 나무 책상을 다듬었다. 내가 구해온 수십 년 된 고물 책상이 우리의 작업 대상이었다. 샌드페이퍼로 표면을 긁어낸 후 라카로 칠하니 근사한 나무 책상이 태어났다. 그걸 서용이 방에 넣어 주니 내 마음이 뿌듯하다.

한 가지가 아쉽다. 책상 판이 완전한 나무 통판으로 된 것이었으면 더 좋겠다. 앞으로 그런 책상을 만들 날이 오겠지.

책상은 참 중요하다. 책상은 한 사람의 인생과 더불어 굉장히 오랜 시간을 함께하는 동반자이다. 좋은 나무 책상이라면 한 개나 두 개 정도로 평생을 함께할 것이다. 그렇게 소중한 것이니 백 퍼센트 자연 재료로 만든 걸 사용하는 게 합당하다. 사람이 자연물인 이상 평생 한방에서 지내는 동반자는 될 수 있으면 자연물인 게 좋다.

소나무

2006. 3. 8

덕암농장 뒷산에 사오백 년 묵었을 법한 소나무가 한 그루 있다. 산 중턱 바위 위에 서 있는 낙락장송(落落長松)은 우리 덕암리뿐 아니라 도고면 일대에서도 가장 큰 소나무여서 주민들 사이에 꽤 알려져 있다. 어제 저녁에 둘째 댁 아저씨가 소주를 한잔하는 중에 문득 소나무 얘기를 꺼냈다. 귀한 나무인데 관리가 필요하지 않겠느냐는 거였다. 요즘 그 나무가 잘 보이지 않는다. 주변 참나무들이 소나무를 가리는 지경이 되었기 때문이다.

학이 돌아오길 기다리고 있는데, 그 장한 소나무 위에 앉은 학을 바라본다면 얼마나 좋겠는가? 오늘 아침밥을 먹자마자 톱을 챙겨들고 산으로 올라갔다. 부모님도 동행하셨다. 소나무 근처에 계신 8대조, 5대조 할아버지 할머니께 인사도 드리고, 소나무 주변을 정리했다. 내친김에 산 정상까지 올라가서 뒷고개를 거쳐 큰할머니 산소까지 들러서 내려왔다. 집 근처에서 다시 소나무를 보니 기막히게 멋있어졌다. 거대한 줄기가 그대로 드러나고 뿌리를 딛고 선 바위들도 훤해 보인다. 4년 전 농장을 시작할 때는 뒷산에 참나무만 빽빽했는데 그동안 틈틈이 간벌을 해 주어서 소나무가 눈에 띄게 많아졌다. 옛날에는 이 세 봉우리에 소나무가 가득했다. 아마도 그 소나무들이 학을 불렀던 듯하다.

닭 알　　　　　　　　　　　　　　　　2006. 3 13

지난달 큰아들이 닭장을 수리하면서 여러 가지 이유로 덮개가 제거된지라 닭들의 외출이 자유로워졌다. 차일피일 미루기만 하고 있던 중이었는데 봄 농사철이 다가오니 닭장 속으로 놈들을 돌려보낼 준비를 얼른 시작해야겠다.

　닭은 들판을 쏘다니며 맘껏 주워먹고 운동을 해서 건강한데 밭에 들어가 이웃의 원성을 사기전에도 벌써 문제가 하나 발견되었다. 이놈들이 알을 어디다 낳는담? 닭장 문을 열어 놓아도 이곳에 돌아와 낳는 것 같지는 않다. 닭 알에 애착이 강한 아내는 종종 집 주변 닭들이 움직이는 동선을 뺑뺑 돌면서 알을 찾아 헤매곤 한다. 그러다가 하나라도 찾으면 보물을 얻은 것처럼 좋아한다.

　헌데 어제 아침, 내가 언뜻 보았다. 닭 한 마리가 닭장 뒤 산속, 그러니까 두 해 전이던가 벌통을 갖다 놓은 곳에 앉아 있었다. 몇 시간 뒤 그곳에 가보니 세상에, 그동안 낳은 알 열한 개가 얌전히 놓여 있지 뭔가? 싱싱한 알이 열한 개가 모여 있으면 그건 마치 열한 개의 황금 덩어리인 듯 보인다.

심야보일러   2006. 3. 15

농장의 난방 담당은 심야보일러이다. 이 보일러는 밤에 남아도는 전기를 활용한다는 발상으로 만들어졌다. 설치비는 많이 들어가도 유지비는 저렴하다는 평이다. 하지만 잔고장이 많다. 요즘도 며칠째 이거 수리한다고 고생인데, 어찌된 셈인지 오는 기술자마다 앞 사람이 이것을 잘못해 놓아서 그렇다 저것을 잘못해 놓아서 그렇다며 남 탓을 한다. 가만 보면, 누구 하나 기계에 대해 완전히 아는 사람은 없고 이럭저럭 주먹구구식으로 고쳐대는 것 같다. 아니면 요즘 흔히들 그러듯 사후봉사로 먹고사는 사람이 많아야 하니 심심치 않게 고장이 발생할 정도로 물건을 만드는 것인지… 옆집 이장 댁도 태양열보일러를 지난 가을에 비싼 돈 들여서 설치했지만 역시나 별로이다. 30평을 뜨끈뜨끈하게 데운다고 하더니 세수할 물 정도나 나온단다. 제대로 만든 것, 검증된 것을 만들어 팔지 않고 물건 팔면서 실험하는 세태가 씁쓸하다.

봄비   2006. 3. 16

흩뿌리는 봄비를 맞으며 생강나무 꽃이 노랗게 나오기 시작한다.

처음엔 이게 산수유 꽃인 줄 알았다. 알고 보니 비슷하게 생긴 생강나무 꽃이었다. 이파리를 씹어보면 생강 맛이 난다. 우리 집 봄은 생강나무 꽃을 앞세우고 찾아온다.

어린 시절, 할아버지를 기억할 때면 생강을 즐겨 드시던 모습이 같이 떠오른다. 책상 앞에 앉아서 생강을 칼로 베어서 어석어석 잘도 드시곤 했던 할아버지. 내가 예닐곱 살 때쯤 어느 날 물끄러미 그걸 보고 있다가 "할아버지 생강 맵지 않아요?" 하니까 "허허 괜찮다." 나중에 자라 『논어』를 읽을 때 공자가 생강을 끊지 않고 늘 먹었다는 이야기를 만났다.

생강나무 꽃을 보면서 문득 할아버지가 그리워진다.

매화꽃 개나리꽃   2006. 3. 17

일 나갔던 옆집 매화 아빠가 저녁나절 개나리 몇 가지를 잘라 온다. 꺾꽂이를 하려는지 집 앞에서 전지가위로 예쁘게 다듬고 있다. 매화 엄마는 옆에서 흐뭇한 표정으로 바라보고 있다.

고개를 길게 빼고 있는 나를 발견한 매화 아빠 왈, "매화 엄마에게 주는 선물 ~"이란다. 개나리를 다발로 묶어 물병에 꽂아놓는다. 그러면 며칠 뒤에 개나리꽃이 핀다. 일찍 꽃을 볼 수 있는 방법이란다. 유난히 춥고 긴 겨울에 꽃이 많이 그리웠는데, 그렇게 해서 아내에게 남보다 훨씬 일찍 볼 수 있는 봄꽃 선물을 하는 것이다.

얼마 전 시인 왕 선생님이 부인께 시를 선물하는 걸 보고 감동했는데, 농부인 매화 아빠는 부인께 봄꽃 선물을 하고 있다. 이 감동도 대단하다.

여덟 아들

2006. 3. 18

내일이 둘째 생일이다. 엄마 배에서 나오자 "응애" 하고 울지 않고 낮은 음으로 "어엉" 하고 울던 놈이었다. 벌써 중학 2학년생이 됐는데, 늘 붙어다니는 친구들이 그 아이 합쳐서 일곱이다. 오늘 친구 생일 축하하러 집에 온다고 한다. 야외에서 고기구이를 해주겠다고 약속했다. 토요일이니 오전 수업 끝나고 기다리겠다는 읍내 농협 앞으로 가서 일곱 녀석을 태웠더니 내 93인승 승합차가 잘 굴러가지 않는다.

집으로 데리고 와서 마당에서 고기를 굽기 시작했다. 아버지가 다 해 줄 터이니 너희들은 앉아서 먹기나 하라 했다. 일곱 명의 총각을 테이블 앞에 앉혀 놓고 고기도 구워주고 이런 저런 얘기도 나누며 열심히 서빙을 했다.

그러다 문득, 테이블 양쪽으로 꽉 차게 앉아 있는 놈들을 보면서 '가만있자 이게 전부 아들이라면, 거기다가 큰아들놈까지 합치면 여덟인데, 내가 여덟 아들을 다 키울 수 있을까? 많아서 좋기는 한데, 이놈들 다 먹여 키우려면 보통 일이 아니겠는걸' 하는 생각이 들었다. 돼지고기 다섯 근하고 구운 계란 한 판을 순식간에 먹어치우는 걸 보면서 그런 생각까지 하게 된 것이다. 둘째 친구들이니까 그렇지 고등학교 2학년 큰아이 친구들이었으면 열 근도 모자랐을 것 아닌가? 옛날에는 그 정도 아이들 키우는 건 보통이었을 텐데, 그럼 그 때가 더 잘 살았던 게 아닌가 싶기도 하다.

아내한테 말하니까 "아니 당신도 별걱정을 다 하우. 아이를 그렇게 동갑으로 한꺼번에 낳겠수, 다 터울이 지지?" 한다. 한두 시간 뒤에 양평 목욕탕 바깥의 봄기운인 듯 김이 모락모락 나는 더운 탕 안에 앉았다가 문득 생각해 보니, 질문하는 나나 면박 주는 아내나 오십보백보다 여겨져 혼자 피식 웃었다.

초원 2006. 3. 23

요즘 농장 주변에 풀이 새록새록 돋는다. 추운 겨울이었기에 풀 한 포기 한 포기가 그렇게 사랑스러울 수 없다. 특히나 햇볕이 잘 들어 따스한 옛집 주변은 마치 그림 속의 초원 같다. 거기에 염소를 끌고 갔다. 초원과 염소 두 마리로 멋진 그림이 만들어진다. 줄을 길게 해서 염소를 묶어 두고 땅을 갈았다. 그동안 시골 생활에 많이 익숙해진 어머니가 올해는 손수 가꾸는 밭을 좀 넓혀 보겠다고 하셨기 때문이다.

옛집 가는 길

묘목
2006. 3. 26

묘목을 구입했다. 살구나무 80주, 자두나무 열 주, 주목 100주… 금세 수십만 원어치다. 올봄에 농장에 심을 나무들이다. 4년 전에는 살구나무 묘목 한 주에 2천원이었는데 지금은 4천원이 되었다. 일단 퇴촌 집으로 들여왔고 한 2주 뒤에 농장에 가져다 심을 계획이다. 어제 외출을 하면서 아들들에게 묘목을 뒷마당에 옮겨서 잘 묻어놓으라 했다. 밤에 돌아와 보니 뒷마당 어둠 속에 나무가 그득 서서 나를 반긴다.

붕어
2006. 3. 30

우선 살구 묘목을 20개 심었다. 새로 개간한 땅이라서 땅파기가 수월하다. 하지만 나무만 심는 게 아니라 주변에 고랑까지 둥글게 파주려니 시간이 꽤 걸린다.

웅덩이에서 키울 물고기는 저수지에서 잡아넣으려고 했는데 포기. 지난주에 낚싯대를 들고 가 보았더니 어휴, 낚시꾼들이 버리고 간 쓰레기가 엄청나다. 낚시하느라고 자연에 앉는 게 아니라 쓰레기 더미에 앉아 있다는 기분이었다. 생각 없는 사람이 아직도 이리 많은가?

예산 장에 가서 양식 붕어를 사다 넣었다. 미꾸라지도 좀 넣었다.

4월은

탱자와 레드스카프 2006. 4. 2

묘목원에 갔다가 탱자나무를 열 그루 샀다. 탱자는 가시가 많아서 울타리용으로 많이 쓰이지만, 울타리 때문이라기보다 문득 탱자 향기가 그리워서였다. 어린 시절 우리 가족은 남도 쪽에서 잠시 살았던 적이 있다. 그곳에는 탱자 울타리가 많았다. 어느 날 노란 탱자가 하도 갖고 싶어서 손을 디밀어 하나 따려고 했더니 '이놈!' 하는 호령에 자지러지게 놀라 도망갔던 기억이 있다. 그다음부터 탱자는 그저 바라만 보아야 할 보석이었다. '탱자나무 울타리에…'라는 가사를 가진 노래도 한동안 즐겨 들었던 적이 있었다. 손에 잡히지는 않지만 어린 시절을 반추하다 보면 만나곤 하는 게 탱자다.

연꽃을 보고 싶어 연뿌리도 하나 구했다. 이름이 뭐더라, '레드스카프'라나? 붉은 연꽃이 핀단다. 작은 걸로 말이다. 수련이라고 하는 게 정확할 것이다. 탑돌이 못이 그다지 크지 않으니 작은 꽃송이가 더 어울릴 것 같다. 한 오십 센티 되는 연근인데 이걸 물밑에 묻어야 한다. 물속에 들어갈 생각을 하니 좀 춥다.

하지만 이게 연못에 퍼져 아름다운 꽃을 피우고 연잎 아래서 물고기들이 노니는 걸 볼 생각을 하니 가슴이 설렌다. 훗날 예쁜 며느리감/며느리들이 '레드스카프'라는 멋진 이름을 가진 연꽃을 보면서 탄성을 지르고 그 꽃처럼 도도하고 우아하게 연못가를 거닐고 살구나무 사이를 오가는 걸 상상하는 즐거움에 빠지고 있는 중이다. 그렇다면 연뿌리를 심을 때의 그깟 추위쯤이야 뭐.

도롱뇽 2006. 4. 5

어제, 비가 부슬부슬 내리는 연못 안으로 '빤쯔'만 입고 들어가 연뿌리를 심었다. 진흙을 발로 더듬어 잘 덮어 주면서 올여름에 어여쁜 레드스카프를 볼 상상에 젖었다.

물가로 다시 나와 옷을 입으며 연못을 보는데 올챙이같이 생긴 놈들이 물위로 솟구쳤다가는 곤두박질한다. 이상하다… 올챙이 새끼들은 요즘 물가에 오글오글 하다. 하지만 아직도 콩알만 한데. 저게 뭐람? 가만히 보니 그것은 도롱뇽이었다. 한두 달 전이던가 도롱뇽 알을 몇 개 본 적이 있는데 그놈들이 벌써 저렇게 자랐는가 보다. 도롱뇽은 특 일급수에만 사는 동물이라서 반갑기도 했지만 걱정도 된다. 물이 너무 깨끗하고 차가우면 붕어가 살기에 적당하지 않고, 연꽃도 마찬가지일 텐데.

커튼을 열며 2006. 4. 6

아침에 일어나서 커튼을 열 때 나는 조심스러워진다. 조금씩 연다.

왜냐하면 남쪽으로 커다랗게 낸 창 안으로 들어오는 자연의 그림이 아름답기 때문이다. 커튼을 여는 일은 그림을 그리는 일과 같다. 한 모서리부터 차츰 노란 개나리꽃빛이 들어와 퍼지고 곧이어 물먹은 계곡이, 그리고 장하게 서 있는 소나무가 마저 들어온다.

바람이 많이 들어와서 춥기는 하지만, 그래도 창문을 크게 낸 건 잘한 일이었다. 이중창이라도 안과 밖 모두 투명 유리로 한 이유는 유리창 안에 연출되는 자연의 그림을 한껏 즐기기 위함이다. 북쪽으로 난 창도 마찬가지다. 뒷산의 소나무 숲이 보인다. 저기 멀리 탑돌이 못도 들어오고 꽃봉오리를 터뜨리려고 안간힘을 쓰고 있는 살구나무들도 중요한 풍경이다.

한 시인은 '남으로 창을 내겠소.'라 했다. 하지만 창문만 가진다고 되는 게 아니라는 걸 나는 시골 생활을 통해서 알았다. 시인이 뒤 구절들에서 깨우쳐준 대로 호미도 있어야 하고 새소리도 있어야 하며 구름도 있어야 진짜 남으로 낸 창이 진가를 발휘하는 것이었다.

나무 심는 총각들   2006. 4. 9

아들 둘, 큰아들 친구 한 명, 조카 한 명, 매부, 나 그렇게 여섯 남자가 나무를 심었다. 살구나무 40개, 자두나무 10개, 주목 150개, 느티나무 열 그루, 탱자나무 묘목 10개, 오미자나무 열 주, 은행나무 다섯, 벚나무 다섯 그루였다. 열심히 했지만, 시간이 모자라 은행나무와 벚나무는 땅에 세워만 놓았다.

큰아들과 친구에게는 가장 외진 곳 저멀리, 그러니까 탑돌이 못 건너 새로 개간한 땅을 맡겼다. 산이며 계곡과 인접한 그곳은 제일 거친 밭이다. 큰 돌이 많이 묻혀 있어서 땅파기가 힘들다. 나무를 심기만 하는 게 아니라 주변에 둥그렇게 배수로를 파야하는데 이 일이 고되다.[14] 살구나무 20주를 이 두 총각에게 건넸다. 반신반의했는데, 녀석 둘은 두런두런 자기들끼리 의논해 가면서, 가끔 갈갈거리는 웃음도 날리고, 가끔은 산속으로 토끼를 쫓아갔는지 사라져 버리기도 하다가, 지나가는 비에 뭐가 신나는지 돈 놈들처럼 환호성도 지르더니 저녁 어둑어둑할 무렵에 일을 다 끝냈다며 내려왔다. 저녁 식사로 준비한 돼지고기와 조개구이를 두 총각은 겁나게 많이 먹어댔다. 열여덟 청춘이 참 건강하고 싱그러워 보인다. 아들 친구에게는 오늘 일한 대가로 평생 우리 과수원 살구를 따먹을 수 있는 특권이 부여되었다.

다섯 살, 열 살짜리 조카딸들은 농장 이곳저곳을 기웃거리고 가끔은 오빠들 일하는데 참견도 하면서 다니는 게 마치 요정 같고, 동갑인 둘째 아들과 조카 녀석은 간혹 어디 가서 노느라 없어져 버리곤 하지만 그래도 열심히 땅을 파고 물을 나르고, 역시 같은 나이인 나와 매부는 밤 열 시까지 나무를 심다가 새로 지은 정자에서 달을 보며 한잔하고, 출장 갔다가 대천으로부터 기차를 타고 온 마누라와 이번 달부터 운전을 시작한 고로 자기가 여기까지 직접 운전을 하고 왔다고 신나하는 여동생은 맛있는 음식을 만들면서 고기며 조개 굽느라 분주하고, 어머니도 덩달아 바쁘시고, 아버지는 평생을 갈고닦은 목공예 솜씨를 발휘해 새 방에 집어넣을 옷걸이를 만들고 계시고, 그러다가 가끔은 우리들 나무 심는 걸 둘러보시고…

---

14) 요즘도 묘목 심는 일은 계속되지만 배수로 파는 일은 더 이상 하지 않는다. 나무 아래의 흙을 주변보다 약간 높여 주면 충분하다.

양식 붕어

2006. 4. 12

열흘 전 예산 장에서 사다 탑돌이 못에 넣은 붕어 이십여 마리 중 두세 마리가 죽어 물위에 떠 있다. 도룡뇽이 살 정도로 물이 맑아서 그런가 아니면 붕어 체질이 너무 약한가? 아마도 후자인 것 같다. 이 놈들은 스스로 먹이를 해결하는 방법을 알지 못한다. 양식업자가 던져주는 부드러운 먹이만 받아먹을 줄 알았지 천연의 먹이를 찾는 훈련은 한 적이 없겠지. 물만 뻐끔거려도 물 안에 있는 플랑크톤이나 조그만 벌레로 배가 채워질 것 같고, 또 올챙이 새끼들이나 물벌레들도 꽤 보이길래 어떻게 살아나겠지 했는데 아닌가 보다.

콩가루라도 비벼 넣어주어 볼까 하다가 그만두었다. 아직 살아 있는 붕어들의 자생력을 기대해 보고자 함이다. 흠, 오랫동안 말라서 숲속에 묻혀 있던 이 둠벙. 과거에는 물고기며 우렁이가 자생하던 풍요로운 곳이었다고 하던데. 이곳 붕어는 황금빛을 띠었다던데. 오래 버려진 곳에 새 생명을 살리는 일이 쉽지 않다. 연꽃과 붕어, 송사리, 미꾸라지가 어우러지는 둠벙을 꿈꾸는 봄날이었지만 궁리할 일도 많다.

꽃 나라

2006. 4. 18

지난 금요일부터 오늘 화요일까지 나는 내내 꽃 나라에 살고 있다. 과수원의 살구꽃이 만개했고, 개나리, 진달래는 여전히 화려하다. 그러나 무엇보다도 큰 재미는 주변 산속에 꽃나무가 매일 몇 개씩 늘어나는 걸 보는 일이다. 금요일 오후에 보이던 건 산책로 옆 산벚꽃뿐이었다. 다음 날 아침에는 그 너머에 또 다른 벚나무 꽃이 보였다. 점심때는 두 개가 더, 저녁때는 서너 개쯤. 이튿날에는 또 늘어나고, 늘어나고, 늘어나고. 그냥 거무스름하기만 했던 나무들이 너도나도 보란 듯이 꽃봉오리를 터뜨린다. 농장 주변 온 산 여기저기서 꽃나무가 불꽃놀이 하듯 뻥뻥 터지는 장관이 연출되고 있다. 산 속에 저렇게 산벚나무가 많이 살고 있었던가? 과수원의 살구꽃은 오히려 초라해 보이네.

며칠 동안 고된 노동의 연속이었다. 지난주 초에 내린 비로 탑돌이 못 물이 그득 차고, 둑 위로 넘치기 시작했다. 그냥 그렇게 물만 살살 넘쳐 나가면 문제가 없겠으나 물이 흐르다 보면 물골이 생기게 되고 점차 그 골은 커져서 둑을 망치게 될 것 같았다. 그래서 큰 배수관 두 개를 적당한 높이에 설치하고 그 위를 흙과 돌로 돋우는 작업을 했다. 둑의 가로가 3미터 정도, 윗부분의 두께가 2미터 정도인데, 그 면적의 땅 위에 흙을 부어 1.5미터 정도를 더 돋우는 일이었다. 약 30미터 정도 떨어진 곳에서 삼태기로 흙과 돌을 날라다 묻자니 혼자서 꼬박 3일이 걸렸다. '우공이산'이라던가, 삼태기로 흙을 퍼서 수백 번 나르는 일을 하다 보면 힘이 들긴 하지만 한 번 걸음에 조금씩 둑이 올라가고 물이 깊어지는 걸 보면서 흐뭇하다. 그러나 이런 일은 멋모르고 한번 해 본 것이지 앞으론 다시 도전할 이유는 없다. 다행히 이곳저곳 꽃 터지는 소리에 흥겨워 중간에 그만두지 않고 끝까지 해냈던 것 같다. 저녁에 막걸리 두어 잔 마시다가 정신을 놓고 쓰러져 깊은 잠 속으로 빠졌다.

비 걱정

2006. 4. 19

내가 좋아하는 어떤 분의 애칭은 비사랑이다. 비, 사랑할 만한 대상이다. 나 역시 비 참 좋아한다. 젊은 시절에 나는 우산을 갖고 다닌 적이 없었다. 그냥 비 맞는 걸 좋아했다. 더구나 농사짓는 사람에게 비처럼 고마운 건 없다. 퇴촌 집은 강판 기와집이기 때문에 지붕에 떨어지는 빗소리는 아름다운 음악 같다. 빗소리가 집 안의 이곳저곳에 따라 다르게 들린다는 걸 아시는지? 그걸 즐기는 맛도 대단하다. 밤에 잠을 설치다가도 비가 오는 소리가 들리기 시작하면서 아주 편안히 꿈나라로 들곤 한다.

헌데 논을 만들고 못을 만들어 둑을 관리해야 하게 된 때부터는 비가 내리면 걱정이 시작되었다. 어제처럼 곤한 밤에도 와르르 빗소리가 커지면 깜짝 놀라서 잠이 깨곤 하는 거였다. 논에 물이 너무 차지 않았나 물은 잘 빠지는가 못 둑은 무너지지 않았을까 등등 걱정이 끝없다.

밭농사만 지을 때는 전혀 신경 쓰지 않았는데, 논농사가 시작되니 비를 보는 눈이 확 달라진 것이다. 몇 번의 시행착오가 있으리라는 생각은 한다. 결국 물길은 잡힐 것이고 안정된 상태가 되면 그 다음부터는 편안한 마음으로 학을 기다릴 수 있겠지.

잔디

2006. 4. 24

탑돌이 못의 둑에 잔디를 입혀 주었다. 지난주에 온 비에도 끄떡없을 정도로 단단하긴 하지만 더 안정시키기 위해 잔디 옷을 입혔다.

기능적 측면만 고려했던 것인데 막상 잔디를 입히니 둑이 훨씬 예뻐 보인다. 그 위를 걷는 기분도 괜찮다. 내친김에 물가로 내려가는 경사면에도 잔디를 심었다. 원래 이곳은 자연스럽게 풀이 자라게 해 초원 같은 분위기를 만들려고 했던 곳인데 풀이 자라기도 전에 비로 인해 땅이 너무 파이는 게 걱정되었기 때문이다. 잔디를 심다가 연못을 보니 그 위에 조그만 배를 하나 띄워 놓아도 좋겠다는 생각이 들었다. 그걸 타고 연꽃 사이를 다녀 볼까?

우산리 벚꽃　　　　　　　　　　　　2006. 4. 25

우산리 집 뒤에 산벚꽃이 만개했다. 흔히 보는 벚꽃놀이용 왕벚꽃이 아니다. 우리나라 토종 벚꽃이다. 백 살이 넘은 이 우람한 나무에 꽃이 피면 꽃의 화려함은 왕벚꽃보다 덜하지만 정갈하고 당당하다. 우리 집은 꽃 우산을 쓰고 있는 것 같다. 봄이면 이 꽃 보기를 기다리는 건 우리가족만이 아니다. 동네 사람들 모두 이제나저제나 궁금해 하고, 마침내 이렇게 피어나면 모두들 얼굴에 웃음이 가득해진다.

아이들이 커가면서 집이 작게 느껴지기 시작하길래 새로 지을까 아니면 이사를 갈까 하다가, 이사를 가면 이 꽃이 너무너무 아까울 것 같아서 집을 짓기로 했다. 이층집을 짓고, 옥상을 만들면, 아마 그 옥상에서 손을 뻗어 꽃을 만져보고 버찌도 따먹을 수 있을 것 같다. 그동안은 높은 곳에서 떨어지는 꽃비만 맞았지만, 옥상에 올라 있으면 아예 꽃에 파묻힐 수도 있겠군.

하지만 집을 너무 높일 일은 아니다. 행여나 집이 꽃나무를 가리면 동네 사람들 봄 웃음을 볼 수 없을 터이니 말이다. 꽃보다는 사람들의 웃음이 더 아름답고 소중하다.

아버지 다리   2006. 4. 27

아버지 왼쪽 허벅지가 퉁퉁 부었다. 탑돌이 못 근처에서 오토바이를 돌리다 논으로 떨어지셨다. 노인용 사륜 오토바이가 같이 구르면서 아버지 허벅지를 눌렀다. 아버지는 이 오토바이를 타고 농장 이곳저곳 살피는 걸 좋아했는데 운전 도중 살짝 판단에 착오가 오면서 논 쪽으로 핸들을 둔 채 악셀레터를 잡아당기셨는가 보다. 촬영을 해보니 뼈에는 이상이 없어서 다행이다.

병원에 누워서도 아버지는 활달하시다. "내가 누구냐? 부웅 날면서도 정신을 바짝 차리고는 낙법 비슷한 걸 했지 뭐냐? 그냥 그렇게 떨어지기만 했으면 까짓것 아무 문제가 없었을 텐데 아 그놈의 오토바이가 내 다리 위로 떨어질 게 뭐람![…]" "난 하나님께 감사하는 마음이다. 크게 다치지 않은 것도 그렇지만, 사고가 있기 전까지도 '난 늙었다 아휴 힘들구나, 아이고 다리가 너무 아프구나…' 했는데, 이렇게 다리가 다쳐서 꼼짝도 못하고 보니 사고 나기 전까지의 몸 상태가 얼마나 건강했던 건지, 그리고 얼마나 그런 건강에 대해서 감사해야 했던 건지… 아마 하나님이 요놈 네가 네 복을 모르는구나 하시곤 깨달음을 주시려 했던 것 같아. 그것에도 감사해야지."

전쟁 때 다친 오른쪽 무릎 때문에 그동안 다리가 아프셨던 거고 몸이 자꾸 무거워지셨던 건데, 오른쪽이 아니라 왼쪽 다리를 다치시고는 저렇게 해석을 하신다. 대단한 분 아닌가? 건강이 대단하고, 낙법 실력이 대단하고, 믿음이 대단하시다.

밭갈이

2006. 4. 28

올해 처음 밭을 갈았다. 예년보다 늦었다. 작년 이맘때는 벌써 토마토도 심고 감자도 넣었는데, 이제서야 겨우 밭을 갈다니, 트랙터를 몰아 한 이십분 정도 왔다갔다하니까 밭갈이가 끝났다. 뒤집어진 신선한 흙에서 나는 냄새를 맡는 일은 언제나 즐겁다. 과수원 일색도 좋겠지만 내가 밭농사를 포기 못하는 이유는 이 흙내음 때문이다.

오늘 새 예초기를 하나 주문했다. 4년 동안 썼던 국산 예초기가 고장이 났다. 고치려면 고치겠지만, 마침 혼다 제품으로 휘발유만 쓰는 예초기가 소개된 걸 인터넷에서 보았다.

일반 예초기는 이륜 엔진을 쓰기 때문에 휘발유와 엔진오일을 섞어 연료로 사용한다. 이런 방식의 예초기는 힘이 좋은 장점은 있되 소음이 많을뿐더러 오일이 타면서 나오는 연기가 괴롭다. 비율을 잘 맞추면 괜찮다고 하지만 나로서는 그 일이 너무 어렵다. 그래서 한동안은 예초기를 던져버리고 낫으로 작업을 했던 적도 있지 않았겠는가?

가격도 별 차이가 없는데 휘발유로만 작동하는 신기한 제품이 있다니 놀랍다. 한편으로는 전국 농민들이 애용해주어 온 국산 예초기의 앞날이 걱정되기도 한다. 하지만 국산품 애용은 지나간 정신이다. 지난 반세기 동안 국민들이 국산품 애용해 주었으면 그걸로 충분했다. 경쟁해야 한다. 농민들도 경쟁하는데 말이다.

5월

토마토　　　　　　　　　　　　　　　　2006. 5. 3

다소 늦은 감이 있지만 내일 토마토를 심는다. 작년에 심은 건 4백 주였다. 올해는 일손이 너무 달려서 100주만 심기로 했다.

할 일이 많다. 토마토 심고, 이번에 새로 나무를 심은 E구역으로 넘어가는 길도 만들고, 나무 심은 곳 주변 배수 도랑도 만들어야 하고, 새로 산 예초기로 풀도 베어야 하고, 옛날 집 방에 도배하고 책 정리하고 논바닥도 골라야 한다. 바쁜 봄이다.

그래서 봄은 즐겁다. 굳이 생물학적으로 말하자면 바쁘게 이리 뛰고 저리 뛰다 보니 따스한 봄 햇빛을 몸에 많이 쐬게 되는 것이고 그래서 몸에 에너지가 넘치게 되며 그러다 보면 기분이 좋아지게 되는가 보다.

내일은 아버지가 퇴원하신다. 닷새 동안의 병실 생활에 입맛까지 잃을 정도로 피곤해하셨다. 좋아하시는 토마토를 정성스레 심어야겠다.

봄 농사일　　　　　　　　　　　　2006. 5. 10

과수원의 D구역에서 E구역으로 넘어가는 길을 만들기 시작했다. 2번 못과 3번 못의 물이 논으로 내려가는 도랑을 메우는 일이기도 하다. 트랙터로 돌을 붓고 흙을 부어서 멋진 길을 냈다. 다음 날까지 계속된 일이었다. 매부 민 서방의 도움이 컸다. 트랙터 운전을 배운 그는 논도 잘 갈아 주었다.

　토마토를 다 심었고, 옛집 도배를 하고 장판을 깔았으며, 삼 년 동안 창고에 넣어 두었던 책 박스를 풀어서 새로 도배한 방 안에 정리해 두었다. 닭장도 완성했다. 아 참, 제초작업도 있었다. 새로 구입한 예초기로 B구역과 C구역, 그리고 옛집 앞마당의 풀을 깎았다. 흐음, 이 새 기계 훌륭하다.

고들빼기　　　　　　　　　　　　2006. 5. 12

고들빼기라는 게 있다. 언뜻 보면 씀바귀 비슷한데 뿌리가 다르다. 하도 아삭거리는 맛이 좋아서 이걸 갖고 김치도 담근다. 우산리로 이사 온 첫해 경상도 상주 촌놈(자칭) 김종철이 친구들과 함께 왔는데, 마당을 이리저리 돌아다니며 살피다가 그걸 뽑아들고 들어왔다. '바보 문딩이 같은 놈이 지천으로 깔리~ 있는 이 꼬들삐기도 못 차아 묵나'라고 흉을 보면서 말이다. 참 맛있었다. 그렇지만 그 후 몇 년 동안 씀바귀하고 고들빼기를 나는 도통 구분하지 못했다. 헌데, 올해부터 보인다. 오늘 고놈들을 쏙쏙 뽑아 저녁 반찬을 했다. 푸욱 익은 취술을 큰 잔 가득 담았다. 여기에 고추장 듬뿍 찍은 고들빼기 안주.

농장 삼대　　　　　　　　　　　　2006. 5. 15

　겨울이 춥고 봄 황사에 찝찝하고, 하여간 일 년 중 불편하게 느껴지는 기간이 많은 우리나라임에도 금수강산 운운할 수 있게 해주는 건 어제 같은 아름다운 날씨가 종종 찾아오기 때문인 거다.
　어제 덕암농장 남자들은 웃통을 벗어젖히고 흙과 돌과 싸웠다. 자연을 아름답게 하는 일이었다. 새 소리 바람 소리 속에서 젊은 아들들의 싱싱한 근육이 흙, 돌과 부딪치는 자연의 오케스트라가 연주되는 날이었다고 할까?
　지난봄에 심은 살구나무 주변에 배수로 파는 일이 가장 큰 일이다. 새로 개간한 E구역의 밭은 흙 반 돌 반이기 때문에 땅 파는 일은 곧 돌 파내는 일이나 마찬가지다. 두 아들을 데리고 그 일을 했다. 지지난 주에 만들어 놓은 D구역과 E구역 사이의 건널 길도 흙을 더 가져다 붓고 돌을 더 묻어서 견고하게 했다. 아버지도 조심스레 걸어 나와 주변의 풀을 뽑으셨다.
　저녁에 아내는 돼지고기 바비큐를 준비했다. 어머니는 손수 가꾼 부추며 취나물을 내오시고 오늘 수고한 삼대 남자들은 데크 위에 앉아 저녁 식사를 맛나게 했다. 장엄하게 떨어지는 저녁 햇살에 비친 아버지의 건강한 얼굴이 감사하고, 하루의 고된 노동에 그을린 아들들의 붉은 얼굴이 아름답다.

덕암산인
2006. 5. 17

나는 종종 할아버지가 그립다. 어제 연세대 중앙도서관 귀중본실에서, 1947년 발행 『농촌』이라는 잡지의 창간호를 만났다. 아직 대한민국 정부가 들어서기 이전, 그러니까 미군정 시절 군정청 산하 조선 농회라는 데서 발행한 기관지다. 책 뒤의 출판 내역을 보니 할아버지가 편집책임자셨다. 그해면 할아버지는 사십 대 후반, 얼추 내 나이 때였군.

한 페이지 한 페이지 책을 넘기며 구경을 하는데, '덕암산인(德岩山人)'이라는 필자 이름이 눈에 띄었다. 내용을 보니 분명 할아버지가 쓰신 거였다. 본명 대신 별호를 사용하셨던 건데, '덕암산인'이라니… 할아버지의 고향에 대한 애착을 보는 것 같았다. 하긴, 덕암이라면 의미 그 자체로도 멋지지 않은가? 새 나라의 농촌과 고락을 함께하는 농회 또는 농협(나와 아버지 모두 조합원이다)의 최초 기관지가 덕암리 사람에 의해서 만들어지고 또 거기에 '덕암산인'의 글이 떠억 버티고 있으니 한국 농촌사와 덕암리는 각별한 관계가 있다는 생각이 든다.

그러고 보니, 1980년대 중반이던가 개그맨 최양락 씨(내 아저씨뻘로서, 우리 동네 출신임)가 주도하던 프로에 '이장님 이장님'이란 꼭지가 있었다. 농촌을 소재로 한 보기 드문 코미디였다. 그 코미디의 공간이 되는 동네 이름이 바로 덕암리였다. 그 양반이 자기 동네 이름을 그 프로에 슬쩍 갖다 붙인 거다.

농촌의 중요성을 누누이 강조하시던 할아버지의 뜻을 조금이나마 받들며 살 수 있음에 감사하다. 아직은 한참 모자라지만 앞으로 한국의 농촌을 살리고 한국 농업의 국제적 경쟁력을 강화하는 데 덕암농장이 공헌할 수 있게 되기를 바란다.

'덕암산인'이라, 멋진 이름이다. 할아버지는 지금 덕암리 종중산에 누워계신다. 영원한 '덕암산인'으로 말이다.

기대와 실망   2006. 5. 21

올해 살구꽃이 아주 잘 피었지만 그게 열매 맺기로 순조롭게 이어지는 건 아니었다. 몇 나무밖에 꽃이 피지 않았던 작년에 비해 훨씬 과실 양이 적다. 아니 적다기보다 한두 나무 빼놓고는 열매가 거의 달리질 않았다. 달렸던 놈들도 벌써 다 말라 죽어간다. 옛집에 가보니 거기에 있는 자두며 앵두도 마찬가지 증상이다. 이유를 모르겠다. 살구나무만 그렇다면 아직 나이가 덜 차서라고도 해석하겠지만 지난해까지 잘 달리던 자두와 앵두도 마찬가지이니 이게 도대체 무슨 조화람?

염소 걱정   2006. 5. 23

작년 이맘때 농장에 염소 새끼가 두 쌍 들어왔다. 그중 한 쌍은 차례로 죽었고, 지금 한 쌍이 남아 있다. 그동안 잘 자랐다. 수놈은 수염이 의젓하고 불알이 호박만 하다. 암놈은 종자 자체가 작은 놈이지만 늘 토실토실하다. 엄마 옆에 붙어서 젖을 찾던 놈을 데려온 건데 혼자서 어른이 되었다. 염소는 잘 먹고 착하다. 뿔로 받아도 마치 어린아이가 힘자랑하느라 시늉하는 듯 할 뿐이고 볼을 만져 주면 아주 좋아한다. 눈이 맑고 속눈썹은 곱다.

그런데 요즘 걱정이다. 염소란 놈들이 덩치가 커지고 힘이 세어지니까 아버지가 아침, 저녁으로 풀밭과 우리 사이를 데리고 다니기 힘들어 하신다. 맘 같아서는 편안하게 방목을 하면 좋겠는데 그러면 이놈들이 살구나무를 갉아먹을 게 틀림없다. 이러지도 저러지도 못하고 지내고 있는 중이다. 요즘 하는 실험이 있다. 이놈들을 그냥 초장에 묶어 놓는 거다. 이슬도 맞고 비도 맞겠지만 이제 다 자랐으니 견뎌낼 수 있을 것 같기도 하다. 하지만 비 맞는 게 걱정이 되긴 된다. 어제 하루 종일 비가 왔다. 하루 종일 염소 걱정뿐이었다. 아무래도 커다란 울타리, 그러니까 약 백 평 정도 되는 낮은 철조망 울타리 같은 걸 만들어 주어야겠다.

모 2006. 5. 26

마당에 모판이 가득하다. 오늘 경기도 광주 도평리 육묘장에서 20개를 들여왔다. 육묘장 임 사장 얘기로는 백오십 평 논이라면 열다섯 판 정도가 충분하다 했는데, 오늘 모판을 가지러 가보니 그건 기계로 심을 때 얘기이고 손으로 직접 심는다면 이십 개는 있어야 한단다. 그러면서 그냥 공짜로 다 가져가라고 인심을 쓴다. 이미 팔 건 다 팔았고, 남아 있는 모는 팔리지도 않을 것들이라 버리려고 했던 거라나. 하지만 내가 개간한 논에 첫 모를 꽂는 일인데 버릴 것을 공짜로 얻어다 심는다는 건 말이 되지 않는다. 억지로 돈을 주고 사 왔다.

버려질 놈들을 내 새 논에 심어 살리려 한다. 그놈들이 덕암리 농장의 첫 쌀 수확을 안겨 주겠지. 둘째 아들은 꼭 모내기를 직접 해보겠다고 오래 전부터 벼르고 있는 중이고, 큰아들은 시큰둥한 눈치여서 농장으로 동행할지 모르겠고, 아내는 못줄 잡는 일을 하겠다고 한다.

스물두 살 때, 이맘때쯤 나는 덕암리에서 한 주가량 머물렀던 적이 있다. 그때만 해도 동네 사람들이 전부 동원되어서 손으로 모를 심었다. 나도 거기에 섞여서 하루 모내기를 해 보았다. 얼마나 힘이 들던지… 하지만 논둑에 앉아서 먹던 새참과 막걸리는 얼마나 맛있었던지! 그 이후 모내기는 이번이 처음이다.

모내기   2006. 5. 26

내일은 모내기하는 날이다. 모내기, 즉 '모를 낸다'는 건 볍씨를 모판에 심어서 키운 작은 모를 논에 내가서 심는다는 뜻이다. 수십 년을 매년 봄이면 듣던 말이지만 늘 의미는 알 듯 말 듯 했는데 이번에 직접 모내기를 해 보니 그 말의 뜻이 분명히 이해되었다. 며칠 전에 가져다 놓은 모가 빨리 물이 가득한 논에 들어가고 싶어서 발광을 하는 듯하다. 부지런히 물을 주었는데도 불구하고 일부는 서서히 말라가고 있다. 내일, 비가 온단다. 오늘 모를 냈으면 딱 좋았을 터인데 쩝. 비를 맞으며 모내기를 한다. 이건 처음 해보는 거라서 어떨지 모르겠다. 도와주겠다고 나선 아내나 둘째 둘 다 빗속에서 일하는 걸 싫어할 터인데, 아무래도 나 혼자 모내기를 할 것 같다.

모내기를 마치고　　　　　　2006. 5. 28

온몸이 욱신거린다. 그동안 밭농사, 과수농사, 벌목 등등 많은 일을 해 보았지만 이렇게 힘들기는 처음이다. 첫째는, 몸을 앞으로 구부리고 오랜 시간 일을 했고, 둘째는, 푹푹 빠지는 뻘에서 다리를 빼느라고 힘드니 근육과 관절에 무리가 많이 갔기 때문인 것 같다. 그리고 아무래도 개간 후 첫해라서 그런지 돌이 많았다. 책가방만 한 바위 덩어리도 여럿을 뽑아냈으니 그 일도 뼈마디와 근육에 무리를 주었겠다.

어제, 하늘이 도우시느라고 모내기 시작하고서도 몇 시간 동안 비가 오지 않았다. 나, 아내, 둘째, 그리고 아버지, 어머니까지 논으로 나갔다. 어머니와 아내는 못줄을 잡고, 나와 아들이 모를 심었다. 몸이 많이 회복된 아버지는 논바닥을 슬슬 정리해 주셨다. 새참을 먹고 난 후엔 아내도 첨병 논에 뛰어 들어와 모를 심었다. 잘 심는다.

삼분의 이쯤 심었을 때 비가 뿌리기 시작했다. 사분의 삼쯤 일이 끝났을 때 가족들은 다 집으로 들어갔다. 나는 비를 맞으며 마무리를 했다.

헌데 빗속에서 혼자 모내기하는 맛이 각별했다. 논물에서 향기가 나는 걸 느낄 수 있다. 흙과 풀과 물과 바람이 어우러지는 신비로운 냄새다.

6월에

꽃밭   2006. 6. 1

데크 앞에 꽃밭을 만들었다. 농장은 아름다워야 하며 그 아름다움을 가꾸는 마음이 집약되는 곳은 꽃밭이다. 꽃밭은 특히 그 집 안주인의 얼굴이다. 농장 본채의 앞마당에는 자갈을 깔았는데, 지난해부터 어머니가 데크 앞 자갈 마당 위에 장미를 심기 시작하셨다. 헌데 자갈과 같이 섞인 장미가 안쓰러워서 자갈을 치워버리고 꽃밭을 만들기로 한 것이다. 트랙터로 서너 번 퍼 날라 탑돌이 못 부근으로 자갈을 옮기고 다시 그곳에서 고운 흙을 네 트랙터 정도 퍼 와 깔았다. 퇴비도 섞어 놓고 붉은 벽돌로 울타리도 만들었다. 그곳에 꽃 몇 가지를 더 심어 놓으니 훌륭한 꽃밭이 되었다.

덕암농장 우이재   2006. 6. 2

덕암농장 서재 이름을 붙여보겠다는 궁리를 하고 있다. 지금 우이재라는 이름을 놓고 생각 중이다. '소 우(牛)' 자에 '두 이(二)' 자를 쓴다. 나는 소띠이고 소를 좋아하며 소뫼골이라 불리던 퇴촌 '우산리'에 가족이 살고 있다. 덕암농장 앞에는 둘째 댁에서 소를 수십 마리 키우기 때문에 소 울음소리를 자주 듣는다. 또 내가 좋아하는 말이 '돌밭을 가는 소'라는 '석전경우(石田耕牛)'다. 아무도 돌아보지 않는 돌밭을 갈아 옥토로 만드는 사람을 상징하기도 하는데, 난 그런 사람을 사랑하고 나 또한 그렇게 살고자 노력하고 있다. 또 난 소걸음이 좋다. 천천히 서둘지 않고 그러나 꾸준히 간다. 그래서 '우보'라는 이름을 붙이려고도 했지만 그런 호를 가진 유명한 분이 있어서 그만두었다. 왜 '두 이'자를 썼는가 하면, 내가 좋아하는 일이 글 읽는 것과 땅 일구는 것 두 가지이기 때문이다. 학문과 농사라고 할까, '사'와 '농'이라고 할까? 그 두 가지를 소와 같은 걸음걸이로 꾸준히 해나간다는 의미로 '우이재'다. 서울 우이동이 생각나기도 해서 좀 꺼려지기도 하는데, 한자로 쓰면 괜찮으려나 어쩌려나… 牛二齋.

오리 2006. 6. 6

지난주에 장에 가서 오리 세 마리를 사왔다. 닭 세 마리도 더. 합쳐서 닭 여섯 마리, 오리 세 마리를 새로 지은 닭장에 넣었다. 때가 되면 오리는 연못가에 풀어 놓으려고 한다. 연못에서 헤엄치고 옆에 있는 논에서 꽥꽥대는 모습을 보기 위해서이다. 몇십 년 죽어 있던 둠벙에 생명을 불어넣는 일이다. 지금 당장 풀어 놓지 않는 이유는 아직 어리기 때문이다. 우리 안에서 어느 정도 키우다가 자기방어 능력이 생길 때 연못가에 가져다 놓으려 한다.

얼마 전 '황진이'라는 소설을 읽었는데 작가 홍석중은 "어떤 이는 종이 우에 붓으로 시를 쓰지만 어떤 이는 삶으로 시를 쓴다."고 했다. 연못을 만들고 물을 채우고 거기에 오리를 잡아넣으면서 그려 보는 모습이 있었는데 딱 그것인 듯한 광경을 그린 시가 하나 있다.

오리

권태응

둥둥 엄마 오리,
못 물 위에 둥둥.

동동 아기 오리,
엄마 따라 동동.

풍덩 엄마 오리,
못 물 속에 풍덩.

퐁당 아기 오리,
엄마 따라 퐁당.

― 『신경림의 시인을 찾아서』(우리교육, 2002)에서

레드스카프

2006. 6. 8

지난봄 연못에 들어가서 정성스레 심어 놓은 레드스카프 줄기가 올라왔다! 물속에서 솟구쳐 오른 두 줄기의 연 대가 발그레한 얼굴을 수면 위로 내밀었다. 하 참 희한하다. 나중에 며느리들이 와서 보길 바라며 심은 연뿌리였는데, 며느리 숫자만큼 딱 두 줄기가 올라오는 거다! 거참 희한하군. 정말이지 한 놈은 좀 더 크고 한 놈은 좀 더 작고. 그렇게 자매 같은 녀석 둘이 올라와 있다. 아직 꽃은 피지 않았고 이파리 같기도 하고 대궁이 같기도 한 게 떠있다. 한 여름이나 초가을에 푸른 연잎과 붉은 연꽃을 볼 수 있을 거다.

논의 모는 잘 올라온다. 논과 도랑에 남겨 놓은 모를 치우다 미꾸라지를 두 번이나 봤다. 고놈들 통통하군. 추어탕 생각에 입맛을 다신다.

닭장

2006. 6. 15

몇 날 동안 농장 풀을 베고, 닭장과 오리 장을 만드느라 바빴다. 닭장은 정확하게 말하자면 닭장 속의 닭장이다. 닭이 들어가서 알을 낳고 비를 피할 수 있는 공간이다.

정면에서 볼 때 시옷 자 형으로 틀을 짠 후 두툼한 송판을 아래에 깔고 그 위에 슬라이딩 형태로 목재 지붕을 얹었다. 재작년부터 말린 참나무로 기둥을 만들었다.

논의 모가 힘차게 올라오고 있는 중이다. 모내기를 해 놓으면 약 일주일에서 열흘 뒤, 혹은 보름 뒤에 밑둥치 부분이 짙어진다. 뿌리가 땅으로 퍼지면서 양분을 빨아올리는 힘이 강해지는 것이다. 그에 따라 모의 성장이 눈에 띄게 빨라진다.

논 옆에 오리가 거처할 곳을 만들어 주었다. 앞으로 일주일 뒤에 오리를 이곳으로 옮겼다가 다시 일주일 뒤에는 방사할 셈이다. 2주 뒤부터는 논에서 오리가 꽥꽥, 탑돌이 못에서 오리들이 둥둥.

제초기를 들이다   2006. 6. 16

올해는 제초기를 꼭 구입하고 싶었다. 그러나 가격이 너무 높아서 포기하고, 대신 좋은 예초기를 하나 더 구해 풀 베는 작업을 해오고 있었다. 제초기(除草機, 풀을 제거하는 기계)나 예초기(刈草機, 풀을 베는 기계)나 모두 풀을 깎는 기계를 지칭한다. 전자는 사람이 뒤에서 방향을 잡는 가운데 스스로 굴러가면서 풀을 깎는 기계고, 예초기는 엔진이 달린 본체를 사람이 등에 메고 긴 대를 두 손으로 붙잡고 그 끝에서 돌아가는 날로 풀을 베는 기계이다. 예초기 가격은 대략 20만 원부터이다. 제초기는 200만 원 이상이다.

헌데 어제 예상치도 않은 돈이 생겼다. 돈을 보니까 제초기가 생각났다. 예산 신암면에 있는 대리점에 전화를 했다. 그랬더니 주인이 좋은 가격과 조건을 얘기했다. "반만 내고 나머지는 추석 때 주슈." 아마 그쪽은 사과가 많이 나는 지역이라 추석 때쯤 목돈이 생기는 걸 아는 고로 그렇게 얘기하나 보다. 그 가격의 반 정도 되는 돈이 수중에 들어온 이상 얼른 사야 하지 않겠는가?

구입을 했고 마누라에겐 자랑 비슷하게 했는데 웬걸. 그 돈 자기 안 주고 제초기를 사는 데 썼다고 입이 나온다. 그 입이 내 코에 닿을 듯하다. 허 참 남편 제초작업에 힘 좀 덜게 되고, 과수원이 더 아름답게 가꾸어지는 걸 기뻐할 줄 알았는데 이게 웬 봉변이람? 그냥 아무 말도 하지 않을 걸 괜히 '민주개방형' 가장 흉내를 낸 건가? 에잉 기분 나빠서 그냥 오후부터 내내 삼만 잤다.

멱감기   2006. 6. 20

금요일에 제초기가 들어왔다. 흠, 역시 작업 능률이 엄청나게 뛰고 무엇보다도 제초기가 만들어내는 푸른 초장이 아름답다. 풀이 고르게 잘리니까 과수원이 훨씬 넓어 보이고, 풀 자른 뒤의 향내도 싱그럽다. 나와 제초기 뒤를 따라다니는 아버지도 좋다, 좋다 하신다.

토요일 하루 종일 풀을 베었는데 오후가 되니까 기온이 크게 올라가고 더웠다. 탑돌이 못 물이 나를 유혹한다. 작열하는 태양을 받아 빛나는 물 표면도 아름답다. 물속으로 들어갔다. 아무도 보지 않는 곳에서 이렇게 태양빛을 흠뻑 받으며 홀로 노는 게 처음이 아닌가 싶다. 새 한 마리가 나뭇가지에 앉아 나를 보고는 한동안 잭잭거리다 날아가고, 하늘거리는 보랏빛 엉겅퀴 꽃이 나를 보고 생글거리는 것 같다.

아담은 그렇게 올여름 첫 멱을 감았다, 아주 오랫동안. 옷을 챙겨 입고 밭으로 다시 올라서니 어? 새로 개간한 언덕 위에 샛노란 꽃이 눈을 끈다. 고귀하게 생긴 '산란' 두 송이가 노란 꽃을 피웠다. 이 꽃과 눈높이를 같이하고 연못 쪽을 보니 하하 이놈들 나 멱감는 걸 아주 잘 내려다보고 있었네.

다옥정?　　　　　　　　　　　　　2006. 6. 20

　닭장을 완성했다. 지붕은 빨간색으로 칠했다. 무거운 닭장을 같이 옮겨 주시던 아버지 왈, "무슨 닭장이 호떼루 같구나."
　이름을 붙여 주어야겠다. 정면에 푯말까지 만들어 놓긴 했는데 적당한 이름이 정해지질 않는다. 지금으로서는 '다옥정'(많을 다, 구슬 옥, 정자 정)인데, 아버지는 '마당 정'을 사용해보고 싶다 하신다. 그래서 '취다옥정'이란 말도 만들어 보았다. '많은 구슬을 거두는 마당'이란 뜻이다. 물론 '구슬 옥'은 계란을 상징한다. '다옥정'은 닭이 비를 피하고 알을 낳는 공간을 고려한 것이고 '취다옥정'은 닭이 노니는 땅을 포함한 닭장 전체를 이름이다. 흠 '다옥정'이 좋을까, '취다옥정'이 좋을까?

↳ **조현각**
　다옥정에 한 표! '취'는 좀 인위적이기도 하고, 노골적이기도 하고 하여..^^ 그러고 보니 '다'도 사람의 뜻이 좀 앞서나간 듯도 하고.. ㅎㅎ.. 옥 하니 옥보단이 떠오르며, 옥보정은 또 어떨까요?

↳ **최병욱**
　옥보정도 좋네! 취다옥정이 너무 노골적이라는 지적은 타당한 것 같다. 다옥정도 좀 노골적이긴 하지만 농가에서 그런 정도의 욕심이야 양해할 만한데, 거기다 취까지 쓰면 좀 심하다 느껴지긴 하군. 헌데 '옥보정'이면 '옥보'가 모두 정자를 꾸미는 것 같아서 정자 그 자체만 강조될 위험이 있구만. 사실 어저께 저녁에 '머금을 함'자를 써서 '함옥정'이 생각 나길래 아버지께 전화를 드렸더니 지금 막 '다옥정'을 멋들어지게 쓴 후 젖은 붓을 들고는 바라보고 계시다는 거야. 옆에서 어머니는 최고라고 엄지손가락을 세우고 계시다네. 그래서 '다옥정'으로 낙착. 다옥정에 한 표를 던진 현각이에게 다옥정 계란 한 판 선사하리라 약속함!

살구나무 옮겨심기   2006. 6. 20

과수원에서 B구역이 부실해 보이곤 했다. 가장 작은 데다가 나무가 심어진 간격이나 방향이 일정하지 않아서 어수선하다. 죽은 놈들도 많고, 키가 작아서 풀에 가려버린 통에 제초 작업 중 쳐버린 나무도 꽤 된다. 지난 몇 날 동안 망설였다. 북을 돋우어 나무를 다시 올려 심고 간격도 다시 잘 맞추어야 하는데 요즘 절기에 나무를 옮겨 심으면 실패율이 높기 때문이다. 가을까지 기다리는 게 상책이겠지만, 장마를 거치며 또 몇 나무가 죽어 나갈지도 모르고, 자라지 못하는 놈들 힘들어하는 모습 보기가 안쓰럽고, 단 몇 달이라도 어수선

B구역의 봄

한 과수원 모습을 보기도 불편하다. 우이재에서 바라보면 가장 먼저 보이는 게 이 구역이기 때문에 아무래도 신경이 많이 쓰이게 된다.

옮겨 심기로 결정했다. 새벽에 일어나서 본 월드컵 프랑스 팀과의 경기 결과에 너무 기분이 좋아서였을 수도 있었다. 뿌리가 퍼진 걸 고려해서 나무 둘레의 땅을 크게 떠내니 나무 하나 옮기는 게 바위 덩어리 옮기는 셈이었다. 해 놓으니 훨씬 보기가 좋다. 나무들도 웃는 것 같다.

롯데 파이오니아   2006. 6. 22

우산리 집 거실에는 롯데 파이오니아라는 브랜드의 오디오세트가 오래도록 앉아 있었다. 21년 전 나로서는 거금을 주고 산 기계다. 난 아직도 이걸 사용하고 있고 이것으로 엘피판 듣기도 여전히 즐긴다.

그 옆에는 텔레비전이 한 대 놓여 있었다. 1999년 유학에서 돌아와 필요한 살림 몇 가지를 다시 장만하면서 산 걸로 기억한다. 4년 전 이곳으로 이사하던 해 그 앞에서 큰아들 녀석과 둘이 밤새 월드컵 게임에(아내와 둘째는 축구에 별로 관심이 없었다.) 흥분하던 기억이 새롭다.

그런데 14인치 이 텔레비전이 이 세대에게는 작고 답답하게 느껴지나 보다. 난 화질 선명하고, 부피 적당해서 아무 불편이 없다. 그런데 아들 둘에 아내까지도 티브이를 더 큰 것으로 바꾸자는 의견이었다. 동의를 해 놓은 바이지만, 지난 4년 동안 영 맘에 드는 걸 찾을 수가 없었다. 얼마 전 월드컵이 시작되면서 아들이 "아버지 이번 월드컵도 이 14인치 텔레비전으로 보는군요." 하길래 '그래서 뭐가 문제인고(?)'라는 생각이 들다가 약속을 지키지 못해서 좀 미안하긴 했다. 하지만 맘에 드는 게 없으니 어찌 하겠는가?

헌데 농장에 오래 가 있는 사이에 아내가 기습적으로 평면 액정 티브이를 사다가 세워 놓았다. 화질은 맘에 들지만 카메라가 빠르게 움직일 때는 영상이 너무 흔들려서 나로서는 머리가 아플 정도인 물건이다. 이런 단점이 많음에도 불구하고 그걸 개선도 하기 전에 장점만 광고해서 팔아먹는 게 난 못마땅하다. 장점만 보고 사대는 소비심리도 답답하고… 그러나 받아들이기로 했다.

문제는 롯데파이오니아다. 14인치 티브이를 치우고 그 자리를 커다란(난 새 티브이가 몇 인치인지도 모르겠다.) 놈이 차지했으니 나란히 앉아 있던 오디오는 치워져야 했다. 어디로 갔나? 큰아들 방에 들어가 있었다. 자기가 듣겠다나? 중학교 들어갈 때 사준 조그만 포터블 오디오는 동생에게 넘겨주겠다고 하고, 롯데파이오니아는 자기가 갖겠다고 한다. '허 이놈 누구 맘대로?' 하지만 딱히 다른 공간도 없고, 그런 구식 오디오를 꽤 좋아하는 데다가 자기 방에 두고 기꺼이 듣겠다는 태도도 기특하고 해서 추후 승인을 했다. 그리곤 어저께 저녁에 아들과 함께 선을 연결하고 자리를 잡았다.

턴테이블에 마침 걸려 있던 백창우 씨의 노래가 흘러나온다. 큰아들이 태어나던 해부터 삼년 동안 난 전국을 돌아다니면서 이 세상을 매우 진지하게 사는 사람들을 만날 기회가 많았다. 강원도 홍천 주음치리의 왕 선생님 부부나 성남의 노래꾼 백창우 씨도 다 그때 만났던 분들이다. 큰아이가 걷기 시작할 때 롯데파이오니아는 내 방에 있었다.

사내아이가 자기 두 다리로 공간 이동을 할 줄 알기 시작할 때는 아버지를 무척이나 바친다. 일에 바빠서 아버지는 방문을 닫고 들어가 버리면, 아이는 아버지가 보고 싶어진다. 어떨 때는 똑똑 문을 두드리기도 하고 어떨 때는 살그머니 문을 열고 방으로 들어온다. "아부지(이놈은 어렸을 때부터 아빠라는 말을 쓰지 않았다.) 뭐 하세요?" 생글거리며 들어올 때도 있지만 내 일이 너무 바빠서 문을 걸어두어야 할 때는 밖에서 쾅쾅 두드리며 들어오겠다고 떼를 쓸 때도 많았다. 어쨌거나 아이가 내 방에 들어오면 음악을 들려주곤 했다. 백창우 씨가 스튜디오에서 녹음해 준 '해야해야'도 그 방에서 들었고, '사람 하나 만나고 싶다'라는 제목의 음반도 그 방에서 같이 들었다. 주음치리 그 아름다운 분교에서 어린이들의 합주를 녹음해 온 리코더 협주곡 '할아버지 시계'도 그 방에서 그 기계로 같이 들었던 걸로 기억한다.

그런데 이제 세월이 흘러, 그 기계가 저놈 방으로 들어갔다. 이제 아버지는 음악을 듣고 싶으면 아들 방문을 두드려야 한다. 오늘 아침에 기계 앞에서 여기저기 다이얼을 맞추고 있는데, 밥을 먹고 있던 아들놈이 날리던 말, "아버지 그거 좀 그만하시면 안될까요?" 자꾸 채널이 바뀌니까 듣기에 성가셨던 모양이었겠지만, 아들놈 방에 들어가서 그런 소리를 들으니까 이 기계 주인이 이젠 내가 더 이상 아닐지도 모르겠다는 생각이 들었다. '이렇게 세월은 가는 거군.'[15]

---

15) 우여곡절 끝에 다행히도(?) 이 기계는 2008년 덕암농장의 우이재로 이사해 나와 다시 함께 지내고 있다. 올봄 방 안 살림을 줄이면서 창고이자 내 목공 작업장으로 옮겼다. 김광석 노래 듣기에는 여기가 훨씬 좋다.

7월에

살구가 익었네요　　　　　　　　　2006. 7. 3

농장 전체에 달린 살구가 스무 개나 될까 싶을 정도로 수확이 형편없다. 그러나 한두 그루 착한 나무는 대여섯 개씩 열매를 달았고, 크기도 하게 예쁘기도 하게 열매를 익혔다.

　내가 살구나무를 좋아하는 이유 중 하나는 열매가 익었을 때의 장한 모습 때문이다. 당당하게 버티고 선 나무 사이사이에 황금 알이 달린 듯하다. 지난해보다 맛은 더 있는 것 같다. 살구 맛도 맛이지만 푸른 초원 위에서 달콤한 살구 맛에 행복해하시는 부모님 바라보는 마음이 좋다.

　황무지를 일구어 푸른 초장을 만들고 거기서 황금 열매가 맺고 그걸 두 손에 잡고 기뻐하는 부모님. 이런 광경을 3년 만에 만들어 냈다.

오리 농사꾼

2006. 7. 3

드디어 오리를 풀어 놓았다. '이게 뭔 세상이여'라는 듯 어리둥절한 모습이던 오리 세 마리가 논의 물을 몇 모금 톡톡 찍어 마셔보더니 냅다 그 안으로 들어가서 휘젓고 다닌다. 약간 수심이 깊은 곳에서는 헤엄치는 흉내까지 낸다. 논 이곳저곳에 풀이 올라오기 시작했는데, 오리들이 휘젓고 다니며 뜯어먹으니 금방 깨끗해지는 게 보인다. 벼 사이를 부지런히 오가는 오리가 농사꾼이 아니고 무엇이겠는가?

닭장 문도 화알짝 열어주었다, 푸르게 깎인 초장 위에서 맘껏 놀아보라고. 양탄자 같은 풀밭 위를 도도히 걷는 닭들의 모습이 그림보다 아름답다. '다옥정'이라고 아버지가 멋들어지게 써 놓으신 '닭호떼루'와 초장을 오가게 만든 구조 배치가 훌륭하다. 세계 최고라고 혼자서 자화자찬하고 있는 중이다.

낚싯대를 드리우다

2006. 7. 3

연잎이 얼굴을 내민 둠벙에 낚싯대를 드리웠다. 2칸 대. 오랫동안 사용하던 낚싯대다. 재작년부터 세 칸 반 낚싯대가 너무 무거워서 그걸 두 칸 정도로 만들어 쓰고 있다. 원래의 세 칸 반 대는 1985년이던가, 지금은 밴쿠버에 살고 있는 친구 종숭이가 생일 선물로 준 것이었다. 순수 유리섬유 낚싯대를 어렵게 구해 주었다. 그는 나의 둘도 없는 낚시 친구였고, 도고저수지에서 함께 밤을 샌 적도 여러 번 있었다. 아직 전국의 저수지 물이 깨끗하던 5~6학년 시절부터 우린 낚시에 미친 어린이들이었다. 내가 주말이나 휴일에는 만사 제쳐놓고 밤낚시를 가는 정도라면, 그 친구는 낚시 때문에 학교도 오지 않을 정도였다. 우리는 그렇게 낚시질로 사춘기를 보냈고, 이십대를 보냈고, 결혼하고 애 낳고서도 한동안 함께 낚시를 다녔다.

큰아이가 엄마 배 안에 있을 때 아내에게 '용봉탕(龍鳳湯, 용은 잉어, 봉은 닭을 상징함)'을 끓여주고 싶다는 핑계를 대고 그 친구와 밤낚시를 갔다. 헌데 아뿔사! 다음 날이 아내 생일이었지 뭔가? 잉어는 잡아서 갔지만, 그날 두 사내는 아내 앞에, 아이 앞에 무릎을 꿇어야 했다. 같이 자주 다니던 또 다른 낚시터 버들못은 아직도 아름답다. 그 친구는 '버들못 뱀장어에 대한 보고서'라는 제목의 소설을 쓰고 싶어 했다. 이십대의 술자리는 늘 그 소설의 구상을 듣는 자리였다(아 버들못 붕어도 좀 잡아넣을까?). 그 뒤 나는 캔버라에서 그 친구는 밴쿠버에서 한국 낚시 방식으로 대물 잉어, 붕어를 낚아대던 이야기까지 서로 전하다가 이젠 나이도 들고, 물도 더러워지고, 뭐 이런저런 이유로 낚시가 시들해진 마당이다. 그래도 나는 1999년부터 일 년에 한 번씩은 아들들과 함께 연례행사처럼 밤낚시를 즐겨 왔지만, 지난해부터 그만둔 상태였다. 물이 더 많이 더러워져서이다.

그런 추억이 깃든 낚싯대를 연못 가장자리에 설치했다. 그냥 그렇게 영구히 설치를 한 것이다. 친구의 선물은 그렇게 나와 더불어 이제 탑돌이 못을 지킬라나. 낚시를 할 때마다 늘 그 친구 생각을 하겠지. 언젠가 와서 그 자리에 앉아 함께 낚시 할 때가 올까? 우리가 제일 좋아하던 도고저수지와 버들못 붕어들을 모아 놓은 이 탑돌이 못에서.

싱그러운 아침   2006. 7. 5

요즘 아이 시험 때라 나는 자동차 서빙을 한다. 아침 일찍 학교에 태워다 주는 일이다. 큰아들은 학교 갈 때, 둘째 아들은 집에 올 때.

오늘 아침 큰놈을 태워다 주고 돌아와 차에서 내리니 옆집 매화아빠(반장님이고, 매화 나이도 올해 스물인 데다가 이 양반 나이도 육십이 가깝지만 매화아빠란 호칭이 이뻐서 이렇게 쓴다. 물론 평소 부를 땐 '반장님'이지만.)가 예초기를 메고 늠름히 서 있는 모습이 눈에 들어왔다.

지난 4년 동안 이 양반 예초기 쓰는 것 보지 못한 터라, 게다가 처음 보는 예초기라서 이유를 물었다. 논둑 풀을 깎으려고 기계를 시험하고 있단다. 이런 날이 올 줄이야! 늘, 그리고 이곳 주변 누구나 그러하듯 논둑 제초 작업은 매화아빠도 제초제로 해 왔다. 제초제를 마구 뿌려대면 그게 논물로 들어가고 다시 그 물은 팔당댐 상수원 지류인 이곳 개울로 흘러 들어간다. 작년에는 하도 답답해서 수자원공사에 연락을 해 이런 것 통제하지 않느냐고 항의까지 했지만 소용없었다.

아름다운 논둑길을 제초제 무서워 맘대로 걷지 못함이 슬프기도 하고, 그렇게 제초제 뿌려 놓은 논에 날아와 노는 백로가 불쌍하기도 하고, 또 그런 데서 생산되는 쌀을 먹는 사람들이 걱정되기도 한다. 그렇게 독한 제초제를 뿌리며 마시는 농부들이 참 이상하기도 함은 물론이고. 어제『농민신문』에 난 기사를 보니 제초제 사용의 또 다른 문제점은, 풀뿌리가 사라지기 때문에 경사면 흙이 무너지는 거란다. 그래서 논둑길 옆에 난 농로나 찻길 포장 아래가 무너져 내린다는 이야기였다. 신문에 소개된 사진을 보니 제초제 쓴 논 옆에 있는 도로 콘크리트 포장이 공중에 떠 있다. 오늘 아침에 아이들과 오고 가는 길에 살펴보니 제초제를 뿌린 논둑 사면은 울퉁불퉁. 흙이 떨어져 내린 모습이 완연하다. 이 문제도 심각하다는 생각을 하며 돌아왔는데 아 글쎄 매화아빠가 예초기를 떠억 메고서 이제부터 논둑 풀은 이걸로 깎겠다고 나서고 있지 않은가!

예초기를 사용하면 일 년에 세 번 정도, 많아야 네 번 정도만 깎아주면 된다. 제초제를 뿌린다 해도, 큰 약통을 등에 메고 더운데 마스크 쓰고 촘촘히 다 뿌리느라 종종거리며 걷는 거리를 생각하면 노동의 강도 차이도 별로 나지 않을 것 같다. 단지 예초기는 이삼십만 원 하는 구입비가 들어가고, 연료비가 든다는 단점이 있지만 건강과 환경을 생각한다면 그건 최소한의 투자비용 아닐까? 기계 메고 풀 깎는 게 보통 힘든 일이 아니라고 여기는 사람들도 많다. 게다가 농촌 사람 대부분이 노인네들이니 말이다. 그러나 덕암리 역시 대부분 노인네들이지만 다 예초기 써서 풀 깎는다. 가깝게는 내 아버지도 연세가 팔십을 바라봄에도 예초기 잘 쓰신다. 예초기 사용이 많아지면 제품 개발도 진화할 것이다.

이제라도 제초제 쓰지 않고 손수 풀을 깎기로 결정한 매화아빠에게 박수를 보내고 싶다. 그리고 부디 이곳 소뫼골 모든 논둑도 더 이상 제초제 덕분에 칙칙한 모습 띠지 않는 파릇파릇하고 싱그러운 냄새 풍기는 아름다운 논둑으로 바뀌길, 그 위 논둑길에서 아이들이 맘껏 뛰어노는 그런 곳으로! 오늘같이 싱그러운 여름날 아침은 음험한 제초제의 냄새가 아니라(사실 냄새가 없어서 더 무섭지만) 경쾌한 예초기 소리로 가득하길! 매화네 밥상에 더 건강한 쌀이 오르고, 그 쌀을 먹는 매화는 더 이뻐지고 건강하고, 그런 매화는 더더 이쁘고 건강한 아이들 많이 많이 낳길!

↳ **농가주부** 2006. 7. 12
하노이에 있는 남편
이곳은 비가 무척 옵니다. 태풍에 장마, 오늘도 종일 빗속에서 살았습니다. 아들을 두게 된 데이빗의 즐거움이 무척이나 크겠군요. 동양 남자들이란 어쩔 수 없는 것인지 데이빗도 무척 아들을 낳고 싶어했지요.

그곳 생활이 모두 평안하다니 다행입니다. 헌 책방을 발견했다는 것도 큰 소득 중 하나일 듯.

서정이는 밤마다 오늘 한 운동량을 과시하듯이 가슴에 힘을 주고 두께를 확인하고 있습니다. 흔히 말하는 '갑바'라는 것이 생기는 듯.

서용이는 잘 지냅니다. 물론 나도. 다만 닭과 황구, 예쁜이가 비 때문에 끼니를 거르곤 하는 것이 문제이지요. 덕암농장도 별일 없음.

다시 소식을 기다립니다.

초복   2006. 7. 23

초복은 벌써 지났지만 초복걸이를 오늘 단단히 했다. 어제오늘 농장에서 풀을 깎느라고 땀을 뻘뻘 흘렸는데 소뫼골 느티나무 아래서 개장국을 끓였다고 어서 올라오라는 거였다. 이장 댁 대문 앞 커다란 느티나무 그늘 아래서 오랜만에 잔치가 벌어졌다. 여름이면 두세 번 정도 이런 행사를 치른다. 하노이에서도 하루 이걸 맛나게 먹었는데, 열흘 만에 또 한 그릇이군.

용맹정진   2006. 7. 26

덕암농장 우이재에서는 큰아들이 닷새째 용맹정진을 하고 있다. 방학 중 보충수업도 싫고 학원도 필요 없고, 그저 혼자 그 방에서 일주일이나 열흘쯤 틀어박혀 혼자서 공부하겠다고 책을 싸들고 내려갔다. 자연의 향기와 조상님들의 음우, 할아버지 할머니의 자상한 보살핌, 그리고 하나님께의 기도 속에서 이 아이는 고등학교 2학년 여름 방학을 지내고 있는 중이다.

내가 아들 나이였던 그 시절, 지금 생각하면 말도 되지 않는 강제 보충수업에 소중한 방학을 차압당하고 시달렸던 기억이 생생하다. 교실은 덥고 시끄럽고, 통학거리 또한 멀어 학교에 도착하면 이미 파김치가 되어 있던 기억뿐이다. 공부는 무슨 공부. 선생님들도 지치고 학생들도 지친 마당에 수업이 제대로 진행되었겠는가? 요즘 방학도 여전하다고 해서 나의 한숨이 깊었다.

그런데 아들놈은 그렇게 시달리지 않기로 선언하고 혼자서 자기 요량대로 맘껏 공부하는걸 보니 흐뭇하고 감사한 마음이다. 공부하다 지치면 농장을 한 바퀴 돌며 새소리도 듣고 풀 냄새도 맡고, 강아지들과도 놀고, 연못에 발도 담구어 볼 터이다. 한낮에는 낮잠 한숨도 늘어지게 자거라.

손주를 맞은 할아버지, 할머니는 한 닷새쯤 뒤에 닭 한 마리 잡아 먹이겠다고 하셨는데 그게 오늘이다. 헌데 비가 오니 어쩔까 모르겠다. 용맹정진을 풀면, 친구들과 바다에 다녀오고 싶다고 하니 용돈 듬뿍 주어서 보내련다. 가까운 서해로 보내고 싶지만 아들은 동해 쪽을 이야기한다. 아무래도 젊은 아이들에게는 온화한 서해보다는 강렬한 파도와 태양 그리고 시퍼런 물이 인상적인 동해가 더 매력적이겠지. 지금 막 부모님과 통화를 했는데, 닭은 어제 잡았단다. 아들은 닭 반 마리를 먹었고(시골 닭은 무척 크다) 오늘은 하루 종일 닭국을 먹고 있는 중이라고 한다. 지금 비가 너무 많이 오니 풀밭에 묶어 놓은 염소를 끌어오겠다며 나갔다고 아버지는 전하신다.

"비가 와도 씻기지 않아요" 2006. 7. 27

오늘 『농민신문』에서 탄저병 방지제 광고를 보았다. 비가 오래도록 많이 내리다 보니 고추를 비롯한 각종 농작물의 병충해 피해가 염려된다. 한번 걸리면 농작물을 싸악 망치는 탄저병 예방제 광고가 나온 거다. 내용은 다음과 같다. '프린트 액성 수화제'라는 일종의 코팅제인데, 한 번만 뿌려 놓으면 야무지게 코팅되니 "비가와도 씻겨 내려가지 않는다"는 것이다. 코팅만 하는 건지, 코팅제 안에 탄저병 방지제가 포함되어 있다는 이야기인지는 확실하지 않다. 병균 침투 방지를 위해 고추나 과실 위에 막을 씌운다는 거다. 허 참… 그런데 비가 와도 씻겨내려 가지 않으면, 그 고추 먹으려 할 때 수돗물로 씻으면 씻기려나? 풋고추라도 먹으려면 어떻게 해야 하나?

'프린트 액성수화제.' 배울 만큼 배웠고, 영어도 좀 하고 한자도 좀 아는 내가 아무리 이 단어를 읽어 보아도 의미를 이해하지 못하겠다.

농약은 시간이 지나면 공기나 빗물에 닦여나간다고 배웠는데 빗물에도 닦이지 않는 모진 놈을 쓰라고 권유를 하니 고추나 과일만 중요한가 보다. 인체에의 유해성은 전혀 고려가 없는 듯하다. 작물만 지키겠다는 집념이 지배하는 도착된 세태를 반영하는 광고 문안이라는 생각이 든다.

아내와 차 한 잔   2006. 7. 30

오랜 비가 그쳤고 밤하늘 아래 선선한 바람이 분다. 특히나 우이재 데크 계곡 쪽에 앉아 있으면 산에서 내려오는 바람이 달다. 그곳에 테이블을 두고 아내와 마주앉아 한 잔 차를 나누었다. 하노이에서 온 차와 일본에서 만든 정갈한 찻주전자, 그리고 덕암농장의 맑은 물이 어우러져 빚어내는 차 맛은 일품이다.

  다행히 덕암농장에는 올해 비 피해가 별로 없다. 개간한 사면이 무너져 내리지 않을까 걱정했지만 끄떡없다. 탑돌이 못의 제방 바깥쪽이 비에 좀 망가진 게 아쉬운데, 가을엔 그곳에 잔디를 입혀야겠다.

비닐   2006. 7. 31

농사짓는 데 쓰는 비닐이 무섭다 무섭다 해 왔지만 참 끔찍한 놈이라는 걸 다시 느꼈다. 집 앞으로 흐르는 개울에 이전에 농사짓던 양반이 만든 웅덩이가 하나 있었다. 늘 깨끗한 물이 흐르는 곳인데도 불구하고 물이 썩어 있길래 웅덩이 둑을 헐었다. 물 깊이가 얕아졌지만 그래도 물이 좀 고여 있긴 했다. 헌데 여전히 밑바닥 흙이 썩고 물에서도 냄새가 나는 거다. 분명 바닥에 비닐을 깔아 놓았을 것이라 의심이 들어 다시 그 양반에게 물어보았지만 기억을 못하는지 책망 들을까 그랬는지 절대 아니란다. 조금 남은 둑을 완전히 평지로 만들어 물 고일 여지를 없앴다. 그래도 무언가 흐름이 이상했다. 지난봄에 개간을 하느라 굴삭기가 들어왔을 때 그곳을 파 보아 달라고 했다. 굴삭기가 열심히 팠는데도 비닐은 보이지 않았다.

 헌데 이번 큰비에 개울 바닥이 많이 깎여 나가니 드디어 비닐이 바닥에서 드러났다! 깨끗한 물에 씻기어 반짝반짝! 땅속에 들어가 있은 지 십 년이 넘었을 텐데도 여전히 새것 같다. 그동안 웅덩이 안에서 흙과 돌, 그리고 부토에 눌리면서 깊게 묻혀 있던 비닐이 이번 비에 드러난 것이다. 자연의 힘이 대단하다고 느끼면서도 비닐의 끔찍함에 가슴이 다 서늘하다. 일부만 드러난 것이니 아마 한 번에 다 걷어내지는 못할 거다. 올해는 하는 만큼만 하고, 또 내년 비를 기다리고… 이거 다 걷어내려면 몇 년 걸리겠군.

8월에

백일홍 2006. 8. 3

옛집 앞마당의 백일홍이 흐드러진다. 증조부께서 심었다는 나무인데 그 나이가 백 세 언저리이다.

내가 생각하기에 백일홍이야말로 꽃 중의 꽃, 나무 중의 나무가 아닌가 한다. 우선 백일홍은 도도하다. 장마가 끝난 뒤 작열하는 태양 아래의 폭염 속에서 보란 듯이 붉은 꽃을 피워내고 서 있음이 그러하다. 아름다운 꽃들이 이 세상에는 많되, 이렇듯 일 년 중 가장 더운 여름에 꽃을 보이는 경우는 드물다. 이 절기에 피더라도 선선한 아침이나 저녁에만 꽃을 보일뿐 한 낮에는 이파리며 꽃잎들이 흐늘거리는 경우가 많다. 그런데 백일홍은 더운 여름, 그중에도 가장 더운 한 낮에 더 기운이 승해 보인다. 그렇게 무려 백 일을 핀다니, 더운 한여름을 온몸으로 맞서며 버텨내는 거다. 대단히 오만스러워 보이고 그래서 귀해 보이지 않는가? 더위에 맞서듯 꽃을 피워내는 나무로 능소화가 더 있다. 그런데 이 꽃은 다른 나무를 감고 올라가는 넝쿨성 식물이다. 줄기 생김새는 그저 그렇다. 이에 비해 백일홍은 나무줄기 또한 단단하고 곧고 아름답다. 능소화보다 백일홍이 훨씬 윗길이다. 한여름의 폭염은 파란 하늘과 흰 뭉게구름을 동반한다. 그 속에 빛나는 백일홍의 선명한 빛깔은 그 어느 색도 따를 수 없는 고고한 품위를 발산한다.

어제 저녁 옛집 앞의 풀을 깎아 놓고는 넋을 잃고 백일홍 꽃구경을 하고 있었다. 그러다가 바라본 저 멀리 도고산 봉우리로 해가 넘어가고 있었는데, 도고산이 자줏빛으로 변하고 있는 중이었다. 그 자줏빛을 백일홍이 받으니 도고산과 하늘과 백일홍이 한데 붙어버린 듯했다. 내 얼굴도 함께 붉었을라나?

아내와 춤을 2006. 8. 7

오후 내내 나는 풀을 깎고, 아내는 토마토를 따느라 더웠다. 더위에 지친 나는 일하다 기계를 팽개치고 탑돌이 못에 가서 멱을 감았다. 아내가 구경을 왔다. 나는 물속에 잠긴 채 아내를 보트에 태우고 이리저리 끌고 다녔다. 연잎이 탐스럽게 오른 곳도 가고, 둑까지도 갔다. 연못 가운데서 위를 쳐다보면 하늘만 보인다. 그 하늘 아래서 아내와 단둘이 물놀이를 하는 거였다. 우리가 처음 만났던 해가 1981년이고 그해 봄 대성리로 엠티를 갔을 때 함께 보트를 탔었다. 그렇게 만난 열아홉, 스물의 가시버시가 8년 뒤에 결혼을 했고, 다시 18년 뒤에 두 아이를 둔 중년의 부부가 되었고, 농장에서 땀 흘리며 함께 일하다가 아내는 공주처럼 보트 위에 앉아 있고, 남편은 노예처럼 물속에서 배를 끈다. 말하기 나름일 것이다. 시간대를 조금 뒤로 늦추면, 남편은 샤워를 한 후 서재에 앉아 책을 보며 왕처럼 앉아 있고, 아내는 하녀처럼 부엌에서 저녁 준비를 하고 있다고 말이다.

　기왕이면 밤에 데크 위에서 아내와 춤까지 추어 봤으면 좋겠다. 그런데 둘 다 춤은 못 춘다. 불을 다 끄고 산새 소리 들으면서 아내와 춤을 춘다, 흠. 나중에 아들, 며느리들은 그 멋을 즐겨보려나? 90년대 초 중국에 갔을 때 남녀노소 즐기는 사교춤을 보고 깊은 인상을 받았다. 그때까지 보아왔던 우리네 디스코텍에서의 음란해 보이는 춤들과는 전혀 다른 것이었다. 노천에서도 추고, 배 위에서도 추고, 조명 현란한 디스코텍에서도 출 수 있는 그 춤은 매우 건전하고 건강해 보이던데… 그런 춤은 초등학교 시절부터 우리도 체육시간에 가르치면 좋겠다는 생각이 들었다. 학창 시절을 돌이켜 보면, 쓸데없는 짓에 시간 보낸 일이 참 많다. 그중의 하나가 중학교 1학년 체육 시간에 포크댄스를 배우던 일이다. 남학교임에도 불구하고 춤을 가르쳤던 건 존경받을 만한 일이었다. 하지만 춤 종목을 잘못 골랐다는 생각을 두고두고 한다. 난 내가 성장한 후 어느 나라를 돌아다녀 보아도 그런 춤을 추는 어른들 보지 못했다. 축구, 농구 하느니보다 훨씬 못했던 거다. 그 시절 그 남학생들에게 사교춤을 가르쳤다면, 훨씬 재미있게 배웠을 것이고 쓸모도 많았을 것이다. 어른이 되어 활동 영역이 넓어졌을 때 적당한 자리에서 처음 보는 이성과 품격 있는 춤을 출 줄도 아는 건 국제인으로서의 예의이기도 할 것이다. 아내와도 출 수 있고, 어머니와도 출 수 있고 여동생과도 출 수 있고 딸, 며느리와도 출 수 있는 그런 춤 말이다. 난 어느 자리에 서고 '이런 자리에서 과연 포크댄스가 맞을까?'라는 스스로의 질문에 '맞아'라는 답을 찾아본 적이 없다. 아내와의 춤도 마찬가지이다. 밤에 모든 불을 끄고 덕암농장 데크에서 산새 소리를 들으면서 아내와 단둘이 포크댄스를 추겠느냐 말이다.

완도 - 명사십리　　　　　　　　2006. 8. 7

간혹, 세대를 이어 반복되는 모습을 보면서 유전이라는 현상의 범상치 않음에 놀랄 때가 있다. 아이들을 키우면서 그런 경험을 종종 한다. 둘째 아들이 5박을 예정으로 완도에 내려가 있다. 중학 2학년생 치고는 꽤 멀리 갔다. 학교 친구 둘 합쳐 셋이 완도까지 긴 여행을 떠난 것이다. 그중 한 친구 고향이 완도란다. 그곳에 할머니도 계시고 삼촌들도 계신다 하여 마음 놓고 보냈다. 이곳 퇴촌에서 강남 고속터미널로 이동한 후 거기서 고속버스를 타고 내려갔다. 친구(고향이 완도라는) 집에 가서 자고 그저께 아침에 출발했다. 내가 1977년, 고등학교 1학년생이던 여름에 밟은 여정 그대로이다.

　중학교 내내 붙어 지내던 친구, 지명이 어머니의 고향이 완도였다. 완도 여행은 이 계절에 시도된 두 소년의 모험이었다. 그때는 둘뿐이었다. 전날 반포아파트 그 친구 집에서 자고 아침 일찍 강남 고속터미널에서 광주까지 가서는, 거기서 다시 시외버스로 갈아타고 완도에 닿았다. 거기서 다시 배를 타고 신지도로 들어가 유명한 명사십리 바닷가에서 텐트를 치고 몇 날 지내다 왔다. 그 친구 외삼촌이 사주신 싱싱한 생선회와 맥주도 좋았지만, 우리끼리 찾은 선창가 대폿집에서의 산낙지와 소주(무학소주던가 삼학소주던가) 맛은 사춘기의 일탈이 주었던 짜릿한 희열의 극치였다. 처음엔 산낙지만 시켰는데, 주문을 받던 누나뻘 되는 처녀가 나른한 목소리로 '쏘조한 병이요 잉?' 하고 극히 자연스레 묻는 말에 그러라고 대답하면서도 우리는 침착한 척하느라 얼마나 애썼던지!

알고 보니 아들놈이 가는 최종 행선지도 신지도란다. 헌데, 요즘은 다 일러졌다고 하던데 이놈도 쏘조 한 잔 하려나?

우이재   2006. 8. 8

'사농병무, 여우항진(士農竝務如牛恒進)'이란 의미를 담은 '우이재' 현판을 걸 준비를 하고 있다. 벌써 몇 달째 아버지는 그 글을 쓰기 위해서 연습을 하고 계신다. 어디서 좋은 향나무 목판도 구해 와 몇 달째 다듬고 있는 중이시다. 연습 작품이 벌써 몇 개 나왔다. 그중 하나 맘에 드는 게 있어서 우산리로 가져왔다. 큰아들에게 보여주니 매우 좋아한다. 그래서 놈의 방 입구에 달아주었다. 방 입구가 옛날식으로 창호지를 바른 여닫이문이라 그 위에 걸어놓으니 잘 어울린다. 우이재의 의미를 이해해 주고 그걸 같이 좋아해 주고 또 할아버지의 글씨를 귀히 여기는 마음이 고맙다.

말복 날 저녁   2006. 8. 9

드디어 말복이 지나간다. 저녁이다. 시원한 바람이 분다. 마당의 풀을 쳐내다 보니 풀 힘도 많이 죽어 있다. 더위 한고비 넘겼다. 오늘 큰아들은 자기 막내삼촌 가게에 가서 수고가 많았다. 조금 전에 전화를 해보니 숙모 말에 의하면 옷이 흠뻑 젖을 정도로 열심히 일을 했다고 한다. 일도 돕고 작은아버지 식구들과 오랜만에 이야기도 나누고, 용돈도 벌고, 맛난 것도 먹고… 녀석에게 고등학교 2학년 때의 말복은 영원히 남을 기억거리가 되겠다. 오늘은 거기서 자고, 내일 아침에 도서관에 갔다가 오후에 운동을 하고 돌아온단다.

그 나이 때 나도 가게에서 종종 일하곤 했다. 하지만 그때는 집안 일이었다. 그러니 노동의 대가로 용돈이 나올 리가 없었다. 그래서 별로 재미는 없었다. 늘 보던 부모님과의 일이라 새로울 것도 없었고, 양계장 일을 하다가 가게 일을 하자니 나로서는 내키는 일도 아니었다. 양계장 운영이 실패하고 생계를 위해서 어머니가 나섰다. 관악산 입구 쪽으로 이사를 해서 장사를 시작한 것이다. 어머니는 집 앞에 연탄 화로를 내놓고 빈대떡을 구워 팔기 시작하셨다. 아 그 첫해 겨울의 고단함이란! 그러나 음식 솜씨가 남다르고 연구 태도가 출중한 어머니의 도전은 성공적이었다. 차츰 경제 형편은 안정되어 갔다. 가족 모두 열심히 일했다. 가게 이름은 '땅이네 집'이었는데, '땅이'는 아버지가 '흙에 살리라'는 결심으로 서울을 떠나 과천으로 이사하던 그날보다 약 보름 전에 태어난 막내 동생의 별명이었다. 흙에 대한 아버지의 염원이 '땅이' 속에 있었던 것이다. 막내의 이름도 '흙 토' 두 개를 붙인 '규(圭)'라고 했으니(돌림자 병秉 뒤에) 아버지의 결심이 얼마나 대단했는지를 짐작할 수 있다. 그런데 흙에서는 실패하고 '땅이'는 가게 이름이 되었다. 그리고 아버지가 귀향을 하신 후에 땅이가 '땅이네'를 운영하게 된 것이다.

아들이 말복을 보낸 가게가 바로 '땅이네 집'이었다. 작은아버지와 큰조카가 함께 일하고 용돈을 주고 받는 일도 재미있어 보인다. 내가 권하기는, 일 다 끝나면 작은아버지와 막걸리 한잔 하는 것도 괜찮을 거라고 했다. 아름다운 풍경 아닌가? 더운 여름, 농장의 서재에 틀어박혀 학문도 부지런히, 작은아버지 가게 바쁠 때는 그렇게 자원해 가서 일도 부지런히. 그렇게 살면서 성장하는 게 방학 내내 자율학습이다, 학원이다, 과외에 끌려 다니는 것보다 훨씬 인간답다고 나는 생각한다.

어젯밤에 둘째아들은 완도에서 돌아왔다. 해수욕도 실컷 하고, 멸치잡이 배도 타보고 고동도 잡고… 주의하라 그리 일렀건만(내가 신지도에서 화상을 입었기에), 허허 역시나 얼굴에 화상을 입고 왔다. 그리 심하지는 않지만 코끝은 물집이 잡혔다. 오전 내내 자더니 부스스 일어나서 지금은 책을 읽고 있다. 제목을 힐끗 보니 이미륵의 '압록강은 흐른다'이다. 내가 스물한 살 때던가 읽었던 소설로 기억하는데, 어린아이 같아도 가끔 이렇게 아버지를 앞서가는 게 있다. 신문을 뒤적거리고 있던 나에게 "아버지 미륵이라는 이름 이쁘잖아요? 나중에 아이에게 이런 이름 붙여주면 어떨까요?" 코끝이 빨갛고 물집이 잡히고 온몸은 꺼멓게 탄 놈이 지 아이 이름 붙여줄 거 궁리하고 있는 걸 보니 참 우습다.

↳ **농가주부** 2006. 8. 12.
   방학과 만남
   개학이 다음 주로 다가왔습니다. 고등학교로 옮긴 후에는 방학이 한 달이 채 안 됩니다. 늘 시작이 끝이라는 느낌이 들 만큼 짧게만 느껴지는데 올여름은 두 번의 연수를 받은지라 더욱 짧게 느껴지나 봅니다.
   내게 방학은 만남의 시간이기도 합니다. 내가 방학하기를 기다리는 중학교, 고등학교 동창들과의 만남, 첫 학교에서 함께 근무했던 선배 선생님들과의 만남 등. 어제로 두 번의 만남을 치렀습니다. 고등학교 동창과의 만남은 원래는 4명이 단짝이었는데 고등학교 졸업 후 미국으로 이민 간 친구가 겨우 소식만 주고받다가 그나마 5년 전에 훌쩍 먼저 하늘로 가버린 후 3명만 남았지요. 그런데 그중 한 친구도 2-3년 전에 미국으로 이민을 가버려

아산에 살고 있는 은아 엄마만이 마음 터놓는 유일한 친구가 되어버렸지요. 하지만 올여름엔 3명이 함께했습니다. 이민 갔던 친구 승연이가 얼마 전에 다니러 이곳에 왔어요. 안국동에서 만나서 학교 졸업 후 처음으로 풍문여고에 들러 이곳저곳을 돌아보았습니다. 어릴 때 우리에게 가장 아름다운 공간이던 돌담과 350년이 넘은 4층 높이의 은행나무, 교실 앞쪽으로 넓게 펼쳐졌던 잔디밭과 장미꽃밭을 기대하며.

여학생 4명이 단정한 교복 차림으로 은행나무 앞에 쪼로록 앉아 찍은 빛바랜 사진이 있습니다. 늘 마음 속에 여고시절의 상징처럼 남아 있던 그 은행나무 앞에서 40 중반이 된 3명의 아줌마가 사진을 찍었습니다. 수정 가능한 디카로요.

중년 여인의 원숙미라는 단어를 서정주의 '국화 옆에서'를 통해 알게 되었을 때 중년은 너무도 멀고 까마득해서 정말 먼먼 훗날에 오는, 이미 그때쯤이면 인생의 많은 부분에 초탈한 반쯤은 도사가 되어 있을 어떤 여인을 떠올리곤 했는데 그 중년 여인이 이미 나의 나이가 되어버렸습니다.

나이만 비슷할 뿐 지금도 할 일이 너무 많고 생활이 어수선하고 바쁘고 이런저런 일들에 시달리는 감정이 뒤엉킨 너무도 미숙한 아줌마에 불과한 나를 보면 어찌 원숙미라는 말이 중년에 붙었는지… 이미 깨져버린 중년에 대한 환상과 우리들의 꿈이 자랐던 사라져버린 잔디밭과 장미꽃밭을 아쉬워하며 키만큼 낮아져버린 돌담을 뒤로 하고 학교를 나왔습니다.

어제는 선배 선생님들이 우산리 집을 방문했습니다. 처음 발령받은 학교에서 만난 8년 이상 앞선 경력을 가진 국어과 3명의 선생님들. 큰아들 첫돌잔치 때도 함께 돌상을 나누었는데 아들이 18살 청년이 될 만큼 시간이 흘렀습니다. 이제 50 언저리에서 교사로서의 한계와 부족, 자기반성, 아이들에 대한 관심과 사랑을 이야기하는 모습을 보니 이래서 교사가 되었고 지금까지 열심히 해올 수 있었구나 하는 생각이 스쳤습니다. 무척 시골스러워진 나를 보면서 칭찬과 감탄을 연발하는 언니 선생님들이 참 좋습니다.

삶의 희비애환을 평생 함께할 수 있는 여러 지인들이 있다는 것이 새삼 귀하게 느껴집니다. 방학이 기다려지는 이유가 이러한 소중한 만남들 때문이기도 합니다. 아직 남아 있는 또 한 번의 만남도 아껴 먹는 아이스크림처럼 다디달 것이 분명하겠지요.

나무 의자

2006. 8. 13

더위에도 아랑곳 않고 열심히 작업장에서 일하던 아버지가 긴 나무 의자 다섯 개를 만드셨다. 세 개는 빨간색, 두 개는 노란색이다. 이것들을 농장 곳곳 눈여겨 보아두었던 데에 두고자 해서서 트랙터로 날라다 놓았다. 두꺼운 송판으로 만든 물건이라 꽤 묵직하다. 하나는 산책로에, 또 하나는 A지구 제일 위에, 하나는 탑돌이 못 옆에, 또 하나는 기와집 터, 그리고 마지막 하나는 정자 옆에 두었다. 나무 의자들이 농장 여기저기 자리를 잡으니 예쁘다. 무엇보다도 편리해서 좋다. 일하다가 쉴 때 그 의자에 앉고 물주전자 같은 것들도 올려놓는다. 풀밭 위에 앉는 것보다 더 시원하다. 멀리 조망하며 앉아 쉬니 피로도 더 빨리 씻기고 가끔은 몸을 쭈욱 펴고 눕는 것도 상쾌하다.

더운 밤

2006. 8. 16

농장에 있다가 우산리로 온 지 삼일. 세 밤 내내 잠을 못자고 있다. 무더위다 열대야다 하지만 이곳에서 살기 시작한 후 4년 동안 그런 일 겪어 본 적이 없는데 올해는 왜 이런지 모르겠다. 마당에 나가 보면 분명 시원한데 집 안은 더워서 숨이 턱턱 막힌다. 낮에는 시원하게 낮잠을 잘 수 있는 내 방도 밤이면 너무 더워서 앉아 있기도 힘들다. 알 수 없는 일이다. 집을 싸고도는 바람의 순환에 문제가 생긴 건가 싶기도 하고, 하루 종일 햇빛에 집이 달구어져 밤에 더운가 싶기도 하고, 삼일을 자지 못하니 오늘 아침에는 멍하고 어지럽다. 농장에 가 있으면 시원할 터인데. 이 일 저 일에 묶여서 꼼짝 못하겠으니 이거 고문이나 마찬가지군.

냉소주 한잔　　　　　　　　　　2006. 8. 17

선선해진 저녁 목련나무 아래 테이블에서 저녁 식사를 했다. 낭만을 찾아서라기보다 아내가 저녁 반찬으로 준비한 게 쇠고기를 조금 넣은 오징어 볶음이었는데 그걸 볶자면 집 안에 열이 오를까 두려워 마당에서 요리를 하고 거기서 저녁도 때우자는 거였다.

냉장고에 넣어두었던 소주를 한잔 했다. 요즘 나오는 20도짜리 소주는 만들기를 그렇게 만들었는지 차게 해서 먹으면 더 달고, 또 하도 부드럽게 넘어가서 마치 음료수를 마시는 것 같다. 그래도 음료수는 한두 잔 정도 마시면 배가 부르고 느끼한 법인데 찬 소주는 적당한 선에서 자제력을 발휘하지 않으면 끝없이 넘어간다.

지난주에 처사촌 손위 동서와 횟집에서 소주를 마실 때였다. 이 양반이 주문을 할 때 "소주 네 병 가져와요."라 했다. 그 형님 목소리며 생김새가 굉장히 부드럽고 점잖다. 처가 '꺅' 소리를 지르고 처형이 "아니 당신!… (돌았나요? 정도의 말을 하려 했던 듯하다.)" 하며 눈썹 양끝이 위로 치솟았다. 헌데 이분 대답이 다음과 같았다. "그렇게 해야 네 병에서 끝내요." 왜냐하면 한 병, 한 병 비워갈수록 기다리면서 식어진 술이 맛이 없어지기 때문이라는 거다. 만일 한 병씩 시키면 냉장고에서 갓 나온 시원한 술맛에 열 병도 마실 수 있단다. 우리는 그분의 지혜에 탄복해서 고개를 끄덕였다.

요즘 소주가 이렇다. 마누라가 맛있게 볶아준 안주로 시원하게 소주 한잔 했다. 외국에 가 있는 친구들 빼놓고는, 가장 오래된 술친구라 그런지 마누라와 술 마실 때가 나는 가장 편안하다. 아내는 첫 아이를 갖고부터 술을 마시지 않지만 내게 맞장구치며 앉아 있어 주고 적당한 선에서 술자리도 끝나게 해줄 줄 알아서 편하다.

배추 모종 씨 뿌리고 무우씨 뿌릴 때도 지났는데 이거 더위 핑계로 일은 안 하고 놀기만 해서 원.

나눔의 집 2006. 8. 18

집에서 자동차로 20분 정도 걸리는 곳에 '나눔의 집'이 있다. 종군위안부 할머니들 계신 곳이다. 광주로 이사 온 지 벌써 5년인데 이곳에 오늘에야 처음 가 보았다. 아들과 아들 친구가 봉사활동 간다기에 태워주러 간 것이다. 역사관을 둘러보고 할머니들과 얘기도 나누고 아이들 일하는 것도 보다가 집으로 돌아왔다. 낫과 전지가위를 들고 다시 갔다. 기념식수라고 해 놓은 나무들은 잡풀과 넝쿨에 엉켜 있고 호박은 나무 위에 주렁주렁 매달려 있는 게 맘에 걸려서였다.

오수 2006. 8. 19

마당의 목련나무 아래는 베트남에서 가져온 그물 침대가 하나 놓여있다. 우리 가족에게 사랑받는 물건이다. 내 책상에 앉아서 약간 오른쪽으로 눈을 돌리면 거실 창문을 넘어 마당의 그물 침대가 잘 보인다. 날이 선선해지고 얇은 구름에 가려 햇빛도 오늘은 약하다. 늦은 점심을 먹은 큰아들놈이 슬그머니 나가더니 그물 침대에 누웠다.

그런데 휴대폰을 줄곧 주물럭거린다, 한 삼십 분 정도는 줄곧. 난 이놈의 휴대폰 걱정된다. 비교적 늦게 그러니까 큰아이는 지난해, 둘째는 올 초 마련해 주었는데 가만 보면 늘 그걸 들고 다닌다. 전화가 한 번 오면 진동음이 '부웅' 그리곤 똑딱똑딱. 어떨 땐 음악도 나오는데 째지는 전자음이 귀에 거슬린다. 자기네들은 괜찮다고 하지만 괜찮긴 뭐가 괜찮을까? 그러면서 귀가 망가지는 거고 신경이 날카로워지는 거고 빨리 피곤해지는 거지. 저렇게 편안히 누워 있는 삼십 분 간을 책을 읽든가, 하늘을 보든가, 사색을 하든가, 아니면 그냥 자면 얼마나 더 좋을까? 거의 쓸데없는 내용임이 분명한 문자 메시지를 보내고 읽으면서 삼십 분이나 허비를 하면 그 많은 전자파는 어쩔 거며, 피로함은 어쩔 건가?

저 끔찍한 전자파 덩어리를 내가 왜 사랑하는 아이들에게 사서 안겨주었던고 후회가 막급하다. 이유가 있긴 있었다. 큰놈은 일주일 내내 기숙사에 있었어야 했고, 공중전화는 없으니 집에 연락할 일이 있으면 친구 것을 자꾸 빌릴 수밖에 없다는 거였다. 그놈이나 나나 남에게 신세 지는 게 미안했다. 설사 컬렉트 콜이라도 말이다. 둘째아이는 그동안 버스 타고 다니느라고 고생했으니 엄마가 직장에서 돌아오는 길에 같이 태우고 오려고 연락용으로 마련했던 거였다. 헌데 원래의 용도로 사용하는 건 천분의 일도 안 되고 저렇게들 쓸데없는 잡담, 연락, 째지는 음악 등을 듣는 데나 사용하게 되었으니 이게 얼마나 바보 같은 짓인가? 가끔 필요해서 내가 좀 쓰자 하면, 알이 없다나 뭐라나. 무슨 말인지 모르겠다.

난 삼십 분 내내 저놈의 휴대폰을 회수할 궁리를 하고 있었다. 저항이 대단하겠지. 두 놈 다 휴대폰이 생기기 전까지는 자기들 반에서 유일하게 휴대폰 없는 학생들이었다고 하던데, 그 상태로 돌아가라 한다면… 흠, 설득해 보아야겠지. 청소년들 사이에서 휴대폰 보급률이 너무 높은 거 아닌가 모르겠다. 우리나라 청소년들이 어린 시절부터 저렇게 전자파 덩어리를 손아귀에 소중하게 쥐고 살면 나중에 집단적으로 문제 생기는 거 아닐까?

삼십 분을 휴대폰만 주물럭거리던 놈이 들어와서 책을 들고 나가 읽는다. 잠시 풍경이 좋았다. 그러나 책 읽는 시간이 십 분을 넘기지 못한다. 그물 침대에서 처음부터 책만 읽어도 몇 십 분 후면 졸음이 올 터인데, 무려 삼십 분이나 똑딱거리며 눈이 피로해졌을 것이니 책이 읽힐 턱이 있는가?

책을 집어던지고 낮잠에 푸욱 빠졌다. 그 아래는, 생후 두어 달 되는 검둥이(누왈이)가 엎어져 역시 낮잠을 잔다. 그냥 이때 이 모습만 보고 있으면 참 좋은 그림이며 평화로운 오후이다. 아 한 가지 더. 아까 네 시부터 시작된 KBS 클래식 FM의 정세진 아나운서가 진행하는 프로에서 흘러나오는 잔잔한 음악도(지금은 '켄터키 옛집'이 들린다.) 이 오수 시간의 평화로움에 한몫한다. 창문을 열어놓았으니 저 그물 침대에까지 음악 소리가 들리겠지.

9월은

책   2006. 9. 7

오늘은 뜻깊은 날이다. 지난 몇 년간 덕암농장에서 흙과 씨름하는 가운데 생산 작업을 진행해 왔던 책 『동남아시아사-전통시대』(393쪽) 백 권이 오늘 나에게 배달되었다. 책꽂이 그득히 앉은 책 무더기를 바라보고 있노라니 벌어진 입이 다물어지지 않고 감사한 마음뿐이다. 우이재에서 책의 마지막 마무리로 썼던 뒤표지 글을 올리며 오늘을 기념할까 한다.

동남아시아사는 아세안 10개국 역사의 단순 합이 아니다. 각국의 역사와 그 역사들의 상호 작용이 만들어 온 또 하나의 독립된 역사체이다. 푸난, 참파, 란나, 몬 등 사라지고 잊혀진 국가 및 민족의 역사도 동남아시아사라는 역사체 형성에 공헌했다. 태평양, 남중국해, 인도양에 걸치는 지역의 수많은 주인공들이 남긴 자취에서 역사의 흐름을 발견하고 주제를 정리하는 작업은 매우 고되지만 그만큼 더 큰 지적 희열을 선사한다. 사실의 바다에서 역사를 건져 올리는 일은 역사가의 몫이고, 희열을 공유하는 것은 독자의 권리이다.

가을빛   2006. 9. 11

덕암농장의 가을빛이 아름답다. 수술한 손이 많이 아물어서 제초작업을 다시 시작했다. 풀과의 전쟁. 올해로는 마지막이 아닐까 싶다. 하지만 전쟁이란 용어가 적당해 보이지는 않는다. 전쟁은 피 냄새가 나지만, 다소 힘들기는 해도 풀 제거 작업은 농부로서 적당한 노동이고, 풀 깎은 후에는 피 냄새가 아니라 싱그러운 풀 냄새가 난다. 들이는 노력은 이 내음을 즐기기 위한 적당량의 비용이라고 생각해도 좋을 것이다.

↳ **농가주부** 2006. 9. 16.
둘째 아들의 변심
딸이 없는 내게는 둘째 아들이 보통 위로와 힘이 되는 것이 아닙니다. 그런데 올 봄부터 슬슬 아들 녀석의 행동에 변화가 보이기 시작했지요. 무척 다정하고 곰살맞은 편이라 늦은 저녁에 식구들과 외출한 후 돌아와 주차를 할 때면 다른 두 남자는 어둠 속에 나를 남겨놓고 미련 없이 집으로 쏙 들어가 버리지만 내가 나올 때까지 차 문 옆에서 나를 기다렸다가 함께 걸어 들어오곤 하는 것은 둘째였습니다. 또 아침에 시간이 없어 허둥댈 때면 아침 준비하는 내 옆에서 잔심부름도 다하고, 아침을 못 먹고 가는 나를 위해서 토스트도 만들어서 싸주기기도 하고, 내 손톱이나 발톱에 매니큐어도 발라주고, 귀도 파주고… 아무튼 그 녀석의 크고 작은 보살핌과 도움이 정말 기쁨이었지요.

이 모든 자상함이 처음에는 조금씩 바람이 새는 것처럼 작아지더니 이제는 물로 깨끗이 씻어낸 것처럼 거의 남아 있는 것이 없습니다. 오히려 툴툴대고, 일부러 거칠게 말하고, 자기가 하던 집안일도 내 몫으로 철저히 남겨

놓고… 남편은 사춘기 소년의 당연한 변화라고 하지만 나는 참 많이 마음이 허전합니다. 이제 우리 집 모든 남자가 나와는 분명히 성이 다른 남성이 되고 있구나 하는 소외감이…

아들이 성장하는 것은 기쁨으로 바라봐야 하는데도, 큰아들한테 느끼지 못하던 허전함이 대견함과 비슷비슷합니다. 엄마와 막내아들과의 교감의 깊이는 경험 없는 사람은 이해하지 못할 겁니다. 성경에 대해 누구보다 해박하고, 나의 기도요청에 기꺼이 밤마다 기도를 해주던 신앙도 조금씩 들쑥날쑥 변해갑니다. 여름이 지나면 가을이 오고, 아기가 자라면 엄마 젖을 끊어야 하듯 지극히 자연스러운 변화인데도 내 손끝 하나도 밀어내는 녀석의 차가움이 분명 섭섭하고 속상합니다. 가을이 지나면 겨울이 오고 젖을 끊으면 밥을 먹듯이 변화의 몸부림이 끝나면 다시 성숙한 손길로 나를 도울 것을 믿습니다. 그때까지 나도 속 깊게 기다려야겠지요.

할머니의 종생   2006. 09. 18

그저께 밤 덕암농장으로 들어가는 길에 남산댁 할아버지 집 앞에 사람들이 웅성거리고 있었다. 우리 일가 댁이다. 나부터 헤아려 7대조에서 갈라진 집안이고 할아버지는 그 집안의 5대 종손이시다. 그 할아버지의 어머니가 돌아가셨다. 나에게는 증조할머니뻘로서 연세가 90 중반이셨으니 호상이었다.

저녁 일곱 시 이십 분쯤 돌아가셨다고 하던데, 시신을 보니 그렇게 평화로울 수가 없다. 어제저녁까지 밭에서 김을 매셨고, 오늘 오전에는 마치 손님을 맞을 준비하듯 이 일 저 일을 치르고는 잠시 누워계시다가 조용히 숨을 거두셨다고 한다. 이웃 청주할머니 말씀으로는 며칠 전부터 다소 서두르셨단다. 건강하게 살다가 돌아가실 때가 된 분은 가실 날 얼마 전부터 여행 준비하듯 그렇게 다소 분주해진다는 말이 있다.

    시신은 방 안에서 일가 분들에 의해 엄숙하게 염해졌고, 빈소도 그곳에 차려졌다. 참으로 오래간만에 보는 광경이었다. 오늘이 발인이니 지금은 선산에 가서 묻히셨겠다. 이 집안으로 시집와서 전쟁 기간 좌우 대립 와중에 남편을 잃으시고 수절하시며 외아들을 키워낸 분이다. 외로우셨겠지만, 건강하게 살다가 번성한 자손들 두시고 편안히 눈감으시고 또 그렇게 편안히 집안에서 문상객들을 맞으시고는 선산에 묻히는 한 여인의 인생 마감에 옷깃이 여며진다.

벌레   2006. 9. 26

살구 잎에 벌레가 많아졌다. 연한 녹색인데 이놈들은 한 잎에 여덟 마리에서 열 마리까지 나란히 붙어서 이파리를 갉아먹는다. 그다지 그악스럽게 생기진 않았지만, 나무 두세 그루는 이놈들 때문에 이파리를 몽땅 벗었지 뭔가? 한 마리 한 마리 잡아주고 있다. 약은 절대로 칠 수가 없으니까.

담장 넝쿨   2006. 9. 28

우산리 집 담은 돌담이다. 이장 댁과의 경계가 되는 곳이다. 이 돌담이 아주 정겹다. 나지막한 그곳 위로 음식 접시가 넘어 다니고 호박이 넘어 다니고 닭도 넘어 다니고 개도 넘어 다니고, 종종 사람도 넘어 다닌다. 가끔 신문이나 책도 넘어 다닌다. 아, 흐드러지게 꽃을 인 목련 가지도 넘나들더군.

그러고 보니까 우리집 담은 참 다양하다. 이장 댁과의 경계가 되는 이 돌담 외에도 전면엔 하얀 목책이 있고, 오른쪽 반장 댁과는 블록 벽돌담으로 경계가 되어 있으니 돌담, 나무 담, 벽돌담이 골고루 있는 셈이다.

그런데 가장 자연스럽고 이쁘고 정감이 가는 건 역시나 돌담이다. 그리고 유일하게 이 돌담에는 담장 넝쿨이 자란다. 여름 내내 짙푸러 돌담을 가리기도 했던 놈이 이제 차가워진 가을 공기 아래 발그레하게 물들고 있다. 오늘 아침 식사를 급히 하느라 정신없는 내 눈까지 사로잡으리만치 돌담 넝쿨의 붉은 빛이 아름다워졌다.

10월

평산농원　　　　　　　　　　　　2006. 10. 2

농원이 되었든지 농장이 되었든지 어쨌든 farm이다. 나도 덕암농장 이름을 지을 때 농원으로 할 것인가 농장으로 할 것인가 고민 많이 했다.

우리 집안에 농장이 하나 더 생긴다. 평산농원. 둘째 고모 댁은 아들이 둘 있다. 내게는 형님뻘 그리고 동생뻘 이렇게 사이좋은 형제인데, 이 형제가 의기투합해서 강원도 평창에 천 삼백여 평 땅을 구입해 새로운 터전을 일구기로 했다. 지금 한창 집을 짓고 있다.

그곳에 다녀왔다. 강원도가 산이 많아 좌우 뻥 뚫린 시원한 곳을 찾기가 힘들지만, 희한하게도 이 형제들은 계곡 안에 전망이 좋은 남향의 완만한 비탈땅을 마련했지 뭔가? 대단한 혜안이다. 거의 완벽한 배산임수 구조에 옆쪽으로는 총각 더벅머리를 닮은 정감 어린 산봉우리도 하나 끼고 있어서 더 바랄 게 없는 지세이다. 집 앞으로 난 조용한 길을 따라 내려가면 계곡물에 다다르고 그곳의 맑은 물에는 청정의 물고기가 지천이다.

고모부는 북에 고향을 두고 월남한 분이시다. 나를 아껴주고 많은 도움을 주셨던 고마운 분이다. 십이 년 전에 그분은 고향과 부모님을 평생 그리다가 돌아가셨다. 이제 그분이 남긴 늠름한 두 형제가 새로운 고향을 이곳에 일구기 시작하고 있다. 얼마나 축복된 가을인가, 이 집안에게 그리고 크게는 이 세상에 말이다. 평산농원의 '평산'은 그 집안 본관이다.

두 농장이 충청도와 강원도에서 새로운 농촌, 새로운 세계를 만들기 위해 소처럼 걷길 바란다. 그토록 흙을 사랑하시고 흙의 중요성을 강조하시던 할아버지께서 친손주와 외손주들이 농장을 일구는 이 모습을 보시며 '허허허' 높이 웃고 계시는 것 같다.

↳ **신호진**

땅바닥만 쳐다보고 바쁜 걸음을 걷는 나에게 최병욱 교수는 나의 존재 이전에 있었던 기나긴 시간들을 일깨워 줍니다. 아버지가 최 교수에게 주었던 『조선사연구초』와 마찬가지로 최 교수의 역작인 『동남아시아사』가 나에게 귀중한 보배가 될 것 같습니다.

부상과 반전 2006. 10. 7

이번에 농장에 내려가서 추석날까지 3일 동안의 내 작업은 옛집 주변의 풀을 다 깎은 후, 농장 입구의 계곡을 정리하는 일이었다.

그럭저럭 이틀 동안 일이 잘 진행되었는데, 사고는 셋째 날에 있었다. 농장 계곡에서 작업이 좀 힘들긴 했다. 지난해에 베어 넘어뜨렸던 나무들을 적당한 크기로 잘라서 트랙터에 실어 창고 앞으로 옮겨야 했다. 벨 때 남겼던 꽤 큰 밑동을 바짝 잘라주는 일도 만만치가 않다. 전동 톱을 사용하지만 워낙 나무들이 컸고 또 나무에 따라서는 돌덩어리처럼 무겁고 단단한 게 많다. 하지만 이 나무둥치들이 예초기로 하는 제초 작업에 방해가 되기 때문에 치우기는 치워야 했다. 나무를 치워내면서 마지막 제초 작업까지 끝낼 계획이었다. 큰아들과 오전부터 내내 잘 해 왔고, 막내 동생이 트랙터로 나무 운반도 훌륭히 해 주고 있었는데.

풀을 깎던 내가 예초기 날에서 튀어 날아온 돌멩이에 다리를 맞은 거였다. 예초기 작업이 위험하긴 하지만 정신 바짝 차리면 문제가 없다. 그런데 몸이 지치고 집중력이 흐려지면 사고가 날 가능성이 급격히 높아지는 것이다. 매우 심하게 맞았는지 금세 바지 위로 피가 배어 나왔다. 바지를 걷어보니 돌멩이에 살이 제법 크게 떨어져 나갔다. 그러나 지혈이 안 될 정도의 큰 상처는 아니었으니 얼마나 감사한 일인지 알 수 없다. 하던 일을 중지하고 집 안으로 들어와 치료를 했건만 끝내지 못한 일이 신경 쓰여서 다시 나갔다. 헌데 내가 다리를 치료하고 있는 동안 점심을 먹은 동생이 시골에 내려온 길에 온천을 가고 싶어 하는 눈치였다. 내게 붙잡혀 오후까지 작업을 하다가는 온천 갈 시간도 없을 터이다. 일을 마친 여성들이 우르르 온천 간다고 일어설 때 함께 가라고 동생 등을 떠밀었다.

작업장에는 아들과 나 둘만 남았다. 아이는 톱질을 하고 나는 다리를 절뚝이며 이런저런 허드렛일을 하는데, 쌓아 놓은 나무를 나르는 일이 걱정이었다. 웬만하면 내가 운전을 해 볼까 했지만 아직 지혈이 완전히 되지 않은 다리에서는 피가 조금씩 붕대 사이로 비어져 나오고 있었고, 운전하느라 다리를 움직이면 통증이 심해지니 자신이 없다.

"너 트랙터 운전 배워 볼래?" 뜻밖에 녀석은 군말 없이 "네 그러죠." 하는 거였다. 하기야 이제 덩치도 나보다 크고 열여덟 나이이니 그거 못할 게 있겠냐 싶어서 가르쳐 주었더니 배우는 속도가 빨랐다.

내가 트랙터를 처음 사 가지고 그 위에 높이 앉아 일하는 게 참 기분 좋았는데, 큰아들이 트랙터를 몰며 늠름하게 일하는 모습을 보는 일은 그에 비할 바가 아니고 더 좋다. 얼굴이 허옇게 잘생긴 젊은 놈이(셔츠도 흰색이었다. 가끔 웃통도 벗는다.) 파란 가을 하늘을 배경으로 트랙터 위에 앉아 운전에 몰두하며, 거대한 나무 기둥을 트랙터 바가지에 실어 번쩍번쩍 들어 나르는 모습이 그렇게 아름다워 보일 수 없었다. 자식놈 자랑한다고 흉볼 일이 아니다. 온통 늙어버린 농촌에 저런 십 대의 젊은이가 화려한 가을의 양광 아래서 열심히 일하고 있는 모습이라면, 내 아들이 아니더라도 아름답다 느끼지 않을 도리가 있겠는가? 부상 입은 아버지와 새로 트랙터를 몰게 된 아들이 추석 전날에 합심해서 일을 깨끗하게 마쳤다. 참으로 오묘한 반전이었다.

↳ **농가주부** 2006. 10. 10.
격세지감
올해로 결혼 20년째인 내게 결혼 이후 명절은 중노동, 피로, 여자로 이 땅에 태어난 것에 대한 한스러움, 남녀차별 등등 온갖 부정적 상황들의 집합체였다.

그런데 3년 정도 전부터 명절은 가볍게 지나가는 몸살 기운 같은 것으로 변했다. 뭔가 불편은 하지만 약을 먹고 앓아누울 정도도 아니고, 하룻밤 뜨신 데서 푹 자고 일어나면 개운해질 만한 정도의 ⋯ 가족 모두 기독교로 개종하면서 음식 준비의 번거로움이 크게 사라졌고, 아이들이 커 버려서 아이들 시중이라는 이중고에서 벗어나게도 되었고, 시부모님의 의식 변화 - 특히 시어머니 - 로 며느리 역할에 대한 기대감이 줄어들었고, 남편들도 드러내고 자기 아내 배려하는 것이 흉이 안 될 만큼 진보적이 되었고, 주부 연륜 20년에 아쉬운 대로 살림 기술도 늘은 지라, 이제 명절은 그냥 가족들 얼굴 보며 이런저런 맛난 것 해 먹고, 그동안의 쌓인 이야기들도 풀어내는 편안한 가족 만남의 시간이 되었다.

더구나 부모님이 고향에 정착하신 후 이름난 온천을 내 집 목욕탕처럼 편하게 이용할 수 있게 되었으니 전을 주로 부치는 음식 준비가 끝나면 두 동서와 함께 목욕을 간다. 서로 등을 밀어주면서 작년보다 더 나온 아랫배에 한숨도 짓고 도대체 살이 붙지 않는 막내 동서를 염려와 부러움으로 바라보기도 한다.

이제 3년만 지나면 시어머니가 나를 며느리로 맞은 나이가 된다. 아마 그때쯤의 나는 의욕과 기운이 넘쳐 단시간에 며느리를 내 가족(?)으로 만들기 위해 애쓰는 일은 없을 테니 내 두 며느리들은 나보다 더 행복한 명절을 맞이하리라.

사족: 우리 집안의 명절에도 아직은 부족한 2%가 있다.

산국
2006. 10. 18

퇴촌 집 마당 모서리에 한 평 반 정도 크기로 만든 꽃밭에 국화가 가득하다. 작년 가을에는 이 밭의 삼분의 일이던가 반 정도를 조그맣지만 향기며 빛이 좋은 국화로 채웠는데, 올 봄에 열심히 나누어 심어서 밭을 채웠다. 다소 성긴 공간도 있지만 그럭저럭 국화 밭이라 부를 만하다.

어제 아침부터 노릇노릇한 꽃잎이 나오기 시작한다. 얼마나 반가운지! 아침에 차를 마시다 보니 문득 작년 가을의 국화차 냄새가 진한 기억으로 다가왔다. '그렇지! 이렇게 차를 탄 후 다관 안에 국화 두세 송이를 집어넣었지. 그러면 국화 향기가 밴 녹차가 나오곤 했어.' 왕선생님이 구절초 차를 잘 만드니 조언을 구하면 내년 가을까지 먹을 수 있는 국화차를 만들어낼 수 있을 것 같다.

↳ **최서용** 2006. 10. 22.
벼베기
어제 가족들과 시골로 벼를 베러 갔다. 갈 때는 조그만 논으로 기억하고 있었기에 길어야 한 시간 안에 다 베고 쉴 수 있을 거라고 생각했다. 시골에 도착해서 옷을 갈아입고 논에 올라가 보니 논은 벼가 자라서 그런지 모내기 했을 때보다 훨씬 커 보였다. 아버지가 먼저 시범을 보이시고 형과 나는 적당한 곳에서 벼베기를 시작했다.

낫 들고 벼 베는 게 은근히 재미었다. 그렇게 한 4줄 정도 가다보니 티셔츠는 땀에 젖고 풀 때문에 따가웠지만 열심히 했다. 엄마가 먹을 걸 가지고 올라와서 먹고 쉬다가 또 어느 정도 하다 보니 형이 다 끝내고 날 도와주러 와서 나도 끝나고 아버지도 다 끝났다.

다음엔 아버지가 볏짚을 묶으라고 하셔서 묶는데 묶는 것도 베는 것만큼 힘들었다. 하여튼 다 묶어서 내려온 다음 정자에 쌓아 놓고 보니깐 진짜 많이 수확한 것 같았다. 아침에 일어나보니 진짜 팔 뒤쪽이랑 허리랑 종아리까지, 모내기 이후로 이렇게 힘든 적은 없었던 것 같다. 다음부터는 가족들이 많이 와서 좀 도와줬으면 좋겠다.

11월에

선생님 2006. 11. 6

 어제 중학교(상도중학교) 2학년 때 담임선생님을 모시고 한잔했다. 같은 반이었던 친구 둘이 자리를 함께했다. 옛날로 돌아가 어린 학생들 셋이 선생님 앞에 앉아 즐겁게 노는 것이다. 그 시절 산너머 다른 여학교에(봉천여중) 다니던 일 년 아래 여학생도 사십 중반의 아줌마가 되어 옆에 앉았다. 선생님 옆에 앉아 음식 시중을 드는 게 자연스러운 나이다. 내 마누라다.
 즐겁게 마셨다. 선생님 30년 단골 중국 음식점에서였다. 손수 만든 거라고 가져 오신 매실주 두 병을 다 비우고, 고량주를 한 병 비운 후, 내가 가지고 간 25도짜리 진로 소주 세 병을 또 비웠다. 하 참 재미있게도, 나는 선생님 놀라시라고 그 술병을 꺼내들었더니 껄껄 웃으시면서 "나도 그 술 애용자야."라고 하신다. 애주가인 선생님은 이제 이십도 아래까지 떨어진 소주는 도저히 마실 수가 없어서 동네 가게에 특별히 부탁해 이 소주를 대어 잡숫고 계시단다. 그 선생님에 그 제자올시다. '역시 맛있어 역시 맛있어'를 연발하며 스승과 제자가 함께 통음했다.

눈이 휘둥그레진 두 친구도 덩달아 '맛있어, 맛있어' 하면서 한 잔 두 잔. 여수 사는 준이는 갈 길이 멀어 먼저 떠났는데, 나중에 도착해서 벌주 겸 맛 겸 마구 들이키던 인철이는 뻗어버렸다.

안동 2006. 11. 10

지난 몇 날 동안 여행을 했던 곳은 안동이었다. 하회마을, 병산서원, 도산서원, 소수서원, 부석사, 청량산 등등을 두루두루 돌았는데 가장 가슴 뭉클했던 곳은 이육사 기념관이었다. '청포도'를 나은 그곳 생가 터 근처를 밟으며 육사를 다시 만났다.

내가 가장 좋아하는 그의 시는 '절정'이다. 나만 그 시를 좋아하는 줄 알았는데 그 시 좋아하는 다른 분들도 많았는가 보다. 기념관을 찾는 이에게 가장 먼저 눈에 띄는 위치에 육사의 동상과 더불어 '절정'이 새겨진 시비가 있었다. 육사는 퇴계의 후손이다. 퇴계는 육사라는 후손 때문에 더 빛을 발하는 것 같다.

絶頂

매운 季節의 채찍에 갈겨
마침내 北方으로 휩쓸려 오다

하늘도 그만 지쳐 끝난 高原
서릿발 칼날진 그 위에 서다

어데다 무릎을 꿇어야 하나
한발 재겨 디딜 곳조차 없다

이러매 눈 감아 생각해 볼 밖에
겨울은 강철로 된 무지갠가 보다
— 시비에서

난 이 시의 마지막 구절이 특히 좋다.

주목   2006. 11. 20

올봄에 주목을 백오십 그루 정도 심었다. 한여름 꾹꾹 누르듯 무성한 잡초를 견뎌내고 살아남은 놈들이 그래도 한 백이십 그루 정도는 된다. 보란 듯이 더 키가 늠름히 자란 게 있는가 하면, 간신히 남기만 했다 뿐이지 키는 거의 땅바닥에 붙고 색도 비실비실 가련한 녀석도 있다. 큰 놈은 씩씩해서 좋고, 작은 놈은 끈질겨서 장하다.

여름 내내 여러 번 잡초 제거를 해 주었지만, 그래도 손길이 닿지 않은 곳에는 풀이 꽤 자라 어수선했다. 이틀 동안 주목 주변의 잡풀을 제거해 주었더니, 주목 이파리는 더욱 새파래져서 살랑거린다.

지난봄 매부와 밤늦게까지 이 나무들을 심으면서 약속을 했다. 나중에 주목이 자라고 우리는 은퇴를 하면, 가끔 이 농장에서 만나 주목 한 그루 뽑아 온양 장에 내다 팔아서 막걸리 한 잔씩 거나하게 하자고 말이다. 백이십 그루니까, 은퇴 후 백이십 번 막걸리 마실 값은 충분히 확보해 놓은 셈이다. 큰 놈이나 작은 놈이나 모두 귀한 막걸리 밑천이다.

12월에

다시 겨울　　　　　　　　　　　　2006. 12. 7

　어느덧 겨울이다. 아직 모진 추위는 시작되지 않았지만 어젯밤 슬그머니 내린 비가 불안하다. 대지는 가득 물을 머금어 촉촉하되 겁나는 추위를 예상하며 수목은 바들바들 떠는 듯하다. 하늘엔 구름까지 잔뜩 끼어 더 을씨년스럽다.

　창문 너머로 바라보이는 매화네 뒷마당이 썰렁하다. 초여름이면 함박꽃이 만발해서 늘 내게 벙긋거림을 주던 곳이고, 담장 위에는 종종 놀러오는 다람쥐가 서성이곤 했는데 어두운 겨울 아침, 오늘은 아무것도 보이지 않는다.

　헌데 나는 이런 고즈넉함이 좋다. 지금 주위에는 아무 소리도 들리지 않는다. 흔한 새소리도 없다. 우산리 산골짜기의 절대 적막이라 할까. 아니 그래서 컴퓨터 소리가 너무 크게 들려 시끄럽다. 이것도 꺼버려야겠다. 그냥 앉아서 구절초 차 마시면서 붓을 끄적이는 그런 아침 시간을 가질까 한다.

낙엽
2006. 12. 10

앞마당 목련나무에 잎이 진 지 언제인데, 수북이 나무 아래 쌓인 낙엽을 그대로 방치하고 있던 몇 주였다. 농부로서도 수치스럽기 그지없는 일이고, 작은 마당 하나 갖고 사는 사람으로서도 창피하기 그지없는 일이다.

토요일에는 하루 종일 집에 있으면서 낙엽도 치우고, 개집들도 보수하며 지냈다. 육체노동 끝에 오는 아스라한 피곤함도 즐길 만하다. 농가주부가 잠시 사라지더니 읍내 슈퍼마켓에서 이것저것 재료를 사들고 와 '월남쌈'을 주말 특식으로 내 놓았다.

그게 1994년부터이던가. 그때부터 우리 집 특식이 되었던 월남쌈. 아이들도 좋아한다. 하지만 이걸 먹을 때마다 그 시절 여섯 살, 두 살짜리 어린아이들 데리고 유학지에서 고생하던 때가 생각나서 가슴이 나 혼자 알싸하다.

정미기
2006. 12. 12

덕암농장에 정미기가 들어왔다. 수확한 벼가 아직 그대로 자루에 담겨 있는데, 언제 저걸로 쌀밥 해 먹나 궁리가 많았다. 드디어 정미기가 들어왔으니 이걸로 하얀 쌀을 만들어 낼 수 있겠다. 내년부터는 벼농사가 많아질 터이니 이 정미기가 푹푹 토해낼 쌀알의 폭포를 상상하면 즐겁기 그지없다.

연못 물   2006. 12. 15

작년 이맘때 연못 만들던 일을 떠올린다. 수량이 풍부해서 금세 연못을 그득 채웠는데. 그래서 물이 넘칠까 봐 걱정되어서 봄날에는 여러 날을 두고 둑을 수리했는데.

이번 가을 가뭄이 워낙 심한 건지 물은 줄어만 들고 있다. 제일 큰 못물이 사분의 일이나 남았는가. 두 번째 놈은 이미 마른지 오래고, 세 번째 놈만은 싱싱하게 그득 물을 머금고 있다. 네 번째 놈도 마른지 오래되었다. 올 한 해 많이 퍼진 연 줄기가 물이 줄어든 통에 가냘픈 허리를 아프게 구부리고 있다.

↳ **농가주부** 2006. 12. 15.
40kg의 기적
기적이란 말은 어떤 경우에 쓸 수 있는 것인지요? 우리가 상상할 수 없는, 매우 희망적이고 긍정적인 일이 발생했을 때 우리는 그것을 기적이라고 말하지 않는지요? 내게 흰쌀 40kg은 기적입니다. 태어나서 40이 될 때까지 도시 언저리를 벗어나 본 적이 없는 내게 - 대학생 때 농촌 봉사활동을 갈 때까지 시골 잠은 한 번도 자본 적도, 시골집은 민박집 말고는 한 번도 들어가 본 적이 없을 만큼 시골과 저는 동에서 서가 먼만큼 먼 곳이었거든요. - 내가 모내기하고, 내가 벼베기하고, 내가 마당에 날라 세워 놓은 볏단이 쌀로 변했다는 것, 그것은 정말 기적입니다.

40kg의 쌀을 창고에 넣어 놓으신 시아버님은 강남 타워 팰리스의 부자가 감히 넘볼 수 없는 부자가 되셨습니다. 제일 먼저 한 그릇은 키우시고 거두게 하신 하나님 몫으로 준비해 놓으시고 나머지는 우리 몫으로 잘 보관하고 계시답니다. 겨우 40kg을 가지고 뭔 호들갑이냐 놀리시는 분도 계시겠지만, 갓난아이의 첫걸음이 힘찬 뜀박질로 변한다는 것을 기억하신다면 지금의 작은 시작의 그 후도 상상하실 수 있으시겠지요.

하지만 슬며시 걱정도 자리잡습니다. 40kg을 수확하는 데도 며칠 동안의 몸살이 뒤따랐는데… 수확이 기적이 아니라 일상이 되는 날 저도 농가주부가 아닌 농부가 되어 있겠지요.

크리스마스트리   2006. 12. 24

5년 전 이곳 우산리로 이사 왔을 때 참으로 즐거웠던 일은 대문 옆 작은 주목을 크리스마스트리로 장식하는 거였다. 아파트에 살 때는 플라스틱으로 만든 나무 모양 트리에 장식을 했다. 이제 그놈을 휘익 내던져 버리고, 싱싱한 푸른 주목을 크리스마스트리로 꾸미니 노래가 절로 나왔다. 광주 시장에 가서 트리 장식물을 근 십여만 원어치 샀던 것으로 기억한다.

헌데 예상치도 않은 문제를 발견하곤 당혹스러웠다. 일 년 일 년 세월이 가면서 장식물이 모자라게 된다는 거였다. 나무가 자라기 때문이다. 첫해는 나무 전체에 치렁치렁 장식물이 감겼는데 점점 빈 공간이 많아지게 된다.

평년보다 많이 늦은 오늘, 크리스마스이브에 트리 장식을 했다. 큰아들은 바쁘고, 아내는 교회에 가서 돌아오지 않았다. 집에는 나와 둘째 아들만 남았다. 아들에게 트리 장식을 시켰다. 많이 커져 버린 주목에는 장식물이 반 정도밖에 덮이질 못했다. 그래도 예쁘다. 아니 더 예뻐진 것 같다. 주목 나무가 싱싱하게 잘 자랐기에 그 성장이 주는 아름다움이 한몫을 했는가 보다.

트리를 감상하다가 문득, 그 트리 장식에 몰두하고 있는 둘째 아들 서용이가 부쩍 커진 걸 깨달았다. 이곳에 올 때 땅꼬마 같던 녀석의 키가 벌써 170센티로 다가가고 있다. 나무뿐만 아니라 사람도 자라니까.

'메리 크리스마스~!'

한 해를 보내며 2006. 12. 31

올해도 주님 덕분에 풍성했다. 한 해 시작 무렵에 잡아 놓았던 이 해의 집필 계획은, 언뜻 보면 도저히 다 해낼 수 없을 정도의 분량이며 가짓수라서 두렵기까지 했지만, 지금 책상 옆에 붙여둔 목록을 보니 다 완성한 것으로 표시가 되어 있다. 참으로 감사한 일이다. 학생들도 공부 열심히 해 주어서 고맙고, 또 열심히 하는 학생들 더 크게 뻗어나가는걸 도와줄 꽤 풍성한 장학금도 마련되었다. 베트남 및 동남아시아에서의 한국학 발전 작업을 도울 수 있게 된 것도 덕암농장에서의 기도가 그 시작이었다. 생애 처음으로 만든 논에서 40킬로그램의 쌀을 수확했고, 수확량은 내년에 더 많아질 것이다. '얼마든지 수확하시오 내가 도와 드리리다'라는 듯 정미기는 늠름히 창고 한 자리를 차지하고 있다. 올해는 배추도 더 맛있어서 요즘 먹기 시작하는 김장김치는 꿀보다 달다. 살구나무의 수는 지난해의 두 배가 되었고, 살구 밭 면적 역시 넓어졌다. 내년에는 세 배를 만들 것이며 주목의 수는 두세 배가 늘어 삼백 그루가 될 것이다. 흐음, 내년에는 아마 살구가 본격적으로 수확될 것이니 출하처도 알아 보아야 하겠군.

3부 농장사계

또 1월

닭 2007. 1. 4

덕암농장의 논 위에 놀고 있는 닭들의 모습은 장엄하다. 닭 보고 장엄하다니까 우습다고 여기는 사람도 있겠다. 하지만 넓은 논, 겨울의 찬바람이 휙익 불어가는 그 논 위에 가을걷이 흔적인 지푸라기들이 잔뜩 깔려 있고, 살진 암탉 한 마리와 거대한 수탉 두 마리가 홱홱 지푸라기를 헤집으며 나락을 주워 먹는 모습을 나는 기꺼이 장엄하다고 표현하겠다. 수탉이 어디 보통 커야지? 마음껏 뛰어놀고 마음껏 집어먹고 다니는 이 닭들은 크기가 거의 돼지(?)만 하며, 건강하기는 멧돼지와 싸워도 이겨내겠다 싶을 정도이다.

하노이 친구 용은 수탉을 참 좋아한다. 한 마리에 몇 백만 원 하는 수탉도 척척 사들이는 걸 보면서 '미쳤냐?'고 물었던 게 한 3년 전쯤이다. 그 친구, 수탉의 멋짐과 그걸 보고 있는 것만으로도 가질 수 있는 무한정한 정신적 충만감에 대해서 한참을 떠벌렸다. 알 듯 모를 듯했다. 이번에 보니 그의 주장을 어느 정도 이해할 수 있겠다. 우산리에도 멋진 수탉 '아리'가 있지만 가슴이 터질 듯한 아름다움

봄날 한때

은 별로 느끼지 못했다. 아마 집이 작아서 그랬던가 보다. 그런데 저 넓은 땅 위에 우뚝 선 저 수탉의 위용에 나는 눈이 부시다.

둘째 놈이 우이재에서 일주간여 용맹정진 하겠다고 들어갔다. 수탉 한 마리를 잡아먹게 하기로 했는데 수탉이 아까운지 수탉의 위용에 질렸는지 놈은 스스로 포기했다. 대신 꿩을 잡아먹겠다나? 허허. 부디 일주일 동안 꼭 꿩 한 마리 잡아먹기를 바라는 마음이다. 꿩 대신 닭이 아니라 닭 대신 꿩인데, 장한 닭을 보면 이게 말이 되는 거다 싶기도 하다.

↳ **농가주부** 2007. 1. 8.
성장- 그 후
이번 방학은 시작 직후부터 무척 한가합니다. 방학 후 일주일도 채 안 되어 두 아들 모두 각자의 길로 유유히 사라졌기 때문입니다. 큰아들은 2일부터 거의 1년 만에 기숙사 생활을 다시 시작했고, 둘째는 1월 1일부터 덕암리 농장에 가서 아직 돌아오지 않고 있습니다. 저녁마다 식탁 앞을 채우는 것은 조금 늙은(?) 남편과 남편만큼 늙은 나뿐입니다. 둘만의 시간이 가슴 콩닥거리게 하는 은은한 설렘을 가져오지 않는 것을 보면 남편하고 충분히 익숙하고, 적당히 편안하기 때문인가 봅니다.

그냥 식탁에 남아 있는 빈 두 자리가 자꾸 어색하고 허전하다가 '아, 지금은 잠깐의 부재이지만 이제 곧 각자의 자리로 옮겨 앉겠지, 그땐 정말 긴 시간 남편과 둘이서 두 아들을 기다리고 있겠지!!'라는 인정하고 싶지 않은 세월의 깊이를 생각하게 됩니다. 더구나 어젯밤에는 우산리 잔설이 두껍게 얼음으로 변해 버려서 큰아들이 밤 버스를 타고 기숙사행을 할 수밖에 없었습니다.

남편과 함께 버스 정류장까지 바래다주면서 남편보다 힘차게 여행 가방을 어깨에 메고 씩씩하게 앞서 걷고 있는 아들의 모습을 보니, 정말 갑자기 내 나이가 60은 된 것처럼 기분이 확 늙어버리더라구요. 내일은 둘째를 데리러 덕암리에 갑니다. 그 아이가 돌아오면 나는 다시 40대의 씩씩한 엄마로 변해 있을 겁니다. 이제 내 나이를 만드는 것은 남편이 아니라 아들들입니다.

업둥이   2007. 1. 25

두 주 전이던가, 우산리 집에 강아지 한 마리가 들어왔다. 어디서 온 놈인지 아무도 모른다. 어느 날 아침 일어나 보니 이놈이 현관 앞에 앉아 있었다. 그리곤 떠억하니 대문 쪽을 바라보고 앉아서 주인 행세를 한다. 옆집 강아지가 들어올라치면 멍멍, 내가 나가니까 주인 반기듯이 할딱할딱. 영락없는 똥개에다가 얼굴도 못생겨서 마뜩잖지만 붙임성 있게 하는 짓은 이뻐서 그냥 두고 있는 게 여태껏이다. 그 사이에 아내가 조그마한 개집도 가져다 놓았고, 그 앞에 추울까 싶어 자리도 깔아 놓은지라 이놈은 이제 우리 집에 본격적으로 자리를 틀고 앉아 있는 거다.

  가만히 보면, 하는 짓이나 몸태나 얼굴 생김이며 눈매가 황구와 비슷하기도 하다. 어디선가 생긴 황구 새끼가 지 애비를 찾아 온 건가? 가족들은 온갖 상상을 다 해본다. 그러나 아직 정답은 없다. 그냥 키워야 할라나 보다 생각하다가도, 어휴 그러면 개가 네 마리가 되니 걱정이 태산 같아진다. 게다가 이놈 요즘은 자꾸 이것저것 물어뜯는지라 잠시 바깥을 들락거려도 꼭 신발을 안에다 들여다 놓아야 하니 보통 성가신 일이 아니다.

  업둥이라, 그냥 이럴 때는 복이려니 생각하고 키워야 한다지 않은가?

2월에

동행 2007. 2. 15

둘째 아들 서용이와 베트남에 다녀왔다. 사이공에서 삼 일을 지내고, 메콩 변에 있는(사이공에서 남쪽으로 약 60-70킬로미터) 미토로 내려갔다. 미토는 내 학문의 요람이자, 덕암농장을 구상한 곳이기도 하다. 거기서 서용이와 삼 일을 함께 지냈다. 아침에 일어나서 식사를 하고, 도서관에 가서 책을 읽는다. 나는 앞자리를 좋아하지만 서용이는 뒷자리를 좋아한다. 점심을 먹고, 맛 좋은 사탕수수 즙을 한 잔 한 후에 호텔로 돌아와 낮잠을 한 시간 정도 잔다. 다시 도서관으로 가서 책을 읽다가 오후 네 시 반쯤에 나와서 이른 저녁 식사를 하고 다섯 시쯤에 호숫가를 산책한다. 다시 호텔로 들어가 책을 읽다 보면, 배가 출출해진다. 나가서 쌀국수를 한 그릇씩 먹고, 메콩강변 카페에서 나는 아이스커피를, 서용이는 과일 화채를 먹는다. 이런저런 이야기를 나누다가 들어와서 하루를 마감한다. 주일 아침에는 둘이서만 예배도 드렸다. 하루는 배를 타고 메콩을 넘어 벤쩨라고 하는 곳까지 다녀왔다. 이 아이가 사진을 곧잘 찍는다는 걸 알게 되었다. 그러다가 나는 사이공으로 올라왔다.

　녀석은 혼자 미토에서 나흘을 잤다. 삼 일간 미토에 함께 있으면서 주변 지리를 대략 익히게 해주고 자전거도 하나 구해주었지만, 나 혼자서 사이공에 갈 때는 다소 걱정이 되었다. 헤어지기 전날, 최종 결정을 하라고 했다. 혼자 있든지 사이공에 따라가든지. 서용이의 최종 결론은 미토에 혼자 있는 거였다. 그 기간 동안 이 아이는 메콩강변이며 미토 시의 호수가를 씽씽 자전거를 타고 돌아다녔고, 때가 되면 쌀국수, 백반, 죽, 빵 등을 내키는 대로 실컷 사 먹으며, 저녁엔 호숫가 벤치에서 『노란 손수건』(내가 70년대에 사 놓은 이 책을 아주 재미있어 한다.)을 읽고, 그곳에 놀러 나온 베트남 젊은이들과 제기차기도 하고, 놀다 사귄 형 누나 집에 놀러 가기도 하고, 하루는 아버지 친구 집에 초대되어 저녁 식사도 같이하고, 설을 맞아 개장한 호텔 옆 꽃시장도 어슬렁거리고, 하이얀 아오자이 입고 하교하는 여학생들 사진도 찍고, 뭐 그러면서 나흘을 아주 재미있게 지냈단다.

　아들은 요즘 미토가, 미토에서 만났던 사람들이 그리워 우울하다.

위토　　　　　　　　　　　　　　　　2007. 2. 20

둘째 댁에서 경작하던 위토 즉 논과 밭 합쳐 약 천여 평 되는 땅을 올해부터 우리가 맡기로 했다. 위토란 특정 조상님의 산소에 딸린 땅이다. 거기서 나오는 소출의 일부로 제사를 드리는 것이다. 뒷산에 5대, 8대 조부모님 산소가 나란히 있는데 그분들을 위한 땅이다. 이 땅이 우리 집 바로 옆에 있으니 편의상 우리가 관리하게 된 것이다.

　논농사야 지난해부터 지어 보았기 때문에 별 문제가 없어 보이는

데 약 오백 평의 밭이 문제다. 약간 경사를 내어 살구나무를 심겠다고 한 것이 원래의 계획이었지만 위토를 과수원으로 가꾸는 데는 문제가 있을 수도 있단다. 땅 위에 나무가 심어지면 나무에 대한 권리권이 개입되기 때문이다. 그래서 계획을 바꾸었다. 그동안 밭으로 쓰던 기와집 터 땅 사백여 평을 모두 과수원으로 만들고 그 대신 위토 밭에 토마토며, 감자며, 배추를 심자고 말이다. 지난 설 전날 새로 가꿀 밭을 깨끗이 치워 놓았다. 벌써 푸릇푸릇 돋아나는 새싹들이 아름답다.

어제부터 헤르만 헤세의 『정원 일의 즐거움』(두행숙 옮김, 이레, 2001)을 읽고 있다. 헤세가 그토록 자연을 사랑했다는 걸 처음 알았다. 흙과 나무를 좋아하고 땅을 소중히 아는 그 마음이 반갑다. 처남댁이 읽던 걸 빌려온 것이다. 헤세의 사유 폭이나 글의 깊이가 흙과 노동에서 비롯되었다는 사실을 발견하는 기쁨이 크다. 평생 옆에 두고 볼 좋은 책이다. 그렇다고 해서 처남댁 책을 내가 갖겠다는 말은 아니다. 내 것으로 한 권 더 구입해야겠다.

봄기운 2007. 2. 22

오랜만에 우산리 집 주변을 청소했다. 겨우내 집 정리에 너무 게을렀나 보다. 날이 따스해 일하기 안성맞춤이다. 이곳저곳 땅 위에 푸른 싹이 나오고, 몇 년 전부터 애타게 기다리던 매실나무에는 바알간 꽃망울이 돋아 올라온다. 환희! 그동안 우리 집에서는 생강나무가 제일 먼저 꽃망울을 터뜨렸는데, 이제 일등은 매실나무가 하려나.

봄이 되었음을 알리는 춘신이 또 하나 있다. 추운 겨울 내내 배

속까지 언 듯 알을 낳지 않던 닭 두 마리가 약속이나 한 것처럼 동시에 커다란 알을 낳았다. 마누라는 희희낙락.

3월에

나무뿌리　　　　　　　　　　　　　　　　2007. 3. 3

지난해 개간하면서 잘라 쌓아 놓은 나무 더미 때문에 농장 모습이 그동안 산만했다. 틈틈이 톱으로 잘라 기둥도 만들고 장작도 만들겠다 생각했으나 거의 그대로 방치하고 말았던 것이다.

요 며칠 동안 일손을 구해서 다 정리했다. 작업 마지막 날이었던 어제 비가 온 관계로 깔끔하게 다 치우지는 못했지만, 그래도 이 정도면 충분하다. 새로 생긴 땅에 살구나무를 더 심으려 한다.

정리 작업을 하다 보니 가장 옮기기 힘든 게 나무뿌리였다. 수십 년 나이를 먹은 참나무 뿌리는 덩어리가 꽤 크다. 그것들을 트랙터로 들어서 서쪽 골짜기로 날라다 놓았다. 그러다가 문득 생각나서 하나는 탑돌이 못에 던져 넣었다.

그토록 많이 그리고 여러 번 물고기를 풀어 놓아도 자꾸 없어진다. 주변 사람들의 여러 가지 추측이 있었으나 나는 최종적으로 그 이유를 알아냈다. 어디선가 날아온 야생 오리들의 짓이었다. 연못에 물고기가 헤엄치기 시작하면 곧 오리가 나타난다. 어디에서 냄새를 맡는 건지 어디에서 보는 건지 물고기가 있는 건 귀신같이 알아낸 오리들은 물고기에게 저승사자나 마찬가지이다. 아직은 물 밑바닥에 아무것도 없는지라 오리에게 무방비로 노출되다시피 한 물고기들은 남김없이 오리 배 속으로 들어가는 거다. 물고기가 숨을 곳으로 바위 같은 것을 넣어주라는 충고도 있었지만, 뿌리가 생긴 김에 이걸 하나 던져 놓아 보았다.

꽃망울   2007. 3. 3

어제 내린 비는 참말로 단 봄비였다. 촉촉하게 젖은 봄의 대지는 얼마나 싱그러운지! 그 비를 맞고 바람을 맞으며 살구나무에 꽃망울이 올라오고 있다. 올해 화려한 살구꽃 잔치가 벌어지겠다. 이놈들이 열매를 맺기 시작하면, 어휴 가지들이 축축 늘어져서 찢어지면 어떡하나?

봄맞이   2007. 3. 19

시골의 봄맞이는 기계 점검, 땅 점검이다. 지난 가을에 큰 수리를 했던 트랙터는 문제가 없고, 여름 내내 나의 동무가 되어줄 예초기도 시동이 팽팽 잘 걸린다. 땅을 갈아 밭두둑을 만들어줄 관리기는 배터리가 닳았는지 먹통이다. 그러나 수동으로 전환해서 모터에 연결된 줄을 휘익 당기니 시동이 힘차게 걸리는군. 이 정도면 됐다.

그다음은 물 점검. 물을 채웠던 연못의 둑 사면이 많이 무너졌다. 흙을 열 트랙터 정도 가져다 붓고 땅을 다졌다. 하지만 아직도 태부족. 원래는 포크레인을 동원해 작업할까 했을 정도로 일이 큰 곳이다. 트랙터로 흙을 퍼다 나르고 그걸 다시 삽으로 펴고 다지다 보니 힘도 드는 데다가 흙 높이가 점점 올라가자 트랙터 바가지 높이가 미치질 않는다. 그곳을 편평히 다지고, 살구나무를 일곱 그루 심었다. 잔디도 곳곳에 박았다. 둘째 댁 아저씨는 어슬렁어슬렁 저녁 무렵 올라와 보더니 "그래봐야 필요없서~ 다 무너져 버릴꺼여~"란다. '아이구 맥빠져'였을까? 아니다. 그동안의 경험에 비추어 보면 이 아저씨 예상은 대략 반은 맞고 반은 빗나간다. 흙일과 관련해서는 베테랑 농부 말이라도 다 믿는 게 아니라는 확신을 갖게 해 주신 분이라 쿡쿡… 둑에 대해서 반 정도는 희망이 있다.

4월에

봄날　　　　　　　　　　　　　　　　2007. 4. 3

다소 쌀쌀하기는 하지만, 옆집 은서 할아버지가 아까부터 홑 셔츠만 입고 산보를 하는 걸 보면 봄은 봄이다. 목련 나무 아래 진달래꽃이 만발한 것도 그렇고.

이 방에서 내다보이는 매화네 집 뒷쪽 비탈 진달래가 창 그득히 그림을 하나 만들었다. 군데군데 딸기 순도 나왔고, 초여름부터 자태를 뽐내는 함박꽃 순도 쑤욱쑤욱 올라오고 있는데 그 키가 한 시간 다르고 두 시간 다르다.

하아, 창이 더 컸으면 좋겠다. 큰 창이라면 뒷산이 다 보일 것이고 그 위의 하늘도 담을 것인데, 산을 보고 하늘을 보면서 스케일이 큰 글을 쓰고 싶다는 생각이 슬그머니 비집고 들어온다. 그저 진달래 하나, 함박꽃 순 하나 창문 안에 잡아 놓는 정도로 만족할 줄 알아야 하는데 봄바람이 가져다주는 욕심일런가.

바람에 진달래 가지가 심하게 흔들린다. 춤추는 진달래의 보라 꽃잎 위로 등에 흰 선이 선명한 산새가 한 마리 날아왔다. 새도 꽃

보는 눈이 있군.

바람과 꽃과 새가 그렇게 한참을 함께 놀고 있는 봄날 오후다. 들락날락하는 햇빛도 함께.

↳ **농가주부** 2007. 4. 3
앵초꽃을 기다리며
이곳에 이사 온 후에 봄이면 내 시선을 가장 많이 빼앗아 간 꽃은 앵초입니다. 옆집 은서 할머니네 긴 꽃밭에서 너무도 앙증맞은 모습으로 곱고 여린 분홍빛을 자랑하는 꽃. 잎에는 아이 솜털 같은 보드라운 털을 잔뜩 달고, 목을 잔뜩 뺀 꼬맹이처럼 긴 줄기에 작고 여린 5원짜리 동전만 한 꽃을 달고 있는 귀여운 꽃. 다른 꽃보다 앞서 피면서도 결코 자신을 자랑하지 않는 수줍음. 여럿이 함께 어울릴 때 더욱 아름답게 살아나는 꽃. 분홍 꽃잎이 모인 한가운데 검은깨 같은 점을 갖고 있는, 어린 애기처럼 앙증맞은 꽃.

이사 온 다음 해에 은서네와 매화네서 서너 포기 얻어다 심고 그다음 해에 언제 싹이 나오나 열심히 들여다 보았는데 단 한 포기도 모습이 보이지 않아서 무척이나 서운했습니다.

거의 7~8포기를 한곳에 집중적으로 심으면서 서로 도와 내년에는 근처 땅을 다 네 땅 삼아라 빌었는데 올해는 제법 여러 포기가 여기 삐쭉, 저기 삐쭉 모습을 드러냅니다.

올해는 정말 큰 부자가 된 느낌입니다. 앵초꽃이 퍼지면 퍼질수록 저금통이 가득 차는 것처럼 점점 부자가 되는 것 같습니다.

식목일 행사   2007. 4. 8

올해 식목일 행사는 조촐했다. 아버지, 어머니, 그리고 나 이렇게 셋이서 함께하는 조용한 작업이었다. 묘목으로 주목 250개, 살구나무 70개를 심었고, 묘목 밭에 보관했던 살구나무 30여 그루, 은행나무

진화하는 봄

다섯 그루, 벚나무 다섯 그루, 느티나무 열 그루를 밭과 도로변에 옮기고, 작년에 심었던 주목들 자리를 바꾸어주는 작업도 있었다. 도합 사백여 그루의 묘목과 나무를 심고 옮겼는가 보다.

옛집 옆 새로 만든 밭에 살구나무를 심었고, 덕암농장으로 들어가는 길옆, 역시 지난해에 새로 일군 밭을 주목 묘목장으로 만들었다. 그곳에 주목 묘목 삼백여 개가 앙증맞게 나란히 서 있다. 지난번 나무를 치웠던 기와집 터 500평에도 살구를 심었다. 이제 살구 밭 단지는 세 개에서 여섯 개로 늘었다.

봄답게, 탑돌이 못 네 개 둠벙에는 물이 다시 그득해졌고 흰 살구꽃은 덕암농장에 만발했다. 밤에 나가 현관 앞에 서면 은은한 살구꽃 향기가 산바람을 타고 내려온다. 순백의 도도함과 고결한 향기를 품고 있는 게 살구꽃이다. 밤에 홀로 그들 사이를 거닐면 1년 만에 나를 찾아온 수많은 가인(佳人)의 반가운 숨소리가 들리는 듯하다.

쟁기질   2007. 4. 15

올해부터는 경작해야 할 논이 너덧 배 많아졌다. 요즘 한창 논을 갈아엎을 때이다. 시퍼런 풀이 벌써 올라오기 시작하고 있다. 그냥 놓아두면 마치 놀리는 땅 같아서 미안하고 풀이 더 길어지면 갈아엎는 작업을 하기가 힘들다. 아직 모내기 철까지는 한 달이 더 남았지만 지금부터 땅에 숨을 넣어주기 시작해야 한다.

땅을 뒤집는 게 쟁기질이다. 트랙터에 쟁기날을 장착하고 작업을 해야 한다. 쟁기질을 하고 물을 채운 후 써레질을 한다. 흙을 곱게 다지기 위해서이다.

헌데 작년의 경험에 비추어 볼 때 로타리만 치고(옛말로 하면 써레질) 물을 대도 벼가 잘 자라는 것 같았다. 물 댄 후 로타리를 한 번 더 치는 건 필요하다. 올해도 쟁기질 대신 로타리로만 두세 번 긁어 주었더니 파진 흙의 깊이가 꽤 된다. 그 위를 걸으면 발이 푹푹 빠질 정도다.

지나가던 일가 아저씨가 '쟁기질도 안하고 로타리만 치느냐'고 면박을 준다. 하지만 그 양반도 로타리만 치고 물을 채운 후에 벼를 심는 일은 해본 적이 없으니 나더러 뭘 모른다고 혀를 찰 필요는 없다.

심경(深耕)이 논이고 밭이고 간에 좋은 건 분명하다. 그런데 심경이란 것이 이렇다. 막대기로 구멍 파서 씨만 집어넣을 때보다는 농구 이용해서 땅을 파 엎고 갈고 하는 게 심경이며, 다시 또 이보다는 소, 말 한두 마리에 쟁기 걸고 갈아엎는 게 심경이다. 소와 말이

하던 일을 7-8마력짜리(말 7-8마리 힘) 경운기가 이어받고, 그게 그냥 관행화되어서 요즘은 20마력 이상의 트랙터에 소나 말이 끌던 시절보다 훨씬 더 크고 날카로운 쟁기를 걸고 땅을 갈아엎는다.

내가 보기에 트랙터 쟁기질은 과거 소, 말로 갈 때보다 두세 배는 더 깊게 땅을 뒤집어엎는 일인 것 같다. 이쯤 되면 더욱더 깊게 가는 게 반드시 좋은 것일까 하는 의문이 생긴다. 그냥 로타리만 걸고 갈아 봐도 갈리는 깊이가 예전 소, 말로 갈 때만큼은 되지 않을까?

논밭에서 일을 하다 보면 산에서 내려오는 바람이 훅 하고 코로 들어온다. 거기에는 산이 품고 있는 온갖 풍요롭고 신령스런 냄새가 꽉 차 있다. 난 그걸 산향(山香)이라 부른다. 덕암농장 아래쪽에 인접해서는 둘째 댁 소유의 오백여 평 너른 밭과 소 사육장이 있다. 아저씨의 소 키우는 솜씨가 워낙 뛰어나고 깔끔해서 사육장 바닥이 늘 뽀송뽀송하며 소들은 목욕을 시켜 놓은 듯 늘 털이 반들반들하다. 나는 소가 없지만 그 소들 덕분에 덕암농장은 소울음 소리까지 품어 농장다운 냄새가 더 물씬하다. 소들이 깨끗해서인지 음메~ 하는 울음소리도 맑다. 나는 그 소리가 젓대 소리 같다는 생각을 했다. 소가 내는 젓대 소리이니 그건 내게 우적(牛笛)이다. '산향우적'

자귀나무 2007. 4. 22

자귀나무. 난 이 나무의 이름을 5년 전 처음 알았다. 우산리로 이사한 지 얼마 되지 않은 초여름 어느 날이었다. 옆집 이장 댁 텃밭 가에 심어진 나무에서 환상적인 색을 발하는 그 무언가가 돋아 있지 않은가? 나는, 우리나라 산하에도 이렇게 겁나게 화려한 꽃이 있는 줄은 몰랐다. 마침 텃밭을 둘러보러 나온 이장 댁에게 물으니 "자귀나무예요." 한다. 혹자는 자귀나무 꽃이 분홍색이라고 하는데, 우산리의 자귀나무 꽃은 분홍이 아니라 거의 붉음에 가깝다.

그때부터 관심을 갖고 보니 주변에 자귀나무가 꽤 있었다. 퇴촌 읍내 가로수 중 일부도 자귀나무였다. 이유미의 『우리나무 백가지』(현암사, 2003)를 찾아보니 이 나무를 소개하고 있다. "여름이 무르익기 시작할 무렵 고운 실타래를 풀어 피운 듯한 자귀나무의 붉은 꽃이[…]"라는 표현도 눈길을 끌었다.

헌데 자귀나무 꽃의 미모가 아무 데서나 똑같은 게 아니었다. 퇴촌 읍내의 자귀나무 꽃빛과 옆집 꽃빛은 확연히 달랐다. 그러니 내가 퇴촌 읍내의 자귀나무 꽃 정도에 반한 게 아니고 우산리에서 피는 자귀나무 꽃에 반한 건데, 그도 그럴 것이 그 뒤 몇 번 퇴촌을 비롯한 다른 곳에서 자귀나무 꽃을 보아도 그다지 색이 강렬하지는 않았다. 그럼 그렇지. 내가 보는 눈이 없어서 자귀나무의 아름다움을 몰랐던 게 아니라 보통의 자귀나무 꽃은 그닥 눈길을 끌 정도는 아니었다는 거다.

함께 이장 댁의 자귀나무 꽃을 바라보던 둘째 아들 역시 "아빠 저렇게 예쁜 꽃이 있었네요. 색이 차암 예쁘다!" 일 년 뒤, 덕암리 생활을 시작하면서 이 나무 저 나무 신나게 구해다 심던 아버지가 어느 날 나에게 이런 요지의 말을 하셨다. '거 왜 이렇게 저렇게 생긴 나무 아나? 저렇게 이렇게 생긴 나무 있잖아? 하 그 나무만 더 심으면 원이 없겠는데, 나무 시장에서 암만 물어봐도 모른다 하든지 없다고 하든지란 말이야. 하지만 난 옛날에 산에서 분명 봤어. 왜 이렇게 생긴 나무 있잖아?' 하항, 자귀나무였다!

지난달 춘천에서 왕 선생님 도움으로 자귀나무를 구해왔다. 아버지는 어머니와 함께 그 자귀나무를 집 거실에서 바라보이는 곳 약간 비탈진 남향 땅에 정성스레 심으셨다. 볕이 좋고 물 빠짐이 시원한 곳이니 잘 자라리라. 춘천에서 시집온 자귀나무는 그렇게 덕암농장 정면에 자리 잡았다. 여느 자귀나무보다 훨씬 선명한 색의, 적어도 우산리 자귀나무 정도의 꽃을 피우리라는 꿈에 젖는다.

닭장　　　　　　　　　　　　　　　　　　2007. 4. 28

5년 전, 우산리로 이사하던 해 바로 요즈음 절기에 나는 천하제일의 목수가 된 양 으스대며 닭장을 만들었다. 나무 말뚝을 박고, 철망으로 둘러치고, 그 안에는 베트남의 유명한 외기둥 절 건물을 모방한 알 낳는 곳까지 만들었다. 중간에 한 번 한 배 반 크기로 확장이 되었다가 다시 원래 크기로 줄었고, 그 과정에서 망가지고 수리하고, 그러면서 닭장은 5년 동안 그 자리에 서 있었다.

이젠 세월의 때도 너무 묻었고, 가족의 요구도 거센지라 맘먹고 수리를 시작했다. 지난번에 목재 건물이었다면 이번에는 철재 건물이다. 단골집 대성철물점에 부탁해서 3미터 길이의 굵직한 쇠파이프 열다섯 개를 가져왔다. 쇠파이프를 1미터 정도 땅에 박아 고정시킨다. 어떻게 박느냐고? 땅을 1미터 파는 일은 매우 어렵다. 그러니 한 이십 센티 파고, 말뚝을 세운 후 그때부터 망치와 도끼 대가리를 이용해 쇠파이프를 내리쳐 땅에 박는다. 사다리에 올라가서 하는

일이다. 몹시 어려운 작업이지만 무사히 해냈다.[16]

  그렇게 해서 저녁나절까지 말뚝을 다 박고, 노란색 페인트로 예쁘게 멋까지 내 놓은 뒤 하루의 노동을 흐뭇해하고 있었는데, 조금 있다가 옆집 이장, 이쪽 옆집 반장, 새 반장, 한규 아빠, 신토불이 사장, 매화 엄마, 새 이장 등등이 앞서거니 뒤서거니 모이는 바람에 목련 나무 아래서 동네잔치가 벌어졌지 뭔가? 뒷마당의 복숭아꽃이 눈부시던 날이었다. 시드는 산벚꽃은 바람에 날려 비를 만들고, 복사꽃은 꽃불을 만든 그런 봄날 저녁 지난 5년 동안 따뜻하게 대해 주어 정겹고 친구 같고 형님 같고 누나 같은 분들과 한잔했다.

---

16) 이후 터득한 다른 방법이 있다. 2016년 덕암농장에 닭장을 크게 지었다. 우산리에서 사용했던 것과 같은 규격의 파이프 20개를 세웠다. 세운 간격은 퇴촌 것에 비해 세 배 정도 멀다. 박은 게 아니라 세웠다. 박은 건 엄지손가락 굵기 정도의 철근을 1.6미터 길이로 잘라 만든 쇠막대였고, 그 위에 쇠파이프를 세운 것이다. 쇠막대 박고 파이프 세우는 데 1분도 걸리지 않는다. 이 작업에는 사다리도 필요 없다. 내 스스로 대견하다고 여기는 발명이다.

5월은

토마토　　　　　　　　　　　　　　　　　2007. 5. 4

토마토 모종 50개, 고추 20개, 방울토마토 20개. 오늘 덕암농장 밭에 옮겨 심을 생명들이다. 밭 위치가 바뀌고, 관리도 다소 어려운 데다가 다 먹지 못해 버리는 것도 많고 해서 토마토를 줄였더니 허전하다. 아무래도 오늘 50개 더 사다가 백 주는 채워야겠다. 아니, 한 백오십 개 해 볼까? 아내가 얼마 전에 케첩 만드는 방법을 배웠다고 하니 백오십 개.

이발　　　　　　　　　　　　　　　　　2007. 5. 9

토마토 백오십 개, 고추 20개, 방울토마토 20개를 심었다. 넓은 밭을 썩썩 갈고 두둑을 만든 후 모종을 심는 일은 이젠 일도 아니다 싶게 익숙해졌다. 마침 찾아준 민 서방과 조카 혜인이가 도움을 주었다.

　가장 큰 일, 힘들기는 하지만 기분 좋은 일은 풀베기다. 풀이 점차 자라서 무성해지면 바라보는 마음도 하루가 다르게 우울해진다.

부모님도 그러하시다. 걱정하는 마음이 커질 대로 커져서 한숨만 나올 때 쯤, 제초 작업이 시작된다. 농장 전체 작업을 하는 데 꼬박 이틀이 걸린다. 풀을 깎아 놓으면 상쾌하다. 부모님 표정도 환해진다. 제초 작업은 늙으신 아버지 이발해 드리는 것과 같다.

↳ **민창식**
강한 햇볕 아래, 좀 더 젊은 농사꾼이 되고픈 마음이었지만, 맘만큼 일이 잘 되질 않더군요. 하지만 온갖 세속에 찌들었던 스트레스가 어디론가 사라진 가벼운 느낌이 들었답니다.

모내기 준비   2007. 5. 21

올해 심을 모는 70판이다. 어제 광주 육묘장에서 덕암농장으로 실어 날랐다. 앞마당, 꽃밭 옆에 주욱 늘어놓았더니 꽃과 어우러지는 모의 짙은 녹색이 예쁘다. 올해는 학을 보려나?

모내기   2007. 5. 28

대망의 모내기. 나를 포함해서 남자 8명에(둘째 아들도) 여성 한 명. 국적도 한국, 베트남, 싱가포르 등 다양하다. 소위 '인터내셔널 모내기' 행사를 성대하게 치렀다. 논의 대부분이 위토이니 조상님들도 영어, 베트남어, 한국어가 어우러지는 떠들썩한 행사에 놀라기도 하고 즐겁기도 하셨을 거다. 모내기 전날 논에 물을 대고 로타리를 치느라고 하루 종일 애쓴 민 서방에게도 큰 감사의 마음을 전한다.

일가 분들은 걱정이 태산 같았다. 논갈이가 시원찮다, 손으로 내는 모내기라 그 사람 숫자 갖고는 하루에 끝내기 힘들고, 사나흘까지 걸린다 등등. 부모님도 걱정, 아내도 걱정, 여동생도 걱정, 걱정, 걱정, 걱정… 기계로 후딱 해치우지 왜 사서 고생이냐고 타박 등등.

하지만, 국경을 넘나들길 이웃 마을 가듯 하고, 온갖 어려움도 씩씩하게 넘겨내는 데 익숙한 우리 일꾼들은 아침 일곱 시부터 시작해서 열두 시 사십 분까지 단 대여섯 시간 만에 모판 50개의 모를 다 심었다![17] 노닥거림도 없고, 보통 일꾼들처럼 요령을 피우지도 않는다. 그중의 둘은 전날 싱가포르에서 밤새 비행기를 타고 도착한 친구들이고 둘은 이틀 전에 해발 2,000미터 가까운 한라산에 올라갔다 오느라 아직 몸이 풀리지 않은 상태였다.

푸짐한 음식과 맛있는 술, 다양한 언어가 뒤섞이는 대화가 어우러지는 흥겨운 한마당이었다. 싱가포르 친구 데이빗이 면세점에서 사 들고 온 러시아 보드카 스미노프가 인기 최고였다. 십만 원을 주면 전문 모내기꾼을 불러 기계로 한 시간에 끝낸다지만, 어디 그런 싱거운 모내기에 비하겠는가?[18]

---

17) 이건 초보농사꾼 시절에 벌어진 일이었다. 애초에 들여온 모판 70개도 어이없이 많은 양이었다. 요즘은 열 판만 써도 충분하다.
18) 요즘은 거의 나 홀로 심는다. 일주일 정도 시간을 두고 틈틈이 운동 삼아 하는 일이다. 모와 이야기도 나누고 새소리도 벗한다.

6월

물바구미   2007. 6. 8

모를 심어 놓은 지 열흘. 파릇파릇 많이 자라 올랐어야 할 시기인데 약간 누리끼리한 모가 눈에 많이 띈다. 자세히 보니 파리보다 조금 작은 벌레들이 모에 다닥다닥 붙었다. 둘째 댁 아저씨 왈 그게 물바구미란다. 옛날에 농약이 나오기 전에는 그런 것 없었다고 하던데 농약이다 제초제다 몇십 년 사용하다보니 생긴 놈이라네. 별꼴을 다 보겠다.

  식용유가 좋으니 그걸 물에 풀어보라고도 하고, 커피와 소주를 물과 함께 적당히 섞어서 뿌려주면 좋다고도 하길래, 그거 다 해보고 탈진이 되어 있는 상태이다. 아직도 물바구미는 유유자적. 그래도 식용유든 커피든 소주든, 효과가 있든 없든 '그거 농약 치면 간단혀~'라는 말이 아저씨 입에서 한 번도 나오지 않는 걸 보면 몇 년 사이 참 많이 바뀌었다. 우리 동네가 친환경 농사 지정지가 된 게 맞긴 맞구나.

  오리를 넣어 보아야겠다.

올해는 가뭄이 심하다. 도고저수지 물은 한 접시밖에 안 남은 것 같고, 탑돌이 못도 말랐다. 다행히 서쪽 골짜기에 있는 삼 년 가뭄에도 마르지 않는다는 둘째 댁 둠벙에서 물을 퍼내 논물을 댄다. 감사.

물바구미 박멸! 그리고 레드스카프   2007. 6. 18

일주일 만에 논의 모가 배는 높이 크게 쑤욱 올라 왔고, 물바구미는 흔적도 찾아볼 수 없다. 감사 감사. 아버지 말씀으로는, 커피며 소주를 뿌린 지 이틀 만에 그 흉한 놈들이 사라진 것 같다고 하신다. 식용유를 뿌린 날로부터 치면 삼 일이다. 식용유 효과인지, 소주·커피 효과인지 모르겠다. 그러니 내년부터는 두 가지 다 해야 할 것 같은데, 그 노동량에 은근히 걱정이 된다. 그래도 얼마나 다행인가? 커피 만세, 소주 만세, 식용유 만세![19]

오리 새끼 열세 마리가 들어왔다. 우리에서 열흘 정도 키운 다음 논에 방사할 것이다. 요즘 논바닥에 잡초가 슬그머니 올라오던데, 오리가 해결해 주겠지.

레드스카프는 요즘 분투하고 있다. 빈대떡만 한 푸른 연잎이 올라 왔건만 둠벙에 물이 싸악 말라 버린 지 한참인데도 비가 내리지 않기 때문이다. 푸른 연잎들은 못 바닥에 차악 달라붙어 안간힘을 쓰고 있다. 아직 녹색이다. 바짝 마른 바닥 위에 녹색 연잎 대여섯

---

[19] 우렁이 농사가 자리를 잡은 요즈음 병이나 해충 때문에 걱정하는 일은 전혀 없어졌다. 적당한 때 물 대고 주변 풀 깎아주는 게 내 일의 전부이다. 심어 놓고 수확 때까지 논에 전혀 들어가지 않아도 될 정도이다. 우렁이 요리는 덤이다.

개가 붙어 있는 모습은 숭고한 전투를 치르고 있는 것 같아 보이기도 한다. 조금만 더 참거라 곧 비가 온단다. 다시 가득 찬 연못 위에서 비를 맞으며 방울방울 옥구슬을 만들어 낼 연잎을 상상한다. 나의 사랑 레드스카프.

비 2007. 6. 22

비가 이리 반가울 수가! 이 고마운 마음 뭐라 표현할 길이 없다. 논물 대느라 고생하시던 아버지께 감사드린다.

살구 2007. 6. 28

A지구에 있는 착한 살구나무 하나에서 열매가 제법 달리고 익었다. 다른 나무에 비해서 생김새도 약간 다르고 결실도 이르다. 꽃 색깔도 약간 붉은 기를 띠었다. 그저께 농장을 방문했던 일행 네 명은 살구 주워먹고 따먹느라 잠시 황홀한 시간을 가졌다. 베트남에서 온 낌 교수 왈, 자기는 이렇게 맛 좋은 살구를 그 어느 나라에서도 먹어 본 적이 없단다. 헴 그러면 그렇지 내가 얼마나 공들여 가꾼 살구나무인데.

하지만 다른 살구나무를 보고 있으면 다소 우울하다. 올해부터는 꽃 핀 만큼 열매가 풍성하게 달릴 줄 알았는데 한 나무에 한두 개 정도. 거름이 부족해서 그렇다, 약을 쳐주지 않아서 그렇다 벌이 없어서 그런가 보다 등등 이런저런 주변 사람들의 진단이 많다.

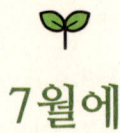

7월에

오리(1)   2007. 7. 2

논에 오리를 풀어 놓았다. 열세 마리 오리가 신이 났다. 꽈꽉 꿕꿕. 그동안 좁은 우리에서 얼마나 답답했을까? 이놈들이 휘젓고 다니니 벌써 잡초가 안 보이기 시작한다. 그래, 그렇게 신나게 뜯어먹고 잡아먹고 하면서 논농사도 잘 짓고, 가을엔 기름 잘잘 흐르는 고기 맛도 좀 보자. 흐흐흐.

오리(2)   2007. 7. 13

오리 열세 마리가 신나게 논에서 풍덩거렸는데, 하룻밤 자고 일어나니 두 마리만 남았다. 저녁때 우리에 집어넣는 걸 깜빡했더니, 논두렁에서 자다가 산짐승에게 당했는가 보다. 하 원참. 꽤 통통하게 살이 오른 그 오리 열한 마리를 해치운 놈들이 누굴까?

　살아남은 두 마리 오리는 여전히 신나게 논을 헤집고 다니는데, 두 마리 갖고 논 잡초 제거는 역부족이다. 내일부터는 손으로 잡초

제거 작업을 시작해 볼까?

　농장의 여름은 풀과의 싸움이로다. 사실 그것밖에는 다른 일도 없다. 풀 벨 일마저 없다면 시골의 여름은 나른함 그 자체일 것이니.

↳ **윤혜영**
에구...불쌍한 오리님들.
최샘, 살구는 금년은 틀렸겠군요. 그리고 다음 메일 좀 확인 후 답멜 부탁해요. 베트남 간 줄 알았더니 덕암 일이 바빠 그런 모양이군요.

오리(3) 2007. 7. 17

　예산 장에 가서 오리 이십 마리 더 사왔다. 그래서 지금 스물두 마리가 되었다. 살살 길을 들여서 논에 풀어 놓고 있는 중인데, 잘 되어 가고 있는 것 같다.
　며칠 내내 풀을 깎았다. 시간이 지남에 따라 시원한 초원이 넓게 펼쳐지는 걸 보며, 그윽한 풀 냄새를 느끼고 있노라면 내가 이 기분을 즐기는 맛을 터득해가고 있는 것 같다.
　삼 일 동안의 제초작업이 거의 다 끝나는 어제저녁 A지구를 다시 손보는데, 힐끗 눈길이 간 골짜기 쪽에 무엇이 반짝! 햐 글쎄 자귀나무 꽃 아니겠는가? 지난 6년간 한 번도 본 적이 없었는데 자귀나무라니! 간신히 골짜기 안에서 뿌리를 내리다가 지난 일 년 사이에 쑤욱 자라 올라오며 내 눈에 띄었나 보다. 한 이삼 년생 정도인데, 골짜기에서 살아 올라오느라 나무줄기가 오 미터 정도는 된다.

초복
2007. 7. 18

초복 전날 둘째 댁 앞을 지나가는데 가마솥이 걸리고 있었다. '옳거니! 헌데 하루 일찍 시작하는구먼.'

점심때쯤 내려오라고 연락이 왔다. 이젠 제법 그늘이 큰 느티나무 아래 둘째 댁 아저씨가 얼마 전에 멋지게 난간까지 있는 평상을 만들어 놓았다. 그 평상에서 초복 행사가 벌어졌다.

우산리와 덕암리는 개 요리에 대한 호불호나 태도가 다르다. 우산리는 동네 사람들 모두가 대단한 견육 애호가들인데 비해, 덕암리는 있으면 먹고 없으면 말고 정도다. 우산리는 아침부터 끓이기 시작하면, 한 시간도 안 되어 잘 익은 부위부터 꺼내 먹기 시작한다. 그렇게 줄곧 먹다가 점심 식사도 하고, 한잠 자거나 쉬다가 저녁까지 먹고는 끝낸다. 넓적다리가 제대로 익으려면 늦은 오후가 되어야 한다. 그러니 그때까지 내내 고기를 먹는 것이다. 헌데 덕암리는 살코기만 골라 한 그릇 뚝딱 먹는 듯 마는 듯 하고 그만이어서 다소 싱겁다. 가마솥 뚜껑을 열어 보니 아 글쎄 맛있는 갈비 부위는 덩어리째 그냥 남아 있었다. 우산리라면 이미 오전 중에 사라졌어야 할 부위이다.

하여간 그렇게 한나절을 초복걸이 잘 했다. 장마 중에 볕이 나는 날이라 그런지 하늘은 투명하게 파랗고 햇빛은 가을빛처럼 맑고 강했다. 일가분들이라 다 아저씨며 할아버지들인지라, 나는 맘 편하게 과음을 했다. 우산리에서는 동네분들 앞에서 체면도 좀 신경 쓰이는 반면 덕암리에서는 제일 나이 어린 조카며 손주라 맘 편하고, 우산리에서는 남녀가 한데 모여 먹는데 비해 덕암리에서는 남성만 먹는 음식으로 아는지라 남자끼리니 더 낭자하고 호탕하다. 장마 중간의 여름빛이 그래서 더 아름답게 보였나? 둘째 댁 큰아저씨하고는 팔씨름을 두 번이나 했다.

오리(4)　　　　　　　　　　　　　　2007. 7. 21

지난해에도 오리를 대여섯 마리 키웠다. 탑돌이 못 옆 새로 푼 논 옆에 오리 우리를 만들어 놓았는데, 이 오리들 아버지께 구박 참 많이 받았다. 이놈들이 잘 놀다가도 아버지만 발견하면 따라 집으로까지 내려오는 바람에 도통 제 구실을 못한다는 거였다. 그렇게 내려와서는 집 옆 위토 논으로 들어가니, 당시까지만 해도 그곳은 둘째 댁 아저씨가 우렁이 농법으로 벼를 키우고 있었기에 오리란 놈이 웬수 같았던 것이다. 그래서 놈들은 제명에 못 살고 여름방학 무렵 가족이 모였을 때 뭇 손자들 앞에서 오리 멱을 따고 살을 발라내는 기술을 과시하시는 아버지의 호기로운 수고에 힘입어 맛 좋은 바비큐 감이 되고 말았다. 얼마나 오리에 혼이 났는지 아버지는 그 뒤에도 오리 소리만 나오면 고개를 절레절레 흔드셨다.

헌데 올해 오리들은 사랑을 참 많이 받는다. 우선, 오리 우리를 바로 집 옆 논 가까운 데 두었기 때문에 아버지로서는 관리하기가 편해지셨고, 우렁이 농법이 아닌 오리 농법인지라 오리가 논으로 들어가길 바라는 입장이 되었고, 얼마 전에 장대를 이용한 오리 몰기 방법을 알아낸 후 오리떼 부리기가 수월해지는 정도가 아니라 재미있어졌기 때문이다.

오리란 놈들은 그냥 손으로 휘휘 몰면 뚜드려 패고 싶을 정도로 말을 안 듣고 요리조리 빠진다. 꽥꾸엑 거리면서 도망 다니는 걸 보면 정말 말 안 듣는 악동을 보는 듯하다.

그런데 희한하게도, 장대를 들고 슬슬 몰면 아주 수월하다. 옆으로 빠질라 치면 장대 한끝으로 그쪽을 슬쩍 막는다. 그러면 놈들은 금방 방향을 바꾼다. 그렇게 오른쪽 왼쪽으로 장대 끝을 툭툭 치며 앞으로 나가면 된다.

게으른 오리   2007. 7. 30

오리들이 일을 하지 않는다. 풀어 놓으면, 회액~ 논으로 달려가 몇 번 첨벙첨벙하다가는 저 아래 둘째 댁 소 우리로 간다. 오리걸음으로 천 리 길인데, 거길 어찌 알고 찾아 가는 건지 원참. 오리들은 거기에서 소 사료 떨어진 걸 주워먹느라 정신이 없다. 아침에 한번 나가면 하루 종일 돌아오질 않는다. 그래도 돌아오니 됐다 싶기도 하지만, 이놈들이 소 우리 안에 똥을 싸대는 바람에 둘째 댁 아저씨가 그냥 둘 리가 없다. 훠이 훠이 몰고 오는 일이(이 양반도 장대를 들었다!) 몇 번 반복되니, 오리를 풀어놓기 미안해진다. 개구리, 벌레, 잡초 뭐 이런 것보다 소 사료가 맛있는가 보다.

오리가 일을 하지 않으니 어쩌겠는가? 지금 여러 날 동안 논의 잡초를 긁어내고 있는 중이다. 개량식 쇠스랑을 구한 후 양쪽 세 칸씩 잘라 좁게 만들어서 그걸 갖고 벼와 벼 사이의 풀을 제거하고 있다. 아이디어는 좋은데 여전히 힘은 든다. 벼와 벼 사이 고랑이 수백 개다. 한 고랑 작업하는데, 약 오분. 해도 해도 끝이 안 보인다.

일도 하지 않는 이 오리 놈들을 어떡한다?

8월

귀빠진 날　　　　　　　　　　　　　2007. 8. 10

가끔은 속설이라는 게 무섭게 맞는 구석이 있다는 생각을 한다. 결혼 첫해, 무슨 사정인가로 아내가 차려주는 밥상을 받아먹지 못했는데, 어머니 말씀 왈 "쯧쯧, 그러면 평생 생일상 못 받는다던데…" 그 말이 맞는지, 생일 아침에 미역국 먹은 게 결혼 생활 이십 년 중에 반도 되지 않는 것 같다. 오늘 생일날 아침도 혼자 지내며 열무김치, 고추장, 계란 하나, 참기름 넣어서 비빔밥으로 해치웠다.

　작년에는 큰아들이 트랙터 운전을 배워서 큰 일꾼 역할을 해주더니, 올해는 둘째가 제초기 운전을 배워서 내 일손을 덜어준다. 제초기를 슬슬 몰면서 초원 위를 움직이는 아들의 모습이 아름답다. 내게는 멋진 생일 선물이다.

오리-우렁이　　　　　　　　　　　　2007. 8. 12

이번에는 오리 우리를 중심으로 해서 백여 평 가량 그물망으로 울타리를 쳤다. 헌데 거참 이상하게도 오리가 자꾸 죽어 나자빠지는 거다. 내 생일 기념을 핑계로 오리 열한 마리를 더 사다 넣었다. 헌데 다음 날 가보니 또 죽거나 사라져 버렸다. 울타리를 샅샅이 살피니 한 부분에 족제비가 드나들 만하게 구멍이 뚫려 있었다.

어저께 오후만 해도 오리 농사 포기를 선언하려 했는데 그리고 우렁이 농법으로 바꾸려 했는데, 하룻밤 자고 나니 또 예쁜 오리 모습이 눈앞에 왔다 갔다 한다. 총 마흔세 마리를 갖다 넣었다. 헌데 어제저녁까지 남은 놈이 여섯 마리이다. 오늘… 은 아직까지 겁나서 확인을 못 해보고 있다.

올해 논의 잡초 제거는 결국 사람 몫. 어제 아들들과 논에 들어가서 잡초를 뽑았다.

벼이삭   2007. 8. 27

암만 잡초가 많아도 때가 되니 벼이삭이 패긴 패는구나! 그리고 벼가 잡초를 이기기도 하는가 보다. 잡초에 묻히지 않고, 잡초보다 한 뼘은 더 쑤욱 자라 올라서 벼이삭을 올망졸망 달았다. 가을에 낫으로 추수를 하면 맛 좋은 쌀을 먹을 수 있겠다.

논둑의 풀을 깎았다. 비록 벼 사이사이 잡초 제거는 못해 주어서 미안하지만, 예초기로 쓰윽 쓰윽 논둑을 깎아주는 일이야 어렵겠는가? 과수원 풀을 깎아 놓아도 이쁘지만 논두렁 깎아 놓은 자리는 더 예쁘다. 아마 굴곡이 있어서 그런가 보다. 벼이삭 패는 냄새, 얼마나 좋은지 아시지요? 하나님이 내게 즐거움을 백배 천배 선사하시려 그랬는지 바람 방향이 좋아서 예초기 돌아갈 때 종종 나는 연기 냄새도 한 번 간섭함이 없이 한 시간 동안 내내 벼 냄새만 맡으면서 일했다. 논농사, 이런 맛에 짓는다.

↳ **이부영**

풀 냄새, 벼이삭 패는 냄새 맡으며 예쁘게 깎아놓은 논두렁을 바라보는 최선생님의 모습이 눈앞에 그려집니다. 농사하면 뭐니 뭐니 해도 벼농사인데… 저도 벼농사를 짓고 싶은 생각이 문득문득 들지만, 지금 손바닥만 한 땅도 제대로 건사하지 못하는지라 포기하곤 하지요. 학교 그만두게 되면 벼농사는 꼭 짓고 싶습니다. 그때 벼농사 법 배우러 가야겠어요. *^^*

외할머니 2007. 8. 30

외할머니가 돌아가셨다. 올해 94세셨다. 복도 많이 받은 분이시다. 4남 4녀 낳으셔서 한 명도 앞세우지 않고 모두 온전히 키우셨다. 이런 걸 두고 호상이라 하는가 보다. 손주들이 많아서, 관 위에 회토를 덮고 밟는 작업을 하는데 다 들어가 설 자리가 없다. 나 같은 외손주는 슬쩍 옆으로 빠졌다. 손주가 거의 없는 반대의 경우를 생각해 보니 쓸쓸하겠다 싶다. 돌아가시기 얼마 전에 영세도 받으셨다. 손 마리아. 이것까지 합쳐 참 복 많은 분이지 않은가.

9월에

속 탐　　　　　　　　　　　　　　　　2007. 9. 5

속이 탄다. 배추 심을 때는 벌써 지나갔는데, 도통 짬을 내지 못하니. 오늘쯤 밭을 갈고 주말에 심을까 했었다. 헌데 비가 온다고 한다. 지난해 영농일지를 보니 8월 31일에 배추 이백 포기를 심었다. 옆집 은서 할머니 배추가 벌써 손바닥 두 개를 합쳐 놓은 것만 해졌다. 오늘은 무슨 일이 있어도 모종부터 구해놓고 보아야겠다.

↳ **이부영**
　이 얘기는 꼭 제 얘깁니다. ㅎㅎ 옆집은 우리보다 먼저 심기도 했지만, 심을 때 보니 소똥 많이 깔고 비료 뿌리고 비닐 덮어서 심어 그런지 하루하루 쑥쑥 커 벌써 쟁반만 합니다. 그런데 우리 집은 우리 집 닭, 오리가 누운 똥 조금 넣고, 비닐 안 덮고, 게다가 늦게 50포기 심었더니만 이제서 접시만 합니다. 오늘 날씨 좋았는데 배추 다 심으셨겠지요?

배추 심기 2007. 9. 10

배추 이백사십 포기를 심었다. 무우 세 고랑 정도, 알타리 무우도 두 고랑. 엊그제 내린 비로 흙이 아직 질어 작업이 힘들었지만 그래도 오늘 일하라고 비 내리지 않은 하늘이 얼마나 고마운지 모르겠다. 그런대로 다 심어 놓고 나니 배추밭이 예쁘다. 아버지, 어머니, 그리고 나 이렇게 셋이서 작업을 했다. 매년 봄가을 밭에 새 모종을 심을 때면 이렇듯 부모님과 함께 셋이서 일할 때가 많다. 난 이런 때가 제일 행복하다. 부모님이 육체노동에 힘든 건 안쓰럽지만 아직도 저렇게 밭에서 일할 수 있는 건강이 감사하고, 오순도순 식구들 이야기 나누어 가며 일하는 즐거움이 크다. 아마 부모님도 힐끗힐끗 나를 보면서 첫아이로 낳아 키우던 시절을 떠올리며 옛 생각을 즐기기도 하시겠지.

벌초 2007. 9. 17

금요일과 토요일 이틀에 걸쳐 산소 벌초를 했다. 9대조 할아버지로부터 주욱 내려오면서 할아버지 산소까지 도합 아홉 봉분의 풀을 깎았다. 막내 동생이 내려와 함께 일을 수월하게 끝냈다. 아버지가 미리 예초기 날 두 개를 반짝반짝하게 다듬어 놓아주셔서 나와 막내는 대여섯 시간 만에 벌초를 끝냈다. 금요일에 비가 억수같이 쏟아진 데다가 도착 시간도 늦어서 이틀이 걸린 거다. 내년부터는 더 여유를 갖고 하루 종일 놀며 마시며 잔치처럼 일을 치를까 한다. 할아버지, 할머니 찾아 이 산 저 산 옮겨 다니다 보니 운동도 되고 기분도 호기롭고 부수입도 짭짤하다. 영지버섯. 손주들 착하다고 조상님들이 선물을 주시는가 보다. 즐거운 마음으로 벌초를 하다 보면 앞으로 산삼을 만나는 날도 있지 않을까?

호두   2007. 9. 27

올해 호두 수확이 제법이다. 덕암농장 호두는 그동안 청솔모한테 다 빼앗겼다. 올봄에 비닐 장판으로 나무둥치를 싸주어 보았다. 한 나무에서 성공했다. 그 한 나무에서 딴 호두만도 600여개!

토비의 죽음   2007. 9. 28

토비가 죽었다. 우리 식구는 퇴촌 우산리로 이사한 첫해 혹독했던 시골에서의 첫 겨울을 함께 지낸 토비에 대한 정이 별나다. 착하고 정 많고 똑똑한 개다. 다소 방정맞고 청승맞아서 나는 별로 좋아하지 않았다. 그해 마지막 날 우리 집 개가 강아지 아홉 마리를 낳았는데, 가족들의 지극한 보살핌에도 불구하고 매서운 추위에 다 얼어 죽고 두 마리만 살아남았다. 토비와 강아지 두 마리는 함께 겨울을 보냈다.

살아남은 강아지 암수 두 놈은 하도 엄마 젖을 많이 먹어 투실투실해 풍만함을 강조한 '풍돌이' '풍실이'라 이름 지었다. 다음 해 덕암농장을 만들기 시작하면서 풍돌이, 풍실이는 농장에 데려다 놓았다. 진도개와 아끼다의 피를 받은 두 마리는 덩치도 크거니와 보통 영리한 개들이 아니다. 특히 풍실이는 내가 보기에 세계에서 제일 잘생긴 개다. 보는 이마다 침을 꿀꺽 삼킨다. 성격도 좋다. 뭐 하나 흠을 잡을 데가 없는 개다. 하얀색 털에 날아갈 듯한 몸매, 균형 잡힌 얼굴, 선하고 아름다운 눈. 부모님이 가장 사랑하시는 개다.

이삼 년 전에 토비도 옮겼다. 넓은 들판에서 마음껏 뛰어 놀고, 할아버지 할머니 따라다니며 보살펴 드리라고 말이다. 아버지가 온양 나들이 하시는 날은 가관이다. 아버지는 일단 오토바이로 버스 정류장이 있는 마을 회관까지 이동하신다. 토비는 오토바이 꽁무니를 따라 달린다. 아버지는 오토바이를 회관 앞에 세워놓고 온양행 버스를 타신다. 몇 시간 뒤 돌아와 보면 아직까지 토비는 거기서 오토바이를 지키고 있다. 동네 사람들이 모두 감탄하는 개다.

헌데 한 가지 문제가 생겼다. 풍실이와 토비가 왠지 사이가 좋지 않아진 것이다. 덩치를 보아서는 상대가 되지 않는다. 손바닥만 한 토비와 송아지만 한 풍실이다. 헌데 토비는 늘 언니 혹은 아줌마 행세를 하려 하며 앵앵 짖어대고 풍실이는 그걸 인정하지 않고 왕왕거린다. 토비는 우산리에서 첫 겨울 날 때 그 어린 강아지들을 자기가 보살펴 키웠다고 생각하고 있을 것 같다.

추석 전날. 데크 위에서 온 가족이 흥겹게 달맞이를 하고 있었다. 아이들이 둠벙으로 낚시를 가겠다고 준비를 하기 시작했고, 토비는 아이들을 따라 이리 뛰고 저리 뛰고 있었다. 아이들이 무언가 찾겠다고 풍실이 곁으로 갔고 거기까지 따라간 토비가 풍실이한테 또 악악거리는 것 같았는데 눈 깜짝할 사이에 풍실이가 토비를 물어 올렸다. 허이구! 가까스로 떼어 내서 온갖 치료를 했고, 육군 위생병 출신인 동생이 혼신의 노력을 기울였지만.

다음 날 왕진 온 수의사 진단으로는 가망이 없다는 거였다. 수의

사가 병원으로 데려다가 안락사를 시켜서 다시 가져 왔고, 마침 도착한 민 서방이 느티나무 아래에 묻었다. 그동안 토비를 여러 번 보살펴 주었던 수의사 양반도 울고 아이들도 울고.

그런데 우산리에 돌아와 보니 암탉이 죽어 있다. 난 수명이 다해서 그렇다 하고 아내는 수탉 아리 놈이 너무너무 괴롭혀서 그렇다 하고… 그렇게 아내와 나는 아옹다옹하다가 삽을 들고 가서 뒤곁 복숭아 나무 아래에 암탉을 묻었다.

덕암리에서 묻고 우산리에서 묻고. 그렇다, 동물이 좋아서 많이 키우지만 그래서 죽음을 보는 일도 많은 것이니 사랑은 곧 죽음이기도 하다. 동물과 더불어 살다 보면 생명의 귀중함과 정도 많이 느끼나 또 한편으로는 죽음에 점차 덤덤해진다. 무디어진다기보다는 죽음을 받아들이는 요령을 터득하는 거겠지.

10월에

추수의 설렘　　　　　　　　　2007. 10. 7

벼 수확 날짜를 잡고, 일꾼을 모으는 중이다. 작년 일지를 보니 수확일이 이번 달 21일이었다. 올해는 20일쯤에 벼를 거두려 한다. 잡초 제거 못해 준 게 미안하기는 하지만 벼는 튼튼하게 잘 자라주었다. 이놈들을 낫으로다 써억써억 베어 논 위에서 말릴 거다. 봄에 떠들썩하게 모내기를 하던 광경이 눈에 선한데 벌써 시간이 지나 수확이다. 그리고 또 경사 하나. 그때 모내기를 도와주러 날아왔던 싱가포르 친구 데이빗이 전한 소식인데, 아내가 또 임신을 했단다. 삼 개월이라 하니 그때 모내기 해주고 돌아간 후 얼마 되지 않아 애기가 생긴 모양이다. 이래저래 다복하고 다산한 우리 논이로군. 그 친구 첫아이를 낳고서는 삼사 년간 아이가 생기지 않아서 마음고생을 많이 했는데(첫아이로 딸을 낳았는데 아들을 갖고 싶어 했다.) 이상하게 우리 농장에만 다녀가면 아이가 생긴다. 이년 전에 그랬고(아들이었다.), 올해 또 그런 거다(또 아들인 것 같다.). 허허, 다복에 다산이다 덕암농장은.

↳ **원지연**
최 선배, 할 일은 많은데 일이 손에 안 잡혀 다니러 와 봤어요. 거기 농장을 다녀가면 아이가 생긴다니 갑자기 둘째 욕심이…

보리　　　　　　　　　　　　　　　　　　2007. 10. 15

보리를 심었다. 밭을 갈고 거기에 보리 낟알 이십 킬로그램을 뿌렸다. 처음 해보는 일이라 서툰지 보리씨가 바깥으로 나온 게 많이 눈에 뜨인다만 어쩌겠나? 그리고 사실 상관없다. 그런 낟알에서도 싹은 다 나온단다. 산과 들에 먹을 게 지천인 풍성한 가을이기 때문에 새들이 집어 먹는 일도 별로 없다.

　내년 초여름 아내의 손을 잡고 황금빛 보리밭을 거닐어 보련다.

수원 낫　　　　　　　　　　　　　　　　　2007. 10. 17

어린 시절 처음 만져 본 낫은 소위 왜낫이었다. 1970년 시골로 이사를 갔는데, 하나둘 마련되던 농구 중에 낫이 있었지만 우리 집은 논밭을 일구는 농사가 본업이 아니었던 관계로 조선낫은 없었다. 열 살짜리 어린아이에게는 가벼운 왜낫이 토끼풀 베기에 적당했지만 종종 조선낫을 든 토박이 또래들과 토끼풀을 베러 갈 때는 그 낫의 위용에 나는 기가 죽곤 했다. 어린 눈에 그들의 거무튀튀하고 묵직한 조선낫은 범접할 수 없는 전통과 위용의 상징이었다. 조선낫을 가져 보지 못하고 지내다가 퇴촌으로 이사 와서 하나 마련하고 덕암농장을 만들고는 또 한 개 마련했다. 가외로 생긴 것까지 합쳐서 야무진 조선낫을 세 개나 갖고 있다. 온양 시장 농약 거리 옆 골목에 허창구라고 하는 유명한 대장장이가 있는데 그 양반이 만든 낫에 요즘 나는 눈독을 들이고 있다.[20]

하지만 오랜 시간 같은 일을 반복해야 하고 베어내기에도 그렇게 힘이 들지 않는 벼 포기를 벨 때는 조선낫 보다는 왜낫이 낫다. 관음리의 대성철물 주인 얘기로는 요즘 왜낫 중에 그중 '수원 낫'이 최고란다. 작년에도 써 보았는데 괜찮았다. 이번 주말의 벼베기를 위해서 수원 낫 열 개를 샀다. 시퍼런 왜낫 열 개가 한 묶음으로 자동차에 실리니 추수 날의 풍요로운 볏짚 냄새가 가득 차는 것 같다.

벼베기   2007. 10. 22

벼는 아삭아삭 잘도 잘린다. 하늘은 쾌청하고 가을빛은 황금색이다. 나와 아버지, 아우 병호, 그리고 베트남에서 온 히에우 교수가 낫질을 시작했고, 두어 시간 후에 도착한 민 서방, 서용이, 병찬이가 거들었다.

사람 손이 세긴 세다. 일꾼이 많으니 진도가 빨랐다. 저녁때 어머

---

[20] 10년을 키운 주목을 잘라내 일 년 그늘에서 말린 후 이 대장장이에게서 낫을 하나 샀다. 이 양반과 절친한 내 단골 이발소 유 사장을 중간에 넣어서 특별히 잘 만들어진 놈으로 구할 수 있었다. 얼마 후 나는 며칠 동안 다듬은 주목을 낫과 함께 대장간에 갖고 갔다. 주목을 낫자루로 해 다시 조립해 달라고 했다. 80을 바라보는 이 노 대장장이는 돈 한 푼 받지 않고 기꺼이 허창구 표 주목 자루 조선낫을 손수 만들어 내게 건넸다. 그 견고함은 언제나 보아도 감탄스럽다. 내 농구 중 보물 1호다. 2015년에 있었던 일이다. 벼베기 이야기를 했더니, 대장장이는 허허 웃으면서 그래도 벼는 왜낫으로 베는 게 낫단다. 이 말에 장인을 향한 내 존경심은 더 두터워졌다.

니 지휘 아래 만들어진 맛난 음식을 앞에 놓고 즐거움을 나누며 남자들은 호음을 했다.

　다음 날 아침, 허리가 너무너무 아프다. 다들 어기적어기적. 그러나 얼마 남지 않은 마지막 논다랑이를 다 비워내고 드디어 추수는 끝. 볏단을 묶어서 세워놓으니 일 년이 감사하고, 하늘이 감사하고, 봄부터 물 대느라 애쓰고 벌레 걱정하시던 아버지의 노고가 감사하고, 그리고 무엇보다 이런 곡식을 주신 하나님이 감사하다. 온통 감사뿐이다.

보리싹　　　　　　　　　　　　　　　　　　2007. 10. 25

보리가 나왔다! 지난 벼베기 때도 영 소식이 없었는데 오늘 아침 들뜬 목소리로 어머니가 소식을 전하셨다. "보리싹이 나왔다!" 새파란 보리싹이 수백 평 밭을 덮었다. 보리싹 뜯어서 된장국도 해 잡숫겠단다.

몇 년 전, 멀리 캐나다에 사는 친구 종숭이가 보리밭 만들기를 축원하면서 아름다운 노래(에바 캐시디의 'Field of Gold')까지 녹음해 보내주었다. 내년에 보리밭을 거닐 때 그 친구 생각이 많이 나겠다. 무심한 친구 같으니. 도통 연락이 없다. 보리밭이 황금색이 될 때쯤이면 연락을 주려나.

11월에

남한강 2007. 11. 3

하늘은 날더러 구름이 되라 하고
땅은 날더러 바람이 되라 하네

충주 목계 나루에 세워져 있는 신경림의 시가 이렇게 시작된다. 이곳으로부터 시작된 남한강변 답사를 다녀왔다. 목계 나루로부터 시작해 원주에 잠깐 들어갔다가 여주, 양평을 거쳐 서울로 내려와 잠실에서 배를 타고 여의도까지 왔다.

은행잎은 어찌 이렇듯 노랗고 하늘은 어찌 이렇게 파랗담. 십삼 년 전(1994)이던가 처자식들 데리고 멀리멀리 떠나면서 이민을 결심하고, 이놈의 나라 다시는 안 돌아오겠다고 했던 적이 있었다. 그런데 내가 이 나라를 포기하지 못한 건 이 가을빛 때문이었다. 역사가 서리서리 배어 있는 남한강변은 가슴이 뜨거워질 만큼 아름다웠네.

↳ **농가주부** 2007. 11. 12

쯔쯔가무시

　쯔쯔가무시라는 병명을 들어보셨지요? 봄가을 한창 농촌의 들녘이 농부들의 손길을 필요로 하는 시기에 들쥐가 퍼트린다는 병. 글쎄 남편이 지난 10월 중순의 벼베기의 결과로 이 병에 걸렸습니다. 두 주간의 잠복기를 거친 후 인터넷에 쓰여진 증상 - 고열, 두통, 안구통, 근육통, 온몸의 발진 등등 - 의 단 한 가지 증상의 예외도 없이 거의 10여 일을 끙끙 앓았습니다. 다행히 지난 8일 입원 치료 후에는 증상이 눈에 띄게 호전되어 드디어 오늘 퇴원을 합니다.

　들판에서 일한다고 모두 이 병의 희생자가 되는 것은 아니겠지요. 그날 함께 논에서 일한 손길이 남자 어른 4명, 청소년 2명이었는데 이 병에 쓰러진 사람은 남편 혼자인 것을 보면 아마 이번 학기 내내 과로가 쌓이고 쌓인 상태가 이 병에 쓰러지게 만든 주요한 이유 중의 하나일 듯싶습니다.

　5일간 병원에 입원해서 잠병 걸린 사람처럼 잠깐의 반짝임과 긴 수면을 반복하더니 어제에서야 깨어 있는 시간이 더 길어졌습니다. 평생 입원도 처음이고, 이렇게 활동보다 수면이 긴 생활도 처음입니다. 그래도 감사하다는 마음이 더 많이 들었습니다. 함께 일한 사람 중에 다른 사람이 아닌 남편이 아프도록 하신 것도 감사하고 - 손이 아닌 주인이 아픈 것이니까 - 스스로 쉴 시간을 마련하지 못하는 것을 아시고 푹 쉴 수 있는 시간을 만들어 주신 것도 감사하고, 빨리 발견해서 치료할 수 있도록 해주신 것도 감사하고, 치명적인 질병이 아닌 겁을 먹기에만 충분한 질병을 주신 것도 감사하고, 큰아들 시험 전에 퇴원하게 해주신 것도 감사하고, 남편을 아이처럼 보살필 수 있도록 둘만의 시간을 주신 것도 감사하고, 다른 세상 이야기는 멀리하고 말씀과 찬양만을 하게 해 주신 것도 감사하고 정말 감사, 감사가 넘칩니다.

　올해는 날씨가 무척 변덕스럽고 이상 고온이 지속되어서인지 이 병이 농촌 여기저기 많이 퍼지고 있답니다. 석당교회 교우인 연세가 많으신 할아버지께서도 이 병으로 투병 중이십니다. 할아버지도 빨리 쾌유하셨으면 좋겠습니다.

　오늘 퇴원하면 당분간은 집에서 남편 얼굴 볼 시간이 많아질 듯합니다.

이것도 참 감사합니다.[21]

수능 시험　　　　　　　　　　2007. 11. 15

　큰아이가 지금 한창 수능 시험을 보고 있다. 우리 때는 예비고사, 지금은 수학능력시험. 나는 대학 입학 과정에서의 고생이 끔찍했었다. 오로지 대입, 대입 하던 3년 동안의 고등학교(혜화동의 동성고) 시절이 우선 그랬다. 그게 싫어서 여러 가지 일탈을 시도했지만 대입 준비의 지겨움은 늘 나를 따라다녔다. 일 년 동안의 재수 시절은(노량진의 대성학원) 너무도 음울했다.

　첫아이가 태어난 후엔 이런 생각을 했다, 앞으로 이 나라 출생률도 계속 줄어들 터이니 아이 대학 갈 때는 우리 같지 않을 거라고. 헌데 어제 수험생이 몇 명 정도 되냐니까 아들은 육십 몇 만 운운했다. 수험생 숫자는 내가 대입 수험생이던 그 시절에 비해 거의 달라지지 않았다. 무슨 시험을 어떻게 보는지는 자세히 모르겠지만, 여덟 시 반부터 시작되는 시험이 오후 여섯 시 거의 다 되어서야 끝난다니, 나 예비고사 볼 때보다 시간이 길어진 듯하다.

　어떤 형태가 되었든지 대입 시험이란 관문은 있을 수밖에 없다.
　하지만 그 준비 과정이 건강하고 상식적이며 적당할 필요가 있

---

21) 내가 그날 함께 일했던 사람들과 달랐던 것 한 가지가 있었다. 게을렀던 나는 술 한잔하고 그냥 쓰러져 잔 거다. 씻지도 않고 말이다. 정신 나간 행동이었다. 잠복기가 있었고, 남한강 답사 때 내내 감기 기운이 있는 것 같아서 답사 후 동네 병원을 찾았다. 그렇게 며칠을 지내다가 차도가 없자 의심이 들어 종합병원으로 가서야 이 병이 내 몸속에 들어와 있다는 걸 알게 되었다.

다. 농사로 치면 유기농업 방식이라 해도 좋을 것이다.

↳ **농가주부** 2007. 11. 19
큰아들과 작은아들, 남편
신록은 싱그러운 젊음과 앞날에 대한 화창한 꿈같아서 좋고, 단풍은 인생을 지그시 살아낸 중년의 중후함과 완숙함이 느껴져서 좋습니다. 큰아들과 작은아들이 개성, 외모, 성격도 다르지만. 둘 다 좋은 이유도 이런 것 같겠지요.

작은아들은 참 정겹습니다. 지금은 다소 달라졌지만 나에 대한 배려가 늘 깔려 있는 남자입니다. 우리 집 세 남자 중에 으뜸이지요.

큰아들은 작은아들 같은 섬세하고 세밀한 표현은 적지만, 듬직한 바위 같아서 늘 어리게 느껴지는 작은아들을 부모 대신 큰 물살에서 보호해 줄 수 있을 것 같아 좋습니다.

내 눈에는 두 녀석이 어디가 닮았나 싶게 달라 보이는데, 다른 사람들 눈에는 크고 작은 쌍둥이처럼 보이는가 봅니다, 둘이 함께 다니면 모두들 똑같게 생겼다고 하니.

대학 입시생인 큰아들의 잔심부름을 고입 준비생인 작은아들은 군소리 없이 들어줍니다. 나도 집안에서 막내인지라 더 이상 심부름이 내려갈 수 없는 막다른 골목의 경험 속에서 성장했으니, 큰아들보다는 늘 작은아들 편에서의 생각이 먼저 들곤 합니다. 그래서 가끔은 형의 심부름을 냉정하게 거절하라고 작은아들을 부추기지만, 그런 나만 나쁜 엄마로 만드는 것이 작은아들입니다. 고3인 형이 불쌍하다나요.

이제 역할을 슬슬 바꿔야 할 때가 된 것 같습니다. 큰아들의 급하고 큰 불은 15일로 꺼진 셈이니까요. 12월 11일 작은아들의 시험이 더 큰 중대사가 되었습니다. 다음 달에는 작은아들 얼굴에도 웃음꽃이 활짝 피었으면 좋겠습니다.

- 남편이 부러웠던 순간 -

지난 토요일 저녁때 가족이 양평 게르마늄 탕으로 목욕을 다녀왔습니다. 큰아들이 고3이 되기 전에는 간혹 함께 가던 길이었는데 온 식구가 함께 나선 것은 거의 1년 만인 듯합니다. 세 남자를 한 탕에 몰아넣고 나 혼자만 가볍게 다른 문으로 들어가면서 갑자기 남편이 부러워졌습니다. 자기보다 더 큰 아들을 두 명씩이나 끼고 목욕탕을 들어설 수 있다니. 남자들이 하고 싶은 것 중 하나에 아들과 목욕 가는 것도 있었는데…

아들과 목욕　　　　　　　　　　　2007. 11. 22

아들과 목욕탕 가는 즐거움에 대해서 아내는 잘못 알고 있다. 나와, 나보다 더 커버린 두 아들. 세 남자는 흩어져서 열탕이든, 온탕이든, 냉탕이든, 한증막이든, 자기 방식의 목욕을 즐길 뿐이지 대화는 거의 없다. 나나 아이들이나 등 미는 것 좋아하지도 않아서 더하다. 그냥 그렇게 각자 취향대로 목욕하다가 약속한 시간에 나와서, 언제나 약간은 늦기 마련인 엄마를 기다리는 것뿐이다. 티브이를 보든가, 아이스크림을 사 먹든가, 아버지는 담배를 피우든가 하면서.

　아들놈 데리고 목욕탕 가는 즐거움을 맛보았던 적은 분명히 있다. 언젠가 하면, 큰애 데리고 처음 목욕탕 간 날이었다. 큰아이를 낳고서는 그때부터 이놈 데리고 목욕탕 가는 날을 손꼽아 기다렸다. 그 애 한 살 때였는지 두 살 때였는지 기억이 가물가물한데, 지금은 재개발로 사라진 잠실 쪽 성내역 앞 시영아파트에 살 때였다. 그 동네 목욕탕에서 아들과의 첫 목욕 행사를 가졌다. 햐~ 그때 그 기분. 어느 봄날 평일 오전이었다. 혈통이 이어질 내 첫 핏줄 붙이를 데리고 보무도 당당히 목욕탕에 들어가 벌거벗고 그 아이를 안아보시라. 아이는 꼬옥 나한테 안긴다. 말랑말랑 보드랍고 향기로운 아들놈을 껴안고 탕 안으로 들어간다. 놈으로서는 처음 구경하는 신세계인지라 호기심 가득한 표정이다. 창문을 통해 들어오는 봄날의

빛에 흩어져 반짝이는 수증기, 적당히 쾌적한 실내 온도, 향기로운 비누 냄새 등이 어우러지는 그 환상의 세계로 부자가 함께 입장을 하는 거다. 이 기막힌 자유의 세계에서 아이는 신이 난다. 하지만 다행히도 차분하다. 약간은 뜨겁지 싶은 물에도 씩씩하게 잘 들어가고(물론 아버지를 꽈악 껴안고) 탕 밖에서는 물이 가득 든 세수 대야를 앞에 놓고 장난에 열중한다. 어느새 배웠는지 때 밀며 비누질하는 흉내도 내고 말이다. 물에 젖은 보드라운 머리카락은 자연스레 가르마가 타진 채로 머리 위에 예쁘게 붙고 양볼은 발그레하다. 안기도 하고 씻기기도 하면서 아버지와 아들의 스킨십은 극에 달하고 껴안은 아들로부터 오는 느낌에 젊은 아버지는 자신의 피가 다음 대로 다음 대로 이어지는 영생의 시발을 실감하는 거다.

요즘은 뭐 별것 없다.
 하지만 아내가 부러워하기는 하겠다 싶다. 딸이 없으니 말이다. 그날 나는 아내의 쓸쓸함을 눈치채지 못했다.

둘째 아들 패션   2007. 11. 27

나나 아내는 안 그런데 아들놈 둘은 모두 외모에 신경을 쓰는 편이다. 요즘 아이들이 다 그런 건지, 그렇게 외모에 다소 신경을 쓰는 할아버지의 영향 때문인지는 아직 잘 모르겠다.
 요즘 둘째의 패션이 특색 있다. 우선 교복 바지는 짧고 좁다. 저고리는 마치 여자 한복 저고리처럼 짧은 데다가 허리에 달라붙기까지 한다. 그러니 내가 보기에는 영화 속 찰리 채플린 복장처럼 개성은 있되 너무 구식이 아닐까 싶기도 한데 본인은 최첨단 패션이라 믿는 모양이다. 신발은 노란색 농구화. 머리는 더벅머리. 얼굴에는 여드름이 가득.

얼마 전 아침에 "다녀오겠습니다~!" 현관 쪽에서 씩씩하게 외치길래 응대하느라 고개를 돌리니 웃옷 앞주머니에 허연 것이 꽂혀 있는 게 보였다. 도끼 빗.

오늘 아침 "다녀오겠습니다~!" 역시 씩씩하게 외치고 나가는데 보니 깁스를 한 놈처럼 목이 뻣뻣하다. 체크무늬 목도리를 목에다 가득 돌려 묶었다. 오늘 아침 날씨가 찬데, 추우면 코트를 입으면 될 일이지 그걸 마다하고 놈은 몽당 짤막한 알교복인 채로 목에만 그렇게 목도리를 칭칭 둘러매고 나선다.

청춘 아니겠는가?

↳ **농가주부** 2007. 11. 27
동서와 김장
올해는 고3 엄마라는 이유로 가족 행사에서 특별대우를 받았습니다. 사실 고3 엄마라 하더라도 아이가 기숙사에 있었기 때문에 다른 엄마들보다는 몸도 마음도 많이 자유로웠던 편이지만요. 요즘이 김장철 막바지인지라 놀토에 내려가서 김장을 하는 것이 가장 좋았는데, 지난주 놀토는 한 달 전부터 계획된 중요한 일이 있어서 시골에 내려갈 수가 없었습니다. 그래서 어머니께는 12월 초에 배추만 뽑아다가 이곳 퇴촌에서 시간이 되는 대로 김치를 담가 먹겠다고 말씀드렸지요.

그런데 이게 웬일입니까!!! 바로 밑 동서인 서연엄마가 - 동서도 학교에 근무하느라 나보다 더 바쁘고 힘들거든요 - 이틀에 걸쳐 장장 200포기의 김장을 어머니, 아버님과 해치운 겁니다. 토요일 아침부터 일요일 4시까지 허리 한 번 제대로 펴지 못하고, 세 사람이 배추를 뽑아, 절이고, 씻고, 속을 넣어서 네 집 - 시댁, 우리, 서연네, 막내 은정이네 - 김장을 담근 것입니다.

제게는 손아래 동서가 둘인데, 아무리 주변을 둘러보아도 우리처럼 친하고 가까운 동서 - 우리 셋 다 호랑이띠지요. - 관계는 없더라고요. 지금까지 근 20여년 - 막내는 이제 7년이지만 - 을 얼굴 한 번 붉히지 않고 지내온 사이거든요. 목욕도 함께 가고, 잠도 함께 자고, 시댁 흉, 남편 흉, 자식 흉도 함께 보면서 울고 웃고 지낸 사이지요.

아무튼 어머니, 아버님도 참 감사하지만, 둘째 서연이 엄마한테 정말 고마워요. 내가 복이 참 많은 사람인가 봅니다. 내년에는 서연엄마가 고3 엄마니까, 내가 김장을 담가 주어야겠습니다.

12월

농사마무리　　　　　　　　　　　　　2007. 12. 4

논밭 농사 한 해 마무리는 11월이면 끝나고(배추 수확이 가장 나중), 사람 농사 마무리(종강과 평가)는 12월이다. 오늘에야 둘 다 끝냈다. 예년에 비해서 논농사가 크게 늘어 난데다가 이번 학기에는 수업량까지 생각지도 못하게 엄청난 양으로 늘어난 바람에 고생 좀 했다. 그러나 고생이 큰 만큼 보람도 크다. 논밭 농사도 수확이 크고 사람 농사 수확은 더 크다. 이제부터는 내 시간을 많이 가지면서 내년 농사를 준비해야겠다.

아들 친구들　　　　　　　　　　　　　2007. 12. 5

날씨가 찬 어제저녁, 큰아들 친구 여섯 명이 우산리에 왔다. 나는 밤 아홉 시가 다 되어서 집에 돌아왔는데, 아들 포함 일곱 총각이 마당에서 돼지고기를 구워 먹고 있었다. 유쾌한 대화에 웃음소리가 드높고 어제따라 유난히 하늘에는 별이 가득했다. 청춘은 청춘이다.

나는 몇 겹 옷에 코트에 목도리까지 걸쳤는데도 어깨가 움츠러들건만 이놈들은 잠바 하나씩 걸치고도 마냥 즐겁다. 먹기를 끝내고, 빈 그릇을 들고 들어오는데 보니 김치며 음료수가 다 얼어 있었다.

조그만 집에 일곱 총각이 우글거리니 좁다. 그래도 어디서 어떻게 자는지 모르게 조용히들 자고 아침에 학교로 갔다. 다들 예의바르고, 잘생기고, 똑똑한 젊은이들이다. 공부도 열심히 했다. 고등학교 3년을 함께 기숙사에서 지내면서, 서로 보듬어주고 격려하고 기도해 주고 또 신나게 놀기도 하면서 온갖 정이 다 든 친구들이다. 그 중에는 수학 귀신도 있고, 영어 귀신도 있고, 축구 귀신도 있고, 학교에서 주먹이 제일 센 친구도 있다. 2년 전 덕암농장에 와서 나무를 심은 친구도 있다. 말도 거칠지 않고, 행동도 예의 바르고, 나는 눈감아 줄 용의가 있었건만 내내 술, 담배도 하지 않고, 아침에 아들 포함해서 일곱 놈이 마당에 가득히 서서 인사를 하는데, 참으로 마음이 든든하고 좋고 이뻐서 내 입이 저절로 벌어졌다.

좋은 젊은이들이고 앞으로 나라의 일꾼들이다. 저렇게들 키워주신 학교며 선생님들께 감사하는 마음이다. 잘 지은 논밭 농사의 나락이며 과일, 채소도 아름답지만 잘 지은 사람 농사 과실은 더 아름답다.

발표

2007. 12. 7

시험 본 게 엊그제 같은데 오늘 수능 시험 결과가 나왔다. 26년 전 지 애비가 재수 끝에 받아든 예비고사 성적보다 더 높게 나왔다. 절대 성적도 그렇고 전국 등수도 그렇다. 대만족이다. 논두렁 밭두렁

밟으며 중학, 고등학교 다니면서 열심히 공부해 이런 결과를 만들어 내어 주었으니 아이들 시골에 살며 공부해도 아무 문제없다는, 아니 그러는 게 더 좋다는 애비의 지론을 증명해 준 것 아니겠는가? 그러니 아들에게 고맙다. 삼 년을 함께 동고동락한 친구들, 그저께 바비큐하며 놀다 간 친구들 성적도 다 잘 나왔단다. 감사한 일이다.

둘째 시험 　　　　　　　　　　　　　　　2007. 12. 11

오늘은 둘째 고등학교 입학시험 날이다. 자기 형이 다닌 학교에 가고 싶어 했고, 지원을 했고, 오늘 시험을 친다.

특별한 학교가 아니다. 몇 년 전에 읍에서 시로 승격된 경기도 광주시의 한 공립학교이다. 광주가 읍이었을 때는 실업계와 인문계가 함께 있던 종합고등학교였다. 지금은 이름을 중앙고등학교로 바꾸었지만 여전히 실업계와 인문계가 함께 있다. 실습용 유리 온실이며 농기계 창고도 함께 있는 시골 학교다.

단지, 지역의 인재를 지역에서 키워야 한다는 생각에서 교육과 시설에 지역 주민과 동문이 협력해 더 많은 투자를 하는 가운데 발전을 기하고 있는 학교일뿐이다. 학교가 점점 좋아지다 보니까 오는 학생들이 늘어나고 그러다 보니까 입학시험이 생긴 거다. 이건 자연스러운 현상이요, 바람직한 일이기도 하다. 요즘 전국적으로 이런 학교들이 많아지고 있다고 들었다. 과거 군청 소재지에 있는 지역 교육 중심 공립학교로서(가끔 사립도 있다.) 학교 역사도 수십 년 축적되어 해당 지역 곳곳에 동문들이 포진하고 있다. 이런 학교가 인재 양성의 중심이 되는 것이다.

내가 보기에 인재는 산천이 낸다. 공부 잘하는 사람들은 다 서울로 간 것 같지만 그래서 남겨진 사람들 자식들은 별 볼 일 없을 것 같으나 전혀 그렇지 않다. 산천은 여전히 인재를 낳고 기른다. 학교를 잘 운영하여 잘 가르치면(지난 한 세대 동안 교사 수준과 학교 시설의 전국적 평준화가 대단히 잘 이루어졌다.) 지역 학교 학생들도 원하는 대학 잘 간다. 내 생활권 가까이에서만 들어 보자면 경기도 광주, 충남 온양, 예산 고등학교가 다 그런 역할을 하고 있는 학교들이다. 지역을 대표하는 여고도 같이 있다. 경화여고, 온양여고, 예산여고가 그렇다. 학생들은 강남 8학군 부모들에게 가장 인기 있다는 고대, 서울대, 연대(가나다순) 다 골고루 간다. 하지만 이건 대학 입학만 갖고 하는 말이지 그 외의 다양한 측면에서의 교육적 효과와 효율성은 무척 크다.

아침에 학교 앞까지 태워다 주면서 생각이 많았다. 이 녀석 태어나던 모습, 어린 시절, 호주에서 살던 때 자기 형이 다니던 학교에 함께 다니고는 싶으나 여러 가지 사정 때문에 학교에 가지 못한 것, 아버지와 함께 형 학교에 데려다 준 후 허전해하던 놈을 학교 마당 놀이터에서 함께 놀아주던 기억, 그러다 어찌어찌 학교에 가게 되어 커다란 모자를 쓰고 가방을 메고는 신나게 등교하던 모습 등등. 어린이집, 유치원, 초등학교, 중학교를 거쳐 이젠 고등학생이 될 준비를 하고 있다.

아침에 식탁 앞에 앉아 혼자서 길게 기도하는 걸 보니 신심도 깊어졌는가 보다. 그렇다. 저런 믿음으로 공부하고 시험을 보면 무엇인들 못하겠는가? 난 이 녀석이 매우 활동적이고, 사교적이고, 장난도 좋아하고, 공부보다는 다른 일에 더 관심이 많았지만 고등학교

들어가서는 공부 아주 잘할 것을 굳게 믿고 있다. 벼 모도 잘 심고, 수확 때 낫질도 잘하는 녀석이다. 난 농사 잘 짓는 사람이 공부도 잘한다고 믿는다. 자기 혼자 잘 먹고 잘 살겠다는 그런 공부 말고 다른 사람을 생각하는 공부 말이다. 지금 한창 시험 답안지와 씨름하고 있겠군.

결혼기념일-20주년　　　　　　　　2007. 12. 13

어제, 12일은 결혼한 지 20년 되는 날이었다. 젊은 시절엔 말만 들어도 아득하게 느껴지던 20주년이 왔다. 오전에는 주례를 서 주신 은사님께 전화를 드렸다. "결혼 20주년입니다." 하니까 내가 너무 나이가 든 것 같이 느껴지고 선생님이 너무 늙으신 것 같아서 마음이 아렸다.

　점심시간에 맞추어 집에 돌아온 아내와 양평 쪽으로 가서 식사를 했다. 뭐랄까, 소위 '근사한 레스토랑'이라도 아내가 원한다면 아무 소리 하지 않고 따라가 주려고 했는데 아내의 제안은 양평 쪽에 맛 좋은 훈제 오리고기 집이 있고, 거기 들깨 수제비도 좋다니 거기가 어떻겠느냐는 거였다. 내 눈이 반짝. 몇 번 더 아내의 뜻을 확인하고는 오리고기 집으로 향했다.

　식사를 마치고 집에 돌아오니, 거실에 들여놓은 문주란 화분이 눈에 들어왔다. 이 문주란은 결혼하기 2년 전이던가 둘이 연애하던 때, 나중에 주례를 서 주시게 될 은사님 댁에 놀러갔다가 선생님이 키우던 문주란에서 얻은 씨앗으로 싹을 낸 거다. 그러니 이놈 나이가 22살이다. 우리 부부와 함께 살아온 문주란이다. 이파리에 먼지

가 앉았길래 깨끗한 걸레로 닦아 주고 있었는데,

　문득 대문 쪽을 바라보니 큰아들이 들어서고 있었다. 요즘은 머리카락이 하도 길어서 사람이 아니라 검은 가발이 하나 들어오는 것 같았다. 그런데 어~! 꽃다발이 함께 들어오는 것 아니겠는가? 결혼 20주년 기념 꽃다발이다. 이런 거 안 하던 놈이라 그런지 꽤 감동이 되었다. 아내는 거의 실신 상태…ㅋㅋ

정미 2007. 12. 21

지난주 토요일에는 정미기를 돌렸다. 일 년 만에 정미기를 꺼내 놓고 지난 가을에 수확해 두었던 벼를 찧는 일이었다. 하얗게 쏟아지는 쌀알. 정미기 앞에 커다란 그릇을 놓고 쌀을 받으시는 어머니의 얼굴이 행복에 겹다. 벼가 들어가면 쌀이 그릇에 곧 그득 차고 어머니는 바가지로 쌀을 듬뿍듬뿍 퍼서 자루에 담으신다. 아버지는 옆으로 빠져나오는 겨 받는 일을 담당하시고, 나는 부지런히 벼를 퍼서 정미기에 붓는 일을 했다.

쌀눈이 큼직큼직하게 붙어 있는 갓 찧은 쌀로 어머니가 맛나게 저녁밥을 지으셨다.

에필로그

어제는 반가운 봄비가 내렸다. 시인에게는 "이 비 그치면 내 마음 강나루 긴 언덕에 서러운 풀빛이 짙어 오겠다"라지만, 잡초와 씨름하는 농부에게는 '이 비 그치면 사방에서 쑤욱 쑤욱 풀 올라오는 소리가 들려 오겠다'이다. 며칠 전부터 풀 깎는 도구들을 손보았다. 올해도 봄, 여름, 가을을 나와 함께 지낼 친구들이다. 제초기에 문제가 생겨서 수리를 하고 돌아오니 비가 멈추었다. 기계 점검도 할 겸 과수원의 풀 베는 작업을 삼십 분 정도 했다.

이삼 년 전부터 잡초는 내게 성가신 존재가 아니라 가끔 찾아오는 부드러운 손님처럼 느껴진다. 기계가 지나간 뒤에 드러나는 양탄자 같은 초원이 주는 아름다움에 내 눈이 실눈처럼 꼬부라지고 풀에서 퍼지는 향기를 찾아 내 코는 중독자처럼 킁킁 부산하다. 잡초에게 절을 하는 정도까지의 경지에는 아직 이르지 못한 것 같지만 내가 보기에도 대견한 발전이다. 아 참 잡초가 고마워지긴 했다. 싱싱한 풀이 자라길 기다리는 염소와 닭이 있으니까 말이다. 나도 함께 기다린다. 가축 사육장 안에 풀이 많아지면 그걸 뜯어먹는 동물이 건강해져서 좋고, 풀을 먹는 만큼 사료를 주지 않아도 되니 이익이다.

　봄비가 내린 다음 날 농장의 아침은 싱그럽다. 책상 앞에 앉아 바라보는 산 쪽에는 얼룩 염소 보아가 녹색의 초원 위를 여왕처럼 거니는 모습이 눈부시다. 3주 전 낳은 새끼 두 마리는 공주와 왕자처럼 엄마 뒤를 따른다. 수탉들의 꼬끼요~ 소리가 평소보다 더 우렁차다. 새로 태어난 병아리 아홉 마리의 삐약거림도 그 소리에 묻어 있는 것 같다. 미세 먼지가 이곳 덕암농장 하늘까지 덮을 때면 이 나라에 희망이 없나 보다고 여길 정도로 나는 비관적이 된다. 우리야 어쩔 수 없지만 자식들, 손주들은 맑은 공기 흡입권에 대한 배려가 있는 선진국에서 살도록 권하자고 두어 주 전 저녁 여전히 미세 먼지로 뿌연 바깥 하늘을 째려보며 아내와 궁리했다. 맑은 공기와 녹음에 짙은 어제 오늘은 이만한 금수강산이 어디 또 있겠느냐는 생각밖에 들지 않는다. 공기의 변화 앞에서 나는 이렇게 무력한 사람이 되었다.

　공기는, 환경은, 자연은 우리의 존재 문제를 좌지우지할 정도로 영향력이 커졌다. 우리를 들었다 놓았다 하는 건 밥이 아니라 이젠 공기라고 해도 이상하게 들리지 않을 정도로 우리는 변화하고 있다. 시민이 되어 가고 있다는 증거다. 가난이 지겹던 시절에는 미국을 비롯한 선진국으로 이민 행렬이 줄을 이었다면 공해 문제가 더 심해질 경우 맑은 공기 마시고 살기 위해 그런 나라들로 떠날 사람 많다. 그 대열에 서지 않고 죽어도 '조국'과 함께하리라는 자신이 나는 없다. 더러운 공기가 하늘을 덮는 건 자연재해가 아니라 인재이기 때문에 신경 쓰고 노력하면 얼마든지 개선할 수 있는 문제다. 이를 해결하려 들지 않는다면 혹은 해결하지 못한다면 그건 이미 나라가 아니다. 조국이 될 자격도 없다. 미세 먼지, 환경 문제는 잘못하다간 세월호 경우보다 더 심각한 참사를 초래할 수도 있다. 그러나 끝 간 데 없는 막장으로 치달으며 더 이상 희망이 없을 것 같던 이 나라의 정치가 반전을 이룬 것처럼 공기 문제도 그렇게 될 것이라고 나는 믿는다.

국가 지도자의 자질로 민주주의, 안보, 경제만큼이나 환경의 문제에 대한 관심과 해결 능력이 필요해진 시대로 우리는 진입했다. 배를 채우기 위한 한 사발의 밥이 필요한 시대는 이미 지나가고 있다. 더 입을 즐겁게 하기 위해 밥 열 사발 스무 사발 가격의 음식이 필요하다고 여기는 소란스런 시대도 그리 오래갈 것 같지는 않다. 이젠 얼마나 깨끗한 밥을 먹고 먹이는가를 궁리해야 하는 시대이다. 깨끗한 쌀을 생산하는 데서부터 시작해 그 쌀이 세상을 돌고 몸을 돌아 배설되는 데까지 신세져야 할 땅, 물, 사람, 공기, 동·식물을 얼마나 더 깨끗이 유지시킬 수 있는가를 근심하는 태도가 일상이 될 필요가 있다. 깨끗한 공기 한 숨, 깨끗한 물 한 모금을 공급하는 일은 밥 한 사발에 대한 책임보다 무겁다.

깨끗해지다 보면 아름다워진다. 이 우주에서 가장 아름다운 별을, 이 지구 상에서 가장 아름다운 나라를, 가장 아름다운 시골 또는 전원을, 가장 아름다운 농장을, 가장 아름다운 집을, 가장 아름다운 꽃밭을 만드는 데 시간과 노력을 기울여야 하는 시대로 접어들고 있다. 꽃밭에서는 아름다운 아이들이 자라고, 거기서부터 아름다운 사람들이, 아름다운 나라가, 아름다운 지구가, 아름다운 우주가 만들어지는 데로 이어진다. 전원의 몽상은 계속되는가?

2017년 4월 18일